ベン・マッキンタイアー 著
藤川芳朗 訳

エリーザベト・ニーチェ

ニーチェをナチに売り渡した女

白水社

エリーザベト・ニーチェ

ニーチェをナチに売り渡した女

目次

凡例

・原文では（）と［］の二種類の括弧が使われているが、引用文中以外は（）に統一し、文中の割注は〔〕でくくることにした。

・原文では英語以外の言葉がイタリックになっているが、翻訳では原則として、ルビをふるか傍点をつけて示した。また、英語の訳語についても、必要最小限にルビを付した。

本書を父母に捧げる

謝　辞

いくつもの国のたくさんの人々にご助力いただいたことを感謝する。ドイツでは、ロスヴィータ・ヴォルコップ博士とゲーテ＝シラー資料館のみなさんに、エリーザベト独特の筆跡を解読するのに長い時間を割いていただいた。また、ウルリッヒ・ブロッホハーゲンは根気強く調査と翻訳にあたってくださった。パラグアイでは、パラグアイ・グランドホテルの従業員のみなさん、ジェイコブ・デイヴィース、《白い貴婦人》の乗組員コラム・リンチ（彼が遠慮したために物語に登場していただくわけにはいかなかったが）、そしてとくにデトレーフ・フェンハウス牧師、クリストフ・シューベルト博士と新ゲルマーニアのみなさんに、お礼を申し上げる。イギリスでは、レイチェル・デラニーとジュリー・リードに翻訳を手伝っていただいた。リチャード・ゴット、医科大学（University College School of Medicine）のボルジンダー・マンクー博士とギャルトン研究所（University College Galton Laboratory）のスティーヴ・ジョーンズ博士には遺伝学に関してご助力をいただいた。また、この二年間、ニーチェという森にわけ入ろうとする私のために、親切にも道を切り開いてくださったたくさんの研究者にも感謝する。とりわけ、クイーンメリー・カレッジ政治学科とロンドン大学の講師であるキース・アンセル＝ピアーソン博士のご意見とご忠告にたいして、また、アルビー・ローゼンタール夫妻には所蔵しておられる手稿からの引用を許可してくださったことにたいして、厚くお礼申し上げる。

カンディダ・プライス＝ジョーンズとBBCのタイムウォッチ部の援助と技術なくしては、この本は完成しなかったであろう。友人であり出版者であるマクミラン社のローランド・フィリップスは、いつでも私のために時間と激励を惜しまなかった。そして最後に、何か月ものあいだ、私とニーチェ一族に辛抱強くつき合ってくれたケイト・ミュイールに、感謝と愛を捧げる。

私は私の運命を知っている。いつの日にか私の名前には、何かとてつもなく巨大なものへの思い出が結びつけられることになるであろう。——かつて地上に例を見なかったほどの危機、このうえなく奥深い良心の対立相克、そのときまで信じられ、求められ、神聖化されて来たいっさいのものごとに敵対して呼び出された一つの決断、そういうものへの思い出が結びつけられることになるであろう。私は人間ではないのである。私はダイナマイトだ。

（フリードリヒ・ニーチェ『この人を見よ』「なぜ私は一個の運命であるのか　一」）

序　文

この本は二つの旅の物語である。一つは、はるか彼方の、その大部分は顧みられることもない南米大陸の中央部への旅であり、いま一つは、フリードリヒ・ニーチェを取り巻く文献の、広大で時としては踏み込むこともできない藪のなかへの旅である。そしてどちらも、彼の妹エリーザベトの足跡を探し求めての旅であった。

ニーチェについて書かれた書物は、おそらく近代のほかのどの思想家よりも多く、しかも、読者を困惑させるような書き方がなされている点でも随一だろう。専門的な伝記はこの哲学者の生涯を深くかつ詳細にたどっている。ところが、妹のほうは、ある点ではむしろ兄よりも注目に値する一生を送ったというのに、脚注のなか、歴史の下草のなかに、悪意をもってじっと身を潜めている、といったところなのだ。まるで、妹のニーチェにたいする嘆かわしい影響と、時代を先取りした彼女の不吉なイデオロギーとが、ニーチェの支持者にとっては熟考に値するような代物ではなく、また敵対者にとっても、彼を叩く武器としてはあまりに手軽すぎたかのようである。

エリーザベト・ニーチェの物語が重要なのは、一部には、彼女が兄とその哲学にたいして、兄の存命中も、またとくにその死後は全面的に、影響を及ぼしたからである。彼女が兄を有名にしたし、また悪名高くもしたのだ。彼女の暗黙の了解のもとに、ニーチェの名はナチズムと結びつけられるようになっていった。しかし、彼女がいなかったら、彼の名はほんの一握りの学者たちのあいだでしか知られなかったことだろう。それにしても、彼女の人生自体もまた輝きを放っている。彼女の思想は人類の歴史のなかでも、もっとも暗い時代の一つを予告するものだったが、彼女はヨーロッパ屈指の文人として、四〇年以上にわたって、富と名声をほしいままにしたのだ。戦前のドイツの文化的世界で、コージマ・ヴァーグナーは例外としても、エリーザベト・ニーチェほど有名な女性はいなかった。そして、彼女と思想を共有する人々がヨーロッパを壊滅的な戦争へと駆りたて、ヨーロッパのユダヤ人の大虐殺《ホロコースト》をひき起こそうとしていたちょうどそのころに、彼女は世を去った。

私が何よりも興味をおぼえたのは、まだだれも書いたことがない新ゲルマーニアの物語だった。これは一世紀以上も前に、エリーザベトの助力によって南アメリカ中央部に築かれた、人種差別主義者の移住地である。その共同体は、エリーザベトが夫のベルンハルト・フェルスターと分ちもっていた反ユダヤ主義、菜食主義、民族主義、ルター主義などの信念を反映し、実現していた。エリーザベトの夫は当時もっとも悪名高い反ユダヤ主義の扇動家だったのである。のちにエリーザベトはこうした考えを、反・反ユダヤ主義者で反国粋主義者で、みずからアンチ・クリストを宣言していたニーチェにも植えつけようとした。その成果のほどは、いまだにニーチェの名からファシズムの汚名が完全に払拭《ふっしょく》しきれていないという事実をみれば、明らかである。

ナチがその邪悪な目的を支持するものとしてニーチェを引用したのは正当であったかどうかを論じることは、繰り返して言うが、本書の意図するところではない。今日の大方の意見は、彼らに正当性はなかったということで一致している。ニーチェは、ファシストが（ほかならぬ自分の妹にそそのかされて）自分の哲学を利用したことを知ったなら、さぞ驚いたことだろう。私見によれば、ニーチェの書いたものを読めば、ナチズムなど唾棄《だき》すべきものだと言っていることは明白である。ニーチェは、妹のパラグアイ入植にたいする嫌悪感を隠そうとしなかったし、この一件には最初から関わりをもつことを拒んでいた。正常であった最後の何年間かは、妹やその夫や南アメリカ計画からつとめて遠ざかっていた。そんなニーチェ自身にならって、彼の伝記作家たちは、エリーザベトのことはほとんど無視し、彼女の植民地や思想については、忘れ去られることを望むようになったのだ。

ニーチェは自分が《運命》であることを信じて疑わなかった。彼の思想は私たち自身の思想を具体化しつづけており、彼をとらえていた問題は現在でも切実であり、おそらくは、彼がそれをはじめて口にしたときよりもいっそう切実になっている。私たちの世界は、ニーチェの生きた世界よりもさらに規範が失われており、彼の言う個人というものの必要性はいっそう高まってきているのだ。ニーチェに異議を唱えるのはたやすい。それと同じように、ニーチェを嫌うのは難しい。彼の偏屈さにもかかわらず、いや、その偏屈さゆえに。彼は短気で、人を苛立たせ、途方もなく挑発的である。絶えずゴールポストを動かしているか、それで殴りかかろうとしているかのどちらかなのだ。彼の思想のいくつかは間違っていたが、しかし、彼はあらゆることに意見をもっていた。そのどれもが傾聴に値し、退屈なものは一つとしてなく、いくつかは文句なしに正しい。

本書に書かれているのはいくぶん個人的なニーチェ観である。ニーチェの解釈ではなく、むろん解説などではない。(ニーチェはつねに理解されないことを心配していたが、理解したと言い切る人がいたら、あざ笑ったことだろう。)もしこの本が彼の著作に光を当てることになれば、もしくはもっといいことに、それらを読む気にさせたとしたら、それはそれでますます結構なことであるが、この本は哲学書ではない。この本に新たなニーチェ分析を期待している方はがっかりするだろうし、すでにニーチェを理解していると思っている人は、そうした人によくあるように、不満をもつだろう。しかし、こうした言葉もある。「多くの人と同じ考えをもちたいという悪い趣味は捨てなければならない。(1)」

本書はむしろ、たとえ桁はずれの危険人物だったとしても、とにかく桁はずれだったある女性を探し求める旅の物語である。それにしても、エリーザベト・ニーチェはただ頑迷で野心的で残忍だっただけではない。(たしかにそういう面もあったし、それ以上だったのだが。)彼女は非凡な勇気と人格、さらに、この言葉には喜ぶと同時に苛立ったことだろうが、まれに見る自信家《ハッチパー》だった。完全な意志の力で、彼女はパラグアイのまんなかに新ゲルマーニアを建設し、半世紀後には、第三帝国というもう一つの新ゲルマーニアの建設に手を貸した。彼女は、善悪両方の意味で、おそるべき人物だった。

T・S・エリオットが書いた足音《フットフォール》についての詩句は、脚注《フットノート》にもあてはまる。

足音は思い出のなかでこだまする。
私たちが通らなかった道を進み、
開けなかったドアに向かい、
薔薇《ばら》の花園へと入ってゆく。私の言葉は、
そのように、あなたの心のなかでこだまする。(2)

つまり、ある脚注が私の心のなかでこだましたのだ。その脚注は、エリーザベトがナチスより五〇年も早く、南アメリカで試みた生活圏《レーベンスラウム》のことを、思わせぶりに語っていた。私は決心した、エリーザベト・ニーチェの脚注をたどってパラグアイへ行こう、エリーザベト自身と同じように、もっと知られてしかるべき、未開の美しい国へ行こう、と。パラグアイ人ほど歴史に痛めつけられた国民は、おそらくヒトラー時代のドイツ人を除けば、ほかにはいないはずだ。しかし、これもドイツ人を除けば、パラグアイ人ほど勇気と決断力をもってその過去を克服した国民は、もっと少ないのだ。

一九八九年に東ドイツの共産主義政権を倒した革命は、ほぼ半世紀ぶりに、この地域の歴史に厳密な自己検証への道を開いた。かつてエリーザベトが住み、兄の著作の聖堂に仕立て上げた、ヴァイマルの大邸宅は、一九四六年十二月にソ連軍の命により閉鎖され、立入禁止になった。ニーチェ資料館のドイツ人職員は追放になり、エリーザベトの傭兵だった館長は逮捕され、のちに行方不明になった。殺害されたものとおもわれる。その後まもなく、ニーチェ資料館はゲーテ＝シラー資料館に併合され、ニーチェ財団（一九〇三年設立）は解体された。エリーザベトの家、ジルバーブリック館はゲストハウスとしてときおり利用された。ファシズムに利用された哲学者ニーチェの研究は、反ファシズムを標榜する国家によって妨害されたのである。

一九九一年、統一ドイツ政府の命令によって、ジルバーブリック館はようやく再開された（現在は博物館になっている）。そしてニーチェの資料は、まだヴァイマルのゲーテ＝シラー資料館に保管されてはいるが、だれでも自由に閲覧できるようになった。それが、本書の伝記的な部分（四章〜八章）の一次資料である。引用や二次資料のいくつかは注に明記しておいた。それ以外の資料は、パラグアイ、スイス、ドイツでのインタビューによって集めたものである。出版されていない関連資料の場合、私が自分で翻訳した。そうでない場合は、翻訳者をすべて注に記しておいた。ニーチェの著作からの引用は、R・J・ホリングデイルのすばらしい翻訳を用いた。

エリーザベトは、選択能力はともかくとして、資料の収集に熱心で、ヴァイマルのエリーザベト・ニーチェ・コレクションには厖大《ぼうだい》な未発表資料が収められている。それは、エリーザベトの日記や覚え書、自筆書簡（全部で三万通以上）、兄や夫、母親、新ゲルマーニア入植者からの手紙、新聞の切り抜き、一八四四年から一九三五年までの写真、記念の品々や事業の記録などから成っている。こうした資料と、そのほか数多くの収集品やニーチェ一族に関する出版物をもとにして、エリーザベト・ニーチェの長く波乱に富んだ一生を物語ろうとしたのが本書である。

第一章　パラグアイ　アスンシオンの船着き場　一八八六年三月十五日

午後遅く、モンテビデオからの小型の蒸気船が、パルマ広場の下にある古ぼけた埠頭《ふとう》に着き、汗にまみれ、長旅でへとへとになったドイツ人の移民一四家族が、心もとない足取りで道板を渡ってパラグアイに降り立った。のちになって人々は、あれはあの年でいちばん暑い日だったと言った。

一行のリーダーは一目でわかった。痩《や》せた背の高い男で、眉がくっきりと目立ち、スペード型の濃い顎髭《あごひげ》を生やしていた。その髭は頬骨《ほおぼね》のところから始まり、顔からまっすぐ前にむかって突き出すように生えていた。口はそのもじゃもじゃの髭に隠れてほとんど見えない。そして、いつも同じいでたちだったが、ぴったりしたフロックコートを着て、襟《えり》の折り返しに鉄十字勲章をピンでとめていた。響きわたる声と粗野な態度には、復讐に燃える予言者をおもわせるところがあったが、それこそ、彼が思い描いていたみずからの姿だった。彼の名前はベルンハルト・フェルスター博士、シャルロッテンブルク〔ベルリンの一地区〕の出身で、ユートピア建設がその仕事だった。

妻のエリーザベトも夫に劣らず人目を引いた。小柄なからだで、よく動きまわり、髪はうしろできっちりまとめ、その上にレースのボンネットをかぶっていた。黒ずくめの服装は夫と同様に一分の隙《すき》もなく、暑さなど感じていないようだった。三九歳だったが、今もなお美しく、丸顔で皺《しわ》ひとつなく、やや獅子鼻であった。しかし、彼女の容貌は斜視のためにいつも損なわれていた。片方の黒くて鋭い目がまっすぐ前を見ている一方で、もう一つの目は数フィート右の何かをじっと見つめているのだ。ドイツ語ではこれを《ジルバーブリック》、つまり銀の視線と言う。親友ですら、間近で鼻《パン》めが《ス》ね《ネ》越しに見つめられるとどぎまぎしてしまう類《たぐい》のものだった。エリーザベトは旧姓をニーチェといい、ザクセンのルター派の牧師の第二子として生まれた。ドイツの特異な哲学者、とはいえ、このころはまだまったく無名だったフリードリヒ・ニーチェの妹である。

エリーザベトは、自分をコスモポリタンと見なしていたが、ドイツの外へ足を踏み出すことはめったになく、これまでヨーロッパを離れたことは一度もなかった。ベルンハルト・フェルスターと結婚して一年足らずだが、それまではずっとナウムブルクの小さな家で、母親とともに、外界から守られた市民《ブル》階級《ジョワ》の生活を送っていた。しかしながら、この三月の暑い昼下がりに、アスンシオンの船着き場に上陸した一〇〇人ばかりのドイツ人のなかで、新しい環境にもいちばん平然としていたのは、たぶんそのエリーザベトだった。折しも、混血《ムラート》の日雇い労働者たちが危っかしい恰好《かっこう》で、道板を渡って彼女の大きなピアノを運ぶのを見て、彼女のよく通る声は一段とかん高くなった。そのザクセン訛《なま》りは、どんなに隠そうとしても生涯変わらなかった。

一八八六年のアスンシオンには、好ましいたたずまいなど望むべくもなかった。町の大部分はまだ対三国同盟戦争で廃墟になったままだった。この戦争は、パラグアイがはるかに強大な三つの隣国に仕掛けた、とうてい勝ち目のない殺し合いだった。何年もつづいた殺戮《さつりく》によって、男性人口の四分の三が死に、田舎は飢えと病気で荒れ果てた。港から見上げると、建築半ばで放棄された大統領の宮殿が依然としてそびえ立っていた。それは、この国の戦争に飢えた大統領フランシスコ・ソラーノ・ロペスの玉座となり、パラグアイの軍事力の象徴となるはずだった。大統領は戦争の最後の戦いで不名誉な戦死をとげ、建設は突然中止された。今ではそれを完成させる金も人手もなかった。そして、独裁者の虚栄のあかしとして、朽ち果てつつもいかめしくそびえ立っているのだった。

ドイツ人移住者の何人かが、崩れかけて異臭を放っているパラグアイの首都の遺物を目にして、思わず背筋が寒くなったとしても無理からぬところであるが、エリーザベトとベルンハルトのフェルスター夫妻にかぎっては、絶対にそんなことは起こらなかった。この二人は生まれつき反省とは無縁な人間であった。パラグアイは二人の生涯でもっとも栄光にみちた瞬間のための舞台、独裁者ロペスにナポレオンの再来たらんという霊感を吹きこんだ夢にも劣らない、大それた望みなき夢が成就するための舞台なのであった。ベルンハルト・フェルスターは根っからの反ユダヤ主義者で、そればかりかそれを職業にしていたのだが、五〇年後に登場するもう一人の同じ傾向の男と同様に、人種的憎悪から一つの帝国を建設しようとしていた。その計画が明らかになったときから、エリーザベト・ニーチェは——二人の男のどちらにたいしても——自発的な共犯者になった。それまでにも、パラグアイにやって来たヨーロッパ人の移民はいた。貧困や欲望や冒険心に駆りたてられてのことだった。そして、これは紛れもない事実であるが、そのほとんどが命を落とし、あるいは行方不明になっていた。フェルスター夫妻の動機は、先人たちのどんな動機よりも単純かつ恐ろしいものだった。

このとき、ドイツ人の男女はわずかな持ち物を牛車、つまり車輪の大きな荷車《カレテーラ》に積み込んで、船着き場に沿った道を嫌になるほどのろのろと動きだしたが、彼らは一人残らず、遺伝的純粋さにもとづいて、つまりアーリア人種であるという基準によって選ばれた人々だった。ほとんどはザクセンの出身で、農民の多くから土地を奪って貧窮させた、あのドイツの経済危機の犠牲者であった。しかし同時に、彼らの多くはフェルスターと同じ理想を抱いていた。ユダヤ人の影響やユダヤ的資本主義の害悪とは無縁の共同体を建設しようという理想である。彼らはみな、ユダヤ人こそ自分たちを父祖の地から追い出した張本人だという点で、考えが一致していた。フェルスターはドイツのことを、《血のつながっていない祖国》と呼んだ。ドイツ人の誠実な美徳は破壊され、文化はユダヤ人《シオン》のなすがままになってしまった国だ、というのである。彼は言った、南アメリカならばわれわれの新しいドイツが見つけられる、そこではドイツ人が純粋なドイツ精神を育むことができるのだ、果実も野菜もふんだんにとれて（フェルスター夫妻は戦闘的な菜食主義者だった）、われわれのルターの教えは汚れた世界を遠く離れて栄えることができるのだ。パラグアイの未開の地のまんなかに築かれる新ゲルマーニアは、いつの日か大陸全体を覆いつくす、誉れ高き新しい祖国の核となるであろう。

　一八八三年、人種差別主義の扇動のためにベルリンでの教員の職を追われたフェルスターは、植民地計画に適した土地を探して南アメリカ中央部をくまなく歩きまわった。結局パラグアイを選んだが、それは、人口が減少しており、土地は肥沃で、なによりもユダヤ人に汚されていない、という理由からであった。帰国すると、自分の主張を広めるために、二年間にわたってドイツのさまざまな町や村をまわった。一方、エリーザベト・ニーチェは、彼の人種差別を宣伝するパンフレットを配り、危険な冒険のための資金を集めた。ベルリンでは冷笑されたが、ザクセンの田舎には、泡立つビールのジョッキを前にして話を聞いてくれる人間がおり、同調者も現われた。最初の転向者のなかにフィッシャー一家がいた。そして、あの作曲家の一族だと主張するシューベルト一家、ケムニッツで楽器を製作していたシュッテ一家とつづいた。何人かは、フェルスターが安価で手に入れられると言った土地の手付金にと、蓄えを差し出すことに同意した。しかし、差し出そうにも蓄えなどこれっぽっちもない人がほとんどだった。フェルスターは、気にしなくていいと言った。約束の土地で最初に豊作になったときに払ってくれればいいんだ。若くて聡明な職人のフリッツ・ナウマンは、家族とともにブレスラウからやって来た。握りこぶしの大きな南ドイツの農夫オスカー・エルクは、フェルスターの仲間に加わるために自分の土地を売った。フェルスターに従う者はゆっくりと、しかし着実に、その数を増していった。雑多な人間の集団だったが、だれもが純粋なアーリア人の血統だと主張していた。

　土壇場になって加わった者も何人かいた。たとえば、フランクフルトから来たという黒髪の大工、マックス・シュテルンは、ハンブルクの港で荷物や家族を蒸気船《ウルグアイ》に乗せているときに現われた。フェルスターと妻は喜んで船上に迎えた。船が出帆の準備をしているときに、二人は約束した、「ほかの人々もつづいてやって来る」[1]と。エリーザベトは、知識人である兄がいつか仲間に加わってくれることを確信していた。兄の健康はパラグアイのすばらしい気候できっとよくなるわ、と彼女は言った。その兄は反ユダヤ主義の危険な冒険をくりかえし非難していたというのに。フェルスターは信奉者たちにむかって断言した、植民地の基盤がいったん確立すれば、「病気と貧困で痩せ衰えた[2]」古い祖国から新しい祖国へ、何千という人々がやって来るだろう。

　ドイツからの船旅は想像を絶するひどさだった。腐りかけた老朽船に押しこめられて、海の上で一か月、ゴキブリといっしょに生活し、吐瀉《としゃ》物にまみれ、コクゾウムシの食ったビスケットと悪臭のするチーズで命をつないだのだった。一行が着いたところは、頭がくらくらするようなモンテビデオの雑踏で、フェルスター博士がそこから先の旅の手はずをととのえるまで、何日もかかった。それからさらに五日間、騒音と振動のものすごい蒸気船にゆられてパラナ川をさかのぼった。夜になると、近くの岸の深い藪のなかから動物のうなり声がこだましてきた。黒い肌の船員たちは鳥がさえずるような言葉を話し、不安がるドイツ人たちをからかい、子供たちを怖がらせ、いやらしく唾を吐いた。夜には蚊の大群が、ぶんぶんうなる厚い雲となって襲ってきた。また、目に見えないくらい小さな虫、船員たちがポルベリノスと呼ぶ虫は、皮膚の下に入りこんで小さな黄色の卵を産みつけ、引っ掻こうものならたちまち化膿してしまう。アスンシオンに着く二日前、フィッシャー家の末娘があっけなく死んだ。モンテビデオでは、顔色こそ悪かったものの、まださかんにおしゃべりをしていた。ある晩、血を吐いて発熱し、明くる朝には船倉のなかで、姉の横で丸くなって死んでいた。一行は岸に上がり、かろうじて土のきれいな場所を見つけると、そこにあった赤い花をつけた大木の根元に葬った。

パラグアイでの第一夜、エリーザベトとベルンハルトは町でただ一つ残っていたホテルに泊まった。ほかの移住者たちは、税関《アドゥアナ》の建物のとなりにある仮設の兵舎のなかで眠った。それは周囲とはまったく釣り合わない大きな建物で、これまた独裁者ロペスの建築上の革新の産物だった。川岸の急斜面に建てられていたので、今にも転げ落ちて水中に没してしまうのではないかと思われた。川のむこうにはグラン・チャコが西のほうにむかって広がっていた。鋭い葉をもつ下草と大木と深い沼地とが入り組んだ土地だ。フェルスターがすでに新ゲルマーニアと命名した土地にたどり着くには、そんな土地をまず最初に一五〇マイルほども北上しなければならないのだ。旅の最終地点まで、少なくともまだ一週間はかかる。幅の広いパラグアイ川を船でさかのぼり、それから馬と牛車で陸地を越えるのだ。

フェルスターはすでに移住者たちにむかって、正しい態度について弁舌をふるっていた。「多くの困難にもかかわらず、移住者たちは自分が偉大な計画に参加したことを知るだろう。この使命には名前がある。人種の浄化と復活、そして人類の文明の保存である」(3)。悪臭たちこめるアスンシオンの船着き場にすわって、川をさかのぼる船を待っているとき、この一握りのアーリア人開拓者たちは、この言葉が心のなかにしみわたるのを感じていたことだろう。

第二章　未知の国

「パラグアイのジャングルに行くんです、一〇〇年前にドイツの偉大な哲学者フリードリヒ・ニーチェの妹が建設した、アーリア人の植民地を探しにね。それで、日焼け止めクリームと蚊よけの薬と帽子が欲しいんですが。」

ロンドンのユーストン駅にあるサバイバル・ショップの店員は、さりげなく一回まばたきした、一回だけ、型どおりだ。こういった店はおもに二種類の人間が利用している。殺されるかもしれないと思いこんでいて、なんとかそれを防ごうとしている人間と、だれかを殺したくなるかもしれないと思いこんでいて、そのときはうまくやろうとしている人間だ。それぞれの棚に収まっている銃やナイフ、丸ノミ、錐《きり》、そして陳列してある絞殺具などから判断するに、とかくサバイバルには殺人がつきもののようだ。

ニーチェ自身は、生き残るためのこの乱暴な方法を是認しただろう。「私の考え方は、戦闘的な精神、傷つけたいという欲望、否定する喜び、堅い皮膚を要求する。」彼は『華やぐ知慧』のなかでそう書いている。[1] サバイバル・ショップの男はニーチェを完全に無視した。「いらっしゃるのはジャングルですね。」その日何度目かに口にする言葉のようだった。「どういったものがお入り用ですか。」店員が、皮膚に近づくものはなんでも防ぎます、水だろうと昆虫だろうと穴を掘る虫だろうと、もちろん紫外線もね、と請け合ったものを、私は山のように買いこんだ。それはかすかにサイロのなかの発酵した牧草の匂いがした。

ユーストンのサバイバリストによれば、雨がそうとう降ると考えておいたほうがいいということなので、かなり派手なパナマ帽と、雨ははじくが毛穴の呼吸は妨げないというジャケット（サンクリームを塗ったあとでまだ呼吸をしている毛穴があるとは思えないが）、そして防水のノートも半ダース買った。このノートは、その後、風呂のなかで使わせてもらっている。

洞窟探検、素手での格闘、ボディービルなどの本のあいだに、『ジャングルでのサバイバル』という薄いパンフレットがあった。これは、亜熱帯とそこでの生き延び方を解説した軍隊用の手引きで、こんなことが書いてある。「君が不幸にして不時着したのがどんな国であれ……、生き残って救出されるチャンスは、いくつかの限られた要件にかかっている。そのなかでもっとも重要なのは、《生きようという意志》である。[2]」そしてパンフレットはこうつづいている。

最大の危険は士気の低下と、往々にしてあまり重要視されない要件が積み重なった結果とにある。その要件は以下のような項目にまとめることができる。

（a）パニック
（b）日差しと暑さ、それに起因する病気
（c）病気と発熱
（d）士気低下の影響とあらゆる種類の動物の危険
（e）毒物

ひどく気を滅入らせる本だった。たしかに、どのイソギンチャクが食べられるかということや、パラシュートから必要な衣類を作る方法などは教えてくれるのだが。しかし、とにかく一部もらうことにした。もし食べるものがなくなって、あたりにイソギンチャクも見当たらないときには、これを食べるという手もあるだろう。

「それで、パナマ人は何色なんですか。黒いんですか。」

「パラグアイだよ。そう、だいたいは褐色かな。」

あまり信用していないような顔だ。

「でも、私が探そうとしているのは白人だよ、たぶん。」

彼はほっとしたようだった。「それならよかった。」

一七三九年に書かれた『世界各国要覧』には、「パラグアイ全土は完全に未知の国であると考えるべきだ。作家にしろ旅行者にしろ、この国のことを少しでも説明できたり、その大きさを知っている人間には一人も会ったことがない。そこで賢明にも本書の地図製作者は、この国の町の名前を一つたりとも地図に書きこむようなことはしなかった」とある。こうした状況はその後もほとんど改善されなかった。

エリーザベトとベルンハルトのフェルスター夫妻は、自分たちの植民地を新ゲルマーニアと呼んだ。スペイン語でいえばヌエバ・ヘルマニア Nueva Germania である。何年か前にあるジャーナリストがそのあたりを訪れているが、新ゲルマーニアなど私の地図のどこにも見当たらず、パラグアイが載っているガイドブックをやっと一冊みつけたものの、それにも取りあげられていない。過去現在を問わず、南アメリカのどんな作家が書いた小説にも、言及のあとは見られない。新イタリアとか新オーストラリア、あるいは新ボルドーという地名はあったが、新ゲルマーニアはどうやら消滅してしまったようであった。パラグアイ大使館のスタッフは、丁寧《ていねい》な口調ながらきっぱりと、そのような場所はありません、少なくともパラグアイには、と断言した。そして代わりにブラジル大使館に行くことを勧められた。「じつはここ三〇年間、私どものなかでパラグアイに行ったことがあるのは大使お一人だけなのです」と受付係は言った。「その大使も現在はウェールズに出かけておられます。」実際に新ゲルマーニアの位置を示している唯一の地図は、エリーザベト・ニーチェ自身によるものである。彼女は一八九一年に『ベルンハルト・フェルスターの植民地、パラグアイの新ゲルマーニア』という本を出版した。自己弁護を内容とするもので、同じ類《たぐい》の本はその後何冊も書かれることになる。これが印刷されたのはドイツであり、もっと多くの入植者を集めることを目的としていた。その本のなかに地図が載っているのである。ベルンハルト・フェルスターが、ハンガリーの国外追放者ハインリヒ・フォン・モルゲンシュテルン・ド・ヴィスネル大佐が作った軍用地図にもとづいて、自分で描いたものの最新改訂版である。

ハインリヒ・フォン・モルゲンシュテルン・ド・ヴィスネル大佐の名前は、パラグアイの歴史に大きく登場する。彼はまた、新ゲルマーニアの誕生にもいくらか責任がある。モルゲンシュテルンはもともとハンガリーの貴族で、かつてオーストリアの宮廷で剽軽者《ひょうきんもの》として知られ、男色家という噂があり、軍事顧問であると同時にアマチュアの歴史家で、地図製作者でもあった。最終的にはパラグアイ共和国の移民担当大臣になったのだが、それはちょうどベルンハルト・フェルスターが入植する場所を決めようとしていたころのことだった。フェルスターがパラグアイを選んだのは、ひとつにはモルゲンシュテルンの宣伝の才能のせいだった。また、頼りにしていた地図はモルゲンシュテルンが作ったものだった。

モルゲンシュテルンは移民担当大臣にはまさにうってつけだった。というのも、この仕事にはなによりも大法螺《おおぼら》をふく才能が必要だったからだ。三国同盟戦争後の彼のおもな役割は、人口の激減したパラグアイにヨーロッパの人々を誘いこむことだった。餌は、いかにも有利そうな土地契約と、どんなに自然に恵まれているかという嘘八百を並べたてた偽情報であった。大佐の書いた『パラグアイ報告』が、「タイムズ」紙を含むヨーロッパの新聞に掲載され、(3)ヨーロッパの移住希望者に土地の購入を勧めた。それに応じた一人がフェルスターだったのである。このドイツ人移住者とハンガリーからの亡命者は、何度か会う機会があったはずである。そして、四六年間もパラグアイで人生の浮き沈みを経験し、生き残ってきた外国人として、年老いた大佐はフェルスターにとって、いくぶん奇異ではあるが注目すべき役柄のモデルとなったかもしれない。しかし、フェルスターは知る由《よし》もなかったが、モルゲンシュテルンの本名はじつはモルゲンシュタインであり、おそらくユダヤ人だったのだ。

若いころ、モルゲンシュテルンは貴族同士の伝《つて》をたよってウィーンの宮廷に入りこんだが、品性にかかわるスキャンダルのために大慌《あわ》てで逃げ出さざるをえなくなった。しかし、この優雅なのらくら者で一生を過ごそうとする男にとって、ヨーロッパは小さすぎることがはっきりした。そして一八四五年、彼は、パラグアイの独裁者カルロス・アントニオ・ロペスのもとへ派遣されたブラジル軍代表団の一員として、パラグアイに姿を現わした。そこは、気候はひどかったが、いくらかは洗練された物腰と溢《あふ》れんばかりの野心をもった男には、かぎりなくチャンスのある国だった。まもなくモルゲンシュテルンはアスンシオンのつつましやかな上流社交界の人気者になった。外国人が十九世紀半ばのパラグアイの社交界のおも立った人々のあいだでうまくやっていくためには、単純なこつがあった。そのときの独裁者に徹底的に媚《こ》びへつらうことで、そうしなければ死刑にされかねなかった。これはカルロス・アントニオの息子の代になるといっそう重要になった。息子はフランシスコ・ソラーノ・ロペスという名前で、でっぷり太った味噌《みそ》っ歯《ぱ》のサディストであり、一八六五年に多くの血を流して大統領になった。しかしモルゲンシュテルンは、新しい独裁者のまわりでしきりにおべっかを使う連中よりも、一枚うわてだった。この終身大統領に影響をあたえることのできるただ一人の人間に取り入ったのだ。それは大統領の愛人でエリザ・リンチといい、もともと頭のきれるアイルランド人の娼婦だったが、今では《ラ・マダマ〔マダム〕》と呼ばれていて、知らない者はいなかった。

エリザ・リンチにとっても、紳士気取りの態度とあかぬけた物腰のモルゲンシュテルンは、アスンシオンの女性たちの鼻を明かすために必要な人物だった。女性たちは今なおパーティーのたびに、扇子の蔭で彼女のことを《妾のアイルランド女《ラ・コンクビーナ・イルランデーサ》》と呼び、せせら笑っていた。モルゲンシュテルンはウィーン宮廷風の極度に慇懃《いんぎん》な態度で彼女のお相手をした。お返しに彼女は、彼を大法官にとり立てるようロペスを説得した。エリザが仮面舞踏会を開くときには、モルゲンシュテルンがワインを選び、招待客のリストに手を加え、ロンドンではただ今こんなシルクがはやっております、といった助言をするのだった。大統領のロペスは、誇大妄想がつのって皇帝気取りになり、自分は第二のナポレオンであり、南アメリカ全土を支配下におくつもりだと宣言した。モルゲンシュテルンはただちに首席軍事顧問に任命された。そしてほどなく、パラグアイで最大の、そしてもっとも裕福な土地所有者の一人となった。ミラノのスカラ座をそっくりそのまま小さくした、アスンシオンの国立劇場の華々しいこけら落としが、モルゲンシュテルン大佐の経歴における絶頂だった。当日は大統領と愛人がそろって出席した。二人が大統領専用ボックスにつくと、そのうしろにモルゲンシュテルン・ド・ヴィスネル大佐の晴れがましい姿があった。ハンガリー軽騎兵の軍服姿で、シルクのフロッグが刺繍《ししゅう》してある上衣《ダブレット》を着込み、アストラカン織りの襟《えり》をつけていた。そしてもっと驚くべきことに、だれも彼のことを笑おうとする者はいなかった。

独裁者とアイルランド生まれの美しい愛人、そしてハンガリー人の冒険家は、手を携えて南アメリカの征服をこころみた。その結果が対三国同盟戦争である、ブラジル、アルゼンチン、ウルグアイの三国に同時に戦争をしかけたのだ。生き残った外国人はほとんどいなかったが、モルゲンシュテルンはその数少ない一人だった。森のなかで十一人のパラグアイ人の《奴隷》といっしょにうずくまっているところを、ブラジルの騎兵隊に発見されたのだが、どういうわけか、槍で突き刺されずにすんだ。まもなく政府にもどり、晩年はこの国の地図を描いて過ごし、同時に移民担当大臣として、ほかのヨーロッパ人の入植を促した。

ベルンハルト・フェルスターは、自分の地図をつくるための下敷きとしてモルゲンシュテルンの地図を使い、そのなかに、一八八三年から一八八五年にかけて自分が歩きまわったパラグアイの道を残らず書きこんだ。その一方で、もっと小さなメクレンブルク大公国の地図を描き入れて、縮尺と重要性の目安とした。エリーザベトはフェルスターの地図の関係のあるところにインクで印をつけた。《植民地・新ゲルマーニア》は、首都アスンシオンの北方一五〇マイルほどのところに、細長い三角形の土地として表わされ、アグアラヤ＝ウミとアグアラヤ＝グアスという声門のような二つの川にはさまれている。彼女が描いた道は、蛇行するパラグアイ川に沿ってすすみ、ヘフイ川が注ぎこむ地点の真上までつづいている。そこから彼女は東北東に一本の直線を引いている。明らかにパラグアイでもっとも広くてまっすぐな道である。がっかりすることに、この道は新ゲルマーニアで行き止まりになっている。地図についている縮尺によれば、新ゲルマーニアの広さはロンドンとほぼ同じである。

エリーザベトが正確さという点では信用できない人間だということがすでにわかっていたので、私はその地図もいくらか疑ってかかることにした。アスンシオンから新ゲルマーニアまでの道程についての説明も、移住者を植民地におびき寄せようという意図をもっていたために、信じられないほど容易にたどり着けるように書いてある。「パラグアイ川をさかのぼるのに、小さな船はいくつかあるが、定期船は一隻だけで、水曜日にアスンシオンを出るポサダスという船がそれだ。(4)」川の旅は、船があちこち立ち寄るのを勘定にいれて二、三日といったところだ、と彼女は言っている。それから「ドイツ国旗を掲げたヘルマンという船に乗り換え」、ヘフイ川に沿ったサン・ペドロに着いたら、そこから目的地までは森のなかの道を馬と牛車で行く。エリーザベトによれば、この最後の行程が「強行軍」で、数日かかるという。エリーザベトが障害を軽視しがちであることから、たとえこれが一世紀も前に書かれたものであることを考慮しても、彼女のいうルートをたどってアスンシオンから植民地にたどり着くには、一週間かそれ以上かかるだろうと判断した。植民地らしきものが今日でも存在していればの話であるが。

人種の純化という名のもとに行なわれたエリーザベト・ニーチェの突飛《とっぴ》な試みは、何千人という移住者を当てこんでおり、新ゲルマーニアは、当初は公国領に相当するくらいの広さだが、ゆくゆくは南アメリカ全体に広がるものと考えていた。結局、自発的な同調者が続々と集まるということにはならなかった。そして、エリーザベトの新ゲルマーニアはあらゆる点から見て失敗だった。しかし、一八八六年に彼女が連れ出した一四家族とその子孫たちはどうなったのだろう。彼らは生き延びたのだろうか。もしそうなら、今はどんな人々になっているのだろうか。しかし、それよりももっと重要なのは、彼らは私をどう思うだろうか、ということだ。

私の頭に残っている髪は金色で、目は青く、私の話す言葉はインド・ヨーロッパ語だ。私とアーリア人との共通点はそのくらいしかない。しかし、と、こんな考えが頭に浮かんだ、一世紀も隔絶されていたあいだに、新ゲルマーニアの人々は、カフカス人のテストにパスしていようがいまいが、こだわらなくなっているかもしれないではないか。考えれば考えるほど、こんなことがありそうに思えてくる。つまり、アーリア人の失われた種族にとっつかまって鎖につながれ、残された日々を繁殖のために利用されるということが。そうなったら、遺伝子のプールのための囚われのポンプだ。ジャングルに住むブリュンヒルデ〔ドイツの英雄叙事詩に登場する勇敢な王女〕たち、真っ青な目をした、あらゆる点で完璧なチュートンの女性たちが、日暮れ時になると森の奥から姿を現わす。私は空き地に作られた台の上に裸で縛りつけられている。彼女たちは一列に並んで、一人ずつ……考えただけでもぞっとする。私は荷物のなかに睡眠薬も入れた。

　移住者が装備として持っていくものについて、フェルスター夫妻はこと細かに記している。エリーザベトの忠告にしたがって、ポンチョやブーツや木綿のズボン、麦藁帽子、薬品、調理道具や毛布を用意した。ベルンハルト・フェルスターは、「隣近所と親密な関係を築くためのプレゼントとして、ちょっと変わった贅沢《ぜいたく》品、つまり祖国のおみやげを持っていく」[5]ことを勧めている。いったいどんなものが、南アメリカのまんなかに住む十九世紀の農民に祖国を思い起こさせるだろうか。まるで見当もつかなかった。それで、ベルリンの夜の情景《ナイト・ライフ》の絵葉書を何枚かと、三本で一セットになっているウォークマン用のヴァーグナーの音楽テープを荷物に加えた。

　あれこれ考えた末に、吸血コウモリを追い払う石灰酸はやめて、あのサバイバル・ショップで買った、牧草の匂いがして何にでも効くという、ベタベタするクリームを持っていくことにした。フェルスターは、私がいずれ知ることになるさまざまな肉食の虫について、くわしく書いている。そのなかの一つはこんな具合だ。

〔蚊とヒルの〕次に厄介なのは、ドイツ人がスナバエと呼ぶ虫である。とても小さな虫で、人や動物の足の表皮に穴をあけてもぐり込み、徐々に卵を産みつける。入りこむときにはほとんどわからない。産卵期のあいだに虫が成長してはじめて気づくのだ。そうなった場合、良識ある者ならだれでも手術をして取り除くだろう。手術には先の尖ったナイフを使うのだが、多少練習すればできるようになる。たいていは新しくやってきた者がこの小さな寄生虫にやられるが、その繁殖を許してしまった者は、非常な苦痛によって自分の衛生管理の悪さを後悔することになる。(6)

医学辞典でスナバエの項目をくわしく調べていると、パパタシ熱 Phlebotomus（ギリシア語で phleps は静脈、tomos は切開）という言葉を見つけた。スナバエはリーシュマニア〔パパタシ熱の病原体〕の原虫の唯一の媒介体なのだ。次に見つかったのは、リーシュマニア・ブラジリエンシスという言葉だ。「まず最初に皮膚に傷ができ、かなり時間をおいて口に潰瘍が発生、やがて口蓋から鼻にまで広がる。」オリエント潰瘍、バグダッドおでき、アレッポおでき、サート潰瘍《かいよう》、デリー潰瘍、ビクスラ潰瘍など、食いつかれた場所によってさまざまな名前がつけられている。ところで、フェルスターはビルハルツ住血吸虫にも触れるべきだった。友人の医者によると、この虫はカタツムリのなかにしばらくとどまったのち、人間の皮膚から体内に入りこみ、ゼン虫となって目からふたたび出てくるという。（一八二五年生まれのドイツの医師テーオドア・ビルハルツが一八五〇年ごろにエジプトで発見した。あわれなテーオドア。称賛されるのは《交尾する扁形動物のつがいのすばらしい図版》(7)ばかりだ。それもこの病気の確認に役立つものではあるが、彼自身にとってはあまり意味のないものだ。ビルハルツはいつもサンダーフィッシュの電気器官についての研究のほうがはるかに興味深いと思っていた。彼は三七歳でエチオピアで世を去った、憤慨し、幻滅を感じ、サンダーフィッシュを探し求めながら。）

私はもう一度サバイバル・ショップに行って、小さな鎌のついたメリケンサックのような形のナイフを買った。自分で手術をする羽目に陥ったときのためだ。そのナイフはしかし、ヒースロー空港を飛び立つ前に、航空会社の人間に取り上げられてしまった。

読み物が必要になるのはわかりきっていた。なぜなら、どうしようもなく単調なジャングルでのサバイバルがつづいたのでは、だれだって耐えられる時間の長さには限界があるからだ。フリードリヒ・ニーチェとR・B・カニンガム・グレアムとフェルスター夫妻という組合せにすることにした。

ベルンハルトもエリーザベトもパラグアイについての本を何冊か書いている。ベルンハルトのほうは、南アメリカに新しい祖国を建設するためであり、エリーザベトは、それを維持するためだった。植民地用の土地に移住する前に、ベルンハルトは二年間にわたって、三国同盟戦争後の荒れ果てたこの国を旅した。そして、未来のドイツ人移住者が興味をもちそうなことを片っ端から（また興味をもたないであろうこともたっぷりと）書きとめた。植物相、動物相、河川交通路、そしてタピオカ農園から逃げる最良の方法などである。彼はしゃれた題名をつける才能があった。そうしてできあがった本が、『ラプラタ川上流のドイツ人植民地、付パラグアイ特別報告。一八八三〜一八八五年の詳細な実地体験と研究と旅の成果』である。これは、善良なドイツ人労働者に彼の植民地ヴィジョンのすばらしさを納得させるための宣伝用パンフレットだった。読むだけで窒息してしまいそうな長いドイツ語の文章に、反ユダヤ的なエピソード、菜食主義やルター主義やヴァーグナー賛美が織り込まれ、ドイツ民族の未来についての仰々《ぎょうぎょう》しい美辞麗句がものものしく散りばめられている。しかし、今になって読めばたいへん興味深い本であり、そこには、気難しくて学者ぶっており、高慢と偏見の両方に駆りたてられていた著者の本質が、みごとなまでにさらけ出されている。口絵として、角張った髭と狂信的な目のベルンハルト・フェルスター自身のエッチングが掲げてあって、その下にはフェルスターの凝った筆跡で、ゲーテの金言が書きつけられている。「いかなる暴力にも屈せず、みずからを守り通すのだ。」

このパンフレットを書いたころ、フェルスターは馬にまたがって、のちに植民地が建設されることになるまさにその場所を、そうとは知らずに見てまわっていた。もし知っていたら、約束の地について、こんな恐ろしい描写はしなかっただろう。

第一の心配は、サン・ペドロへの最短距離のルートが見つかるかどうかだった。今までのところ、だれもがそんなものはないと言っている。全行程が大湿原で、単独行での踏破はほとんど不可能であり、危険だらけだというのだ。私の経験からしてもこうした話は本当だ……馬は深い泥沼を横切らなければならなかった。足元の確かな高いところはめったにない。そのうえ、このあたりには住む人はなく、鹿や狐、タイガー〔虎そのものではなく、ジャガーなど虎に似た動物の総称であろう〕、猿や駝鳥《だちょう》などがうようよしていた……土地は肥えているようだが、どう考えてもここに入植するのはきわめて困難だ。道に沿って、すでに朽ち果ててはいるが、瓦葺きの家がいくつかあったところをみると、戦争前はここで牛を飼って暮らしていた人々がいたらしい……今の住人の一部はかつて奴隷だった黒人である。代表格の男はスペイン語もほかの言葉もまったく解さない年老いた黒人で、頼みごとをすることもできず、やむをえず野宿する……ここで危険なのはタイガー、インディアン、それに蛇だと言われている。ジャガーの足跡はたくさん見たし、蛇にも何回か出くわしたが、攻撃されたことはない。インディアンは一度だけ見かけた。彼らは家畜同然の悲惨な生活をおくっている……インディアンはまず危険なことはなく、よい召使になる。しかしレングア（インディアンの一種族）は危険で、ときおりグラン・チャコのむこうから群れをなして襲ってくる。この国に不慣れな旅行者が直面するほんとうの難題は道に迷うこと、人里離れたところでの悪天候、この地の完璧な美しさと恐ろしさからくる孤独感、そしてなによりも空腹である……もしも、空腹でまいっているときに頭に強烈な日差しを浴び、沼や川で濡《ぬ》れ、硬くて丈の高い草に足を痛めるようなことがあれば、病気になって数日は寝込むことになるだろう。私はずっと免れていたが、ひ弱なからだではすぐに熱を出してへたばってしまうものと思われる。[8]

　フェルスターの行動の奥にあった動機は、ニーチェならルサンチマンと呼んだものであろう。すなわち、羨望、嫉妬、復讐心の混じり合った感情である。これはほかの道徳との対照によってはじめて定義づけられる道徳で、ほかの道徳はこれに邪悪というレッテルを貼り、ニーチェは奴隷の道徳と呼んでいる。ニーチェにとっては、キリスト教が究極の奴隷の道徳であるが、国粋主義と人種差別主義もやはり奴隷の道徳に含まれていた。ベルンハルトとエリーザベトは極めつけの奴隷道徳家だった。

　ニーチェは『道徳の系譜』のなかで書いている。「高貴な道徳はどれも誇らしげにみずからを肯定するところから発展するものだが、奴隷道徳は最初から外部のもの、異なっているもの、自分以外のものに否という。この『否』こそがこの道徳の創造的な行為なのだ。……ルサンチマンの人は正直でも純真でもなく、また自分自身について誠実でも率直でもない。その魂は横目づかいをし、その精神は隠れ場所、秘密の小道と隠れた入り口を愛する……。[9]」

ニーチェのような著作家は、ドイツ語の著作家にしろ他の言語のそれにしろ、ほかには皆無である。粗野で暴力的で、反逆者であり偶像破壊者だ。彼の著作を読むということは、すべての道徳があやふやなものとなった世界に足を踏み入れることだ。ニーチェは読者に、危険な生き方をすること、自分が人間の問題における原動力と見なす闘争を受け入れることを強要する。人間性は力への意志によって動機を与えられている、と彼は言う。どんなものであれ、増強された力はよいものだとされる。奴隷の道徳もこの意志の一つの形態だ。ほんとうの世界、このたった一つの世界を引き継ぐのは、勇敢な人、強い人、冷静な人だ。意気地なしや信心深い者、それに類する人間はなにも受け継がず、受け継ぐ資格もない。ニーチェは、凡人と大衆、そして支持者の数だけで道徳の地位を得た信仰を、軽蔑しかつ恐れていた。ニーチェの哲学は、《自分にとっての真実はだれにとっても真実だ》と思っている空論家や独断論者、それにキリスト教徒や政治家、あらゆる類《たぐい》の説教家や人民主義者に鉄槌《てっつい》を振りおろす。彼はなによりも個人に信頼をおいていた。それも、道徳や《個人の内にある群れの本能》は有無をいわせず乗り越え、強くて断固としており、独立心をもった自由な精神の人間、自分自身のルサンチマンを克服することができたときに超人（スーパーマン、もっと正確にいえばオーヴァーマン）の状態に到達できる人間である。

　斬新だが危険な才能である。彼の描くイメージはしばしば暴力的で、文体は最悪の神話形成の方向に傾きがちである。この方向の頂点をなすのがナチであり、ルサンチマンのなかにその根本原理がある。しかし、うわべだけの言葉や偽善はニーチェの不倶《ふぐ》戴天《たいてん》の敵だった。もしも彼に、外科用のメスを使うべきところで両刃の剣を使う傾向があったとするなら、それはひとえに彼が言わなければならなかった事柄の独創性と、言うことが必要だと感じた緊急性によるものである。

信念を成文化して体系とすることにあれほど反対したにもかかわらず、実際には、ニーチェの名前は、知的な運動もそうでない運動も含めて、今世紀のあらゆる《運動》と結びつけられてきた。フェミニズムと構造主義、マルクス主義とアナーキズム、行動主義、そしてもちろんファシズム。自分はニーチェ主義者だと考えている人間を片っ端から一つの部屋に押し込めば、きっと大殺戮《さつりく》が繰りひろげられることだろう。ニーチェはそれを見越していた。彼は『この人を見よ』に書いている。「私を多少なりとも理解したと考える人はみんな、自分の姿に合わせて私を作り上げたのだ。私自身を正反対なものとして想定していることも稀ではない、たとえば私を理想主義者だと言うのだ。また、私をまったく理解できなかったと言う人間は、私がそもそも考察に値するということすら否定したのだ。」[10] ニーチェはまた、「そこここで謎をそのままにしておこうとする」が、それは哲学者としての自分の本性の一部である、と認めている。[11]

ニーチェは同時代人、つまり当時のヨーロッパ人を、信仰心によって骨抜きにされた人間だと見なしていた。「矮小化したほとんど滑稽な種族、畜獣の群れ、善意にみち、病的で凡庸なもの……。」[12] 彼は何よりも自由を、そして自己実現を強調した。また、「小商人やキリスト教徒、雌牛、女、イギリス人やその他の民主主義者が夢見る軽蔑すべき類の安寧」[13] を拒絶した。ニーチェの著作には、激しい非難や言葉の極端な暴力性がいたるところに見られるが、それが読者の眉をひそめさせ、怒らせた――しかし、それこそまさしく彼の目指したことだった。なぜなら、そうすることによって、読者を冬眠状態から揺さぶり起こし、一人一人を個人として、彼が可能だと考える高みにまで登らせようとしたのだから。乱暴な言葉づかいにもかかわらず、彼は人間性を愛しており、「血を流しながら書く」[14] ことによって、無感動な人間の「隠れた心の病いを取り出して明らかにすることによって、大いなる奉仕をする」ことができると信じていたのだ。彼の思想は個人のための苦悩の叫びなのだ。ニーチェはこう告げている。「打ち勝つのだ、汝らより高き者たちよ、ちっぽけな美徳やつまらぬ分別、砂を噛むような思慮分別、蟻の群れのような愚かしさ、惨めな安寧、《大多数の人間の幸福》に！」[15]彼は矛盾したことや正反対のことも言い、ときには何を言っているのかわからないこともある。彼は自分がダイナマイトであることを知っていた、間違った手に渡れば危険な爆弾である。しかし、独断論者ではなかった。「私たちは自分の意見のために焼き殺されたりはしないであろう。意見のためには、それほどの確信はもてないからだ。しかし、意見をもつ権利とその意見を変える権利のためなら、そうするかもしれない。」[16]オスカー・ワイルドはドリアン・グレイについて次のように書いているが、これはニーチェにも同じようにあてはまる。「しかし彼は、信条とか体系とかを正式に認めることによって自分の知性の発達を阻止したり、一夜の宿か、まだ星も月も出ない夜のひとときを過ごすにふさわしいだけの宿屋を、永住する家と取りちがえたりするような過ちを冒すことはけっしてなかった……人生における理論も、人生そのものに比べたらまったく何の意味もないものだと思っていた。」[17]

妹やその夫の便秘的な道徳家ぶった行動にたいして、ニーチェのとった正反対の態度はいわば下剤であった。モンゴメリーがかつて毛沢東について言ったように、「彼はいっしょにジャングルへ行くにはうってつけの人間だ」。そしてもしも私が、ジャングルのなかでディケンズを読む、イヴリン・ウォーの『一握りの灰』のトニー・ラストのように、ジャングルに閉じ込められて死ぬまでニーチェだけを読んで過ごすように強いられたら、間違いなくすぐに気がふれてしまうだろう。

一八六四年、フリードリヒ・ニーチェがバーゼル大学の古典言語学の教授になったのと同じ年に、スコットランドの一七歳になる貴族の若者が、冒険をもとめ、一旗揚げるために、アルゼンチンにむけて旅立った。スペイン語はすでにワイト島の祖母の膝《ひざ》で学んでいた。それからの六〇年間というもの、ロバート・ボンタイン・カニンガム・グレアムはほとんどいつでも危険と背中合わせで、ブラジル、ウルグアイ、アルゼンチン、そしてとくにパラグアイと、南アメリカをさまよいつづけた。馬の調教師として働き、牧場を持って牛を飼い、旅行作家になった。目のくぼんだガウチョたちの仲間になり、《ドン・ロベルト》と呼ばれ、スペインの郷士《イダルゴ》のような尖った髭と長い髪を見せびらかしながら、投げ玉《ボレアドラス》の腕前を競い合った。彼は始終やっかいごとに巻きこまれ、借金を背負いこみ、私が思うには、つねにはなはだしい興奮状態《ヒステリクス》にあった。一生をとおして、お祭り騒ぎと危機一髪の連続だったのだ。ウルグアイでは革命側のガウチョたちに誘拐され、無理やり召使にされた。パリで馬に乗っていたとき、一八歳の可愛らしいチリ人の少女、ガブリエル・ド・ラ・バルモンディエールにぶつかって倒れさせてしまい、すぐに結婚した。テキサスへのハネムーンの途中では、アパッチの襲撃にあった。タルダント〔南モロッコの都市。十六〜十七世紀にもっとも栄えた〕の失われた市街を見つけようと、変装して船でモロッコに出かけ、クルド人につかまったこともある。

カニンガム・グレアムはこうしたことを残らず書きとめておき、やがてスケッチや短編小説、歴史と旅行の記録からなる三〇冊の本ができあがった。彼の書いたものは異様ではあるが詩情があり、中途半端なフレーズやしゃっくりをしているような文法がごろごろしており、波乱つづきの著者の人生をいきいきと浮かび上がらせている。カニンガム・グレアムは、馬に乗っているときも机にむかっているときも同じように幸福だったが、いちばん幸福だと感じたのは、パラグアイの森で馬を走らせているときだった。

ヴィクトリア朝の監禁同然の生き方を嫌った放浪の哲学者、カニンガム・グレアムは、しだいにニーチェ哲学の実践者ともいうべき人間になっていった。ある意味ではニーチェその人以上に。実際、彼はニーチェを読んでいたらしい。というのは、彼の自叙伝はツァラトゥストラの引用ではじまっているからだ。「兄弟たちよ、大地に忠実でありつづけよ」[18]（そのほかの題辞はアロンソ一二世〔スペイン国王、別名アルフォンソ一二世（在位一八七四―八五）のことか。引用は未詳〕からとったものである。「この私が必要とあらば、どこへでも行こう、危険が迫っていると聞けばいっそう速やかに。」）カニンガム・グレアムはバイロン、ダウティ〔チャールズ・モンタギュー・ダウティ（一八四三―一九二六）、『アラビア砂漠の旅』（一八八八）が有名〕バートン〔サー・リチャード・フランシス・バートン（一八二一―九〇）、旅行記のほか『千夜一夜物語』の翻訳でも知られる〕、ウィルフレッド・セシジャー〔一九一〇―、著書に『アラビアの砂漠』（一九五九）、『砂漠と沼と山――遊牧民の世界』（一九七九）などがある。〕、パトリック・リー＝ファーマー〔未詳〕といった、イギリスの偉大な旅行作家の伝統に連なる一人なのだ。年老いてからも、このスペインの郷士風の大地主は、若い魂のために書かれたニーチェの指示を実践した。「一つの衝動と逼迫が支配して、命令のように彼に君臨する。いかなる犠牲を払ってもどこかへ立ち去ろうという意志と願望が目覚める。未発見の世界への烈しく危険な好奇心が彼の五感全体のなかに燃え立ち、ゆらめく。《ここに生きるよりはむしろ死のう》――……漂泊・異郷・疎遠・冷却・覚醒・凍結への叛乱的な、故意の、火山のように突発的な欲求……試みのために生きて自分に冒険の機会を提供してよいという危険な特権――自由なる精神の巨匠たる身分の特権！――を自由な精神に与えるあの過剰。」[19]

　彼は人生を愛し、偏狭を嫌った。ルサンチマンとは無縁だった。ニーチェは、そういう人は生まれつき政治に引き寄せられるものだと信じていた。一八八〇年、ドン・ロベルトはイギリスに戻り、一八八六年にはノース・ラナークシャー選出の自由党下院議員になった。また、ジョセフ・コンラッドと親交を結んだ（コンラッドは『ノストローモ』を書く前にカニンガム・グレアムを読み返している）。エンゲルスと同じ演壇に立ち、キア・ハーディとともにスコットランド労働党を創立した。一八八七年十一月十三日の《血の日曜日》に、どうあってもトラファルガー広場での非合法のデモに参加すると言い張り、警官に頭を警棒で殴られ、頭蓋骨にひびが入った。そしてペントンヴィル刑務所に六週間収監という刑を受けた。友人のバーナード・ショーは書いている。「彼が投獄されたことは、下院議員になったことに比べれば何でもないことだ。彼がどのようにして下院議員になったのか、私は知らない。が、しかし、とにかく下院議員になったのだ、どのようにかして。[20]」カニンガム・グレアムの発言がたったひと言だけイギリス国会議事録に載っている。「くそったれ」だ。これは、議会の対立する二派の双方で行なわれていた偽善的行為を目にしたときの罵言《ばげん》だ。撤回を求められたが、「絶対に撤回しません」と答え、停職処分になった。ショーはすぐにその言い回しを借用して、『武器と人』〔一八九四年作の喜劇〕に出てくるブルガリア人の主人公に言わせた。ニーチェ同様、カニンガム・グレアムも政治的宣伝を信用しなかった。「私は理論を好まない」と彼は言っている。「政治家や神学者たちのあれやこれやの信条も好きではない。この耳で聞いたことだけが私の拠りどころだ……。[21]」

こうして彼は、ふたたび南アメリカの美しさと危険のなかへと帰っていった。外国人だったから、彼はけっして、自分はパラグアイの一部だとは言わなかった。しかし、彼がこの国について書いた本は、常軌を逸していて生彩がある。構文は難解であるが。

それらのものを思い描くと、大草原《パンパス》やコルディエラス山脈、原始林、両側に花や芳香を放つ木がつづく砂の道の先にある、川の《道》、そして何よりも、生い茂る草木に半ば埋もれてはいるが、白い衣類のインディアンが何人か住みついている、荒れはてたイエズス会伝道団の建物が、あまりにもまざまざと脳裏に浮かんできて、手をつけたことをやりとおすだけの才能もないままに、書かずにはいられなくなるのだ(22)。

これまたニーチェと同じであるが、カニンガム・グレアムはコロンブスとともに航海できる時代に生まれてこなかったことを嘆いた。彼は八四歳でブエノスアイレスで死んだ。次の言葉は反＝道学者としてのこの男の墓碑銘にも似つかわしいであろう。

私は帝国の理論などもってはいない。アングロサクソン人種の運命だのキリスト教の信仰だの、貿易圏や後背地《ヒンターラント》の拡大といった理論とも無縁だ。アラブ人をキリスト教に改宗させたり、アラーの神とヤハウェの神とを和解させたり、東と西、ミックス・オイルとビネガーの区別を知らない古代人を教育したり、虹をずっと空に張りつけておきたいと思っても、私に妙薬があるわけではない……私は正しい考えをもつ人々がこれっぽっちも関心をもたないことがらについて書くことを恐れる。反対に、独《ひと》りぼっちの馬の旅、荒れはてて人気のない場所や、常ならぬ光のなかで見る廃墟となった建物や素朴な人々……つまり、旅人にとってすべての旅のなかの最良の部分、旅の哀愁を呼びさますようなものごと(23)［を私は書きたいと思う——訳者補足］。

カニンガム・グレアムの本を四冊持っていくことにした。パラグアイ史を二冊と短編集二冊だ。彼とベルンハルト・フェルスターは、ほぼ同時期にパラグアイを旅しているが、おそらく出会ったことはないだろう。もし会っていたら、何ごともなく別れることはなかっただろうから。フェルスターは著書の結びに、彼の未来の植民地を信じるアーリア人たちに呼びかけの言葉を記している。ニーチェやカニンガム・グレアムが聞いたら唾を吐きたくなっただろうと思われる言葉だ。

どうしても携えて来なければならないのは勇気と忍従、強さと忍耐力、そして次の世代に伝えるべき古い祖国の道徳心である。(24)

そのどれも、私は持っていかなかった。私が持っていったのはスーツケース一つで、中身は古い本、匂いがきつくてたぶん毒性がある蚊よけの薬一瓶、これから行くところについての漠然とした知識、そして、もし何世代にもわたってそうした道徳心が受け継がれているのだったら、そんな人間のいるところには行きたくないものだという気持ち、それだけだった。

私はある一点においてニーチェと完全に意見が一致した。「あれこれと計画を立て目論むことは、さまざまな快い感情をもたらす。もしも生涯にわたって計画を立てること以外には何もしないだけの力をもった人がいたなら、その人はたいそう幸福な日々を過ごすことだろう。しかし、そんな人もときにはこの活動から休息をとる必要があるだろう。つまり計画を実行に移すのだ。ところが、そうすると腹を立て、興ざめするのである。(25)」

第三章　川をさかのぼって

私はエリザ・リンチ夫人の夏の舞踏会場の片隅にすわっていた。つまりそれは現在パラグアイ・グランドホテルになっているのだ。そして、半分ドイツ系スイス人で半分ウェールズ系パラグアイ人である、デイヴィド・ウィリアムズの話に耳を傾けていた。ストロエスネル大統領時代に過ごした子供のころの話だ。

デイヴィドは幼年時代をプリマベーラという入植地で過ごした。一九四一年に《兄弟たちの共同体》という名の宗派によって、この国の北部に建設された開拓地だ。この宗派はフッター派の分派で、共同《コミューン》生活、厳格な献身の宗規と平和主義をうたっていた。ディヴィドは物心ついたころから、スペイン語とこの土地特有のインディアンの言葉グアラニー語のほかに、英語とドイツ語を話してきた。彼のアクセントは、父方のウェールズの谷あいの快活な響きと、母方の軟口蓋の響きのあいだを揺れ動いている感じだった。「いいかい、きみ《ボーヨー》〔boyo——boyのアイルランド訛り〕」と彼は言った、「ああいうイデオロギーのもとで暮らすのがどんなことなのか、想像もつかないだろうね。他人が決めたとおりに生きるほかなくて、なぜそんなことが決められたかなんて尋ねることはできず、ただ言われたとおりにするしかないんだ。」プリマベーラはデイヴィドがまだ若かったころに解体されたが、その宗教的体制の影響はいまだに残っていた。「完全に抜け出すには一生かかるだろうね。」陽気な口調で彼は言った。彼はしばらくヨーロッパで暮らしたが、パラグアイにもどってきた。なぜなのか、自分でも説明できなかった。

バーテンダーがビールのおかわりを持ってきた。ブレーメンというビールだ。パラグアイのビールはみなドイツビールで、ラインハイツゲベートというドイツの昔ながらの醸造法でつくられている。ババリア、ミュンヘン、ブレーメンといった銘柄がある。バーの上のほうには、額縁に入ったロドリゲス大統領の写真が掛かっている。その日からちょうど二年前、現代史上もっとも長くつづいた独裁政権の一つを打ち倒した男だ。アスンシオンのどこかで記念祝典が行なわれているはずなのだが、その場所がどこなのか、だれも知らない。新しい大統領になって暮らしはよくなったよ、とデイヴィドは言う。それに民主主義を実現すると約束したんだ。この写真から判断すると、新大統領のほうが前の大統領よりも笑顔が自然なことは確かだ。

アルフレード・ストロエスネルは一九五四年にクーデターを起こし、「権力への意志」と「ルサンチマン」を二つながら同時に具現したため、三五年間にわたって権力の座にしがみつくことになった。その間、独裁者の地位に、つまり絶対的な権力を日ごと残酷に行使することに、あまりにも慣れすぎてしまったので、それを失ったときにはなかなか信じることができず、ひどく老けこんでしまった。一世紀以上も前にエリーザベト・ニーチェとそのアーリア人の移住者たちを喜んで迎えた、パラグアイの大統領ベルナルディーノ・カバリエーロと同様に、国に迎え入れる人間に関しては、ストロエスネルもあまり選《え》り好みをしなかった。蝿が糞《ふん》にたかるように、極右の連中がパラグアイに移り住んだ。イタリアのネオ・ファシストがストロエスネルの率いるコロラド党に助言した。またクロアチアの右翼の闘士たちが、大統領の私的なボディガードの訓練にあたった。ニカラグアの右派独裁者アナスタシオ・ソモサは、一九七九年にその地位を追われると、ストロエスネルのお抱えパイロットの操縦する飛行機でパラグアイにやって来た。そして、旧南アフリカ大使館やチャコにある広大な農場で優雅に暮らしていたが、やがてアスンシオンで銃弾に倒れることになる。一説によれば、大統領への支払いが滞ったためだという。

ストロエスネルは、自分自身がババリア・ビール醸造業者の息子だったために、ナチスをも含めてドイツ人に寛大だった。アウシュヴィッツの《死の天使》、ヨーゼフ・メンゲレが、一九五九年にパラグアイの市民権を申請したときも、偽名を使う必要すらなかった。それは彼が市民権を剝奪《はくだつ》される一七年前のことであり、その間ずっと姿をくらましていたのだ。逃亡中のナチがあっという間にやって来たよ、とデイヴィドは言う。「ここは今でも奴らでいっぱいさ――まったくなんてこった。」秘密を打ち明けるようにからだをかがめていった。一家がプリマベーラを去ったあと、デイヴィドはアスンシオンにあるドイツ人学校に送られた。彼はそこで同級生たちに、ナチ時代の歴史的事業を、知られていなかった事柄も補っていろいろと話して聞かせたが、みんなは信じなかった。そればかりか、《ユダヤ人》というあだ名をもらうことになった。「ずいぶんと嫌な目に遭ったよ、実際。」少なくとも一〇万人のドイツ人やその子孫がパラグアイ全土に散らばっている。四〇人に一人の割合だ。そのほとんどはこの国の生活に完全に同化している。

話を聞いているあいだ、ひびの入ったフランス窓の上で、エアコンが喘息《ぜんそく》にかかったような音をたててうなっていた。広々とした部屋を冷やすにはとても間に合わない。ドイツ人のオーナーの考えでは、この建物は一八六〇年代に建てられたものだという。マダム・リンチの舞踏会場ですよ、帝国のブルジョワたちの努力の結晶で、なにしろパラグアイのポンパドゥールの品質保証付きですから。ほこりをかぶったシャンデリアは元通りの形で残っているが、青や緑のパステルで果実や花のからんだ大きな格子垣を描いた壁画は、今にも粉々になって崩れそうだ。朽ちかけた屋根のどこかにコウモリの一家が巣を作っている。ピアニストが《イパネマの娘》を弾きはじめても、まだなにやら言い争っているのがかすかに聞こえる。前の晩、シャンデリアから一匹落ちてきた。糊のきいた、ボタンのない制服を着たウェイターが火箸ではさんでバケツに放り込むまで、くしゃくしゃになった手袋みたいに転がっていた。ウェイターは、「暑さのせいです」と説明した。

マダム・リンチはここで仮面舞踏会《バル・マスケ》を催したのだ。裏切りそうな人間を威圧し、貧乏人たちを圧倒するために仕組まれた、派手なショーである。マダムみずからは衣ずれの音も高いパリ製のシルクに身を包み、髪は二つの金の環にまとめて、いつもイギリスの女王エリザベス一世に扮して登場し、大法官のハインリヒ・フォン・モルゲンシュテルン・ド・ヴィスネル大佐はロレンツォ・メディチの扮装だった。軍隊の最高指揮官にして終身大統領のフランシスコ・ソラーノ・ロペスはナポレオンに扮していたが、だれも驚きはしない。彼はいつもナポレオンのつもりだったのだから。マダムは独裁的な女主人だった。だれを呼び、何を食べさせ、飲ませ、聞かせるかを決めるだけではなく、その衣裳までも選んだのだ。自分の敵に恥をかかせる絶好の機会だったし、いまでも彼女をあからさまに笑い者にしている、ロペス家の女たちのための毒薬もちゃんと用意してあった。大統領のぜいたくな妹たちは、グアラニー・インディアンの召使の恰好をしてくるようにと言われた。つまり、自慢の宝石がつけられないということだ。また彼女たちの母親は、口の上に男のような豪勢な髭の生えた、象のような大女で意地悪だったが、狩りの女神ディアーナに扮するようにと言われて腹を立てた。しかし、とにかく母親はやって来た。マダムの舞踏会に招待されないというのは社会的な死を意味したが、招待を断わったりすれば、死そのものへの招待になりかねなかったからだ。

パラグアイの上流社会はマダム・リンチの振舞いに憤慨した。フランス領事ローラン・コレシュ氏はこう言明している。「あの腹黒いアイルランドのあばずれ女のところで食事をするくらいなら、黒ん坊といっしょに食ったほうがよっぽどましだ。(1)」その彼は、首都の文化的な風潮を高めるために、アスンシオンに《教養学校》を開校するにあたって、エリザがボレ夫人だのデュポール夫人だのといった娼婦時代の仲間数人を招待したときには、もっとショックを受けた。彼女は自分から、パラグアイの上流社会の人々にポルカを教えると言いだし、廷臣たちが見守るなかで、金切り声を張りあげ、流暢なフランス語でわめきながら、舞踏会場のなかを所狭しと踊りまわった。そして、ロペスの誇大妄想による戦争が破滅的な結末へむかい、大統領の資金もすっかり底をついてくると、エリザは自分のパーティーを金集めのための催しに変えた。アスンシオンの名門の夫人たちは宝石を持参するよう命じられ、戦争募金に寄付させられた。エリザは愛国心に燃えており、それらをみなパリの友人に、保険証券として送ってしまった。

　湿度の高い空気にピアノの音が響き、天井からはね返って奇妙な振動を生み出している。この音響効果は、フランスから持ってきたプレイエルのピアノでリサイタルを開いたときも、マダム・リンチを満足させたにちがいない。聴衆はいつも心からの拍手をおくったが、独裁者自身が出席しているときは、喝采は耳をつんざくばかりであった。ピアニストは弾き終え、ほとんど空っぽの舞踏会場にむかってお辞儀をする。フランス窓のむこうに、小さな灰色のインコのつがいが、そり返ったテラコッタのタイルの上で追いかけっこをしているのが見える。ディヴィドがビールをもう一杯注文する。今度はババリアだ。

　アスンシオンのうだるような暑さのなかで二日が過ぎたとき、勇気づけてくれる情報をつかんだ。新《ヌエバ・》ゲルマーニア《ヘルマニア》は存在するというのだ。混血《メスティソ》の門番がぼろぼろになった地図を取りだして見せてくれたのである。その隅のほうには、まだストレスネル大統領の眠そうな顔がのぞいていた。エリーザベトの地図が示していたのとほぼ同じあたりに、ごく小さな文字で《ヌエバ・ヘルマニア》と記されている。門番は、仮に現在そこにだれかが住んでいるとしても、それがどんな人なのか、まったくわからないと言う。「貧しい土地ですよ」と彼は言った。「ジャングルが多くてね。バスが通っているかもしれませんが。」疑わしげな口ぶりである。「今ごろは雨で通行止めになっているでしょう。雨が降ると、道が崩れないように鎖を張って通れなくしてしまうんです。」

ゆっくりと地名を読みながら、彼は親指で地図をなぞった。サン・イグナシオ、サン・エスタニスラオ、サンタ・ロサ。イエズス会の伝道団の名残の数々である。ストレスネルはパラグアイ全土に何千マイルもの道路をつくった。それが彼には自慢だった。ほとんどは未舗装だが、おそらく唯一今も残っている彼の政権の記念である。その道路はパラグアイの公式地図では四方八方に伸びている。この道路の建設には数千ドルという費用がかかった。ただ一つ問題なのは、パラグアイ人はほとんど車をもっていないことだ。

「ええ、そうです。今はパラグアイじゅうほとんどどこへでも行けます」と門番は言う、「雨さえ降っていなければね。」

「乾季はいつなんですか」とたずねてみる。

彼は肩をすくめた。「本当はないんです。」

私は、ドイツ人哲学者の妹が一〇〇年前に通った道をたどるつもりだ、だから船でパラグアイ川をさかのぼり、そのあとは馬か牛車を使おうと思っている、ということを説明した。「気違い沙汰だ、狂《ロ》って《コ》いる」と彼は言った。彼はけっして失礼なことを言ったわけではない、本当のことを言っただけなのだ。

その朝、私は川をさかのぼる船の予約をするために、国営の船舶輸送代理店フロート・メルカンテ・デスタードに行った。

昼間のアスンシオンは、前の晩に降った一月の暖かい雨でよどんだ匂いが立ちこめ、二日酔いの町みたいだった。新しい建物は建設の途中で、古いほうは崩壊の途中だった。大きなバスが警笛をやかましく鳴らしながら、がたがたと音を立てて、狭い通りをやみくもに走っていく。一〇時になったばかりなのに、割れ目だらけの歩道の輻射熱は相当なものだった。通りは市場の人々の声で騒々しかった。あっけにとられるほどの人種のごった煮で、その大部分が台湾製の電化製品を売ったり買ったりしていた。ほかに商品はあまりないようだった。

パラグアイには、きまった人種とか純粋なパラグアイ人というものはいない。ただ、はるか遠い北部や西部にいた数千人のインディアンだけは例外だったが、すぐに滅ぼされてしまい、森は伐採された。征服者たちは、たいていは土地のインディアンの酋長《カシケ》からの贈り物だった、少なくとも二〇人のインディアン女性を相手に、みずからのスペイン人の血の混じった子孫をつくった。ことがあまりにも速く運んだため、パラグアイでは一〇〇年もたたないうちに混血《メスティソ》人種が当たり前になった。ある啓蒙的な統治者は人種の混交を奨励さえしたが、奨励する必要などまったくなかった。バケツにたらしたインクのように、首都から周辺へと、スペイン人の血は波紋のように広がっていった。高貴なインディアンの娘との結婚によることもあったが、たいていはレイプや婚姻外の関係によるものだった。ほかの移住者たちもその遺伝子をこのカクテルに加えていった。ヨーロッパ人の冒険家、黒人、奴隷《マメルコス》、そしてサンパウロからやって来た、ポルトガル語を話す半分インディアンで半分黒人の凶暴な山賊たち。彼らはイエズス会の布教団を襲い、インディアンの改宗者をさらって奴隷にした。

ニーチェは、ギリシア人を例にとって、混交人種を称賛した。そうした人種は勇敢この上なく、創造力豊かな芸術家やすぐれた精神の持ち主を生み出す、と考えていたのだ。ヨーロッパのさまざまな人種の特徴を混交して、「優れたヨーロッパ人」のモデルをつくり上げたいと思っていた。彼は支配的な人種について語ってはいるが、ある特定の人種を、もちろんドイツ人を、想定していたわけではない。すばらしい特質をみせる個人の集団を思い描いていたのであって、私たちが考えるようなある一つの人種ではない。なぜなら、ニーチェが理想とする人間は明らかにどんな人種からも、またいついかなるときにも出現しうるからだ。ある人種がもっとも優れているということはないのである。征服の被造物、《徘徊《はいかい》する金髪の野獣》を擁護しているところをみると、ニーチェは、頑健な混血文化のなかに称賛すべき不朽のなにものかを見つけたのであろう。

パラグアイでは私生児だということは少しも恥ずかしいことではない。「友人の道徳について云々するのはいささか度量の狭いことだ」と、ロペス時代のある移住者が書いている。「私が言いたいのは、この国では結婚前の奔放な振舞いは重大な過失とは見なされない、ということだけだ。」(2)実際はとてもその程度ではなく、国民的娯楽と見なされていた。カニンガム・グレアムも同意見だ。「パラグアイの女性はびっくりするほど多産で、自然の恵みにより、最小限の苦痛でイヴの苦しみに耐えるようになっている。貞操は、聖職者の奨励する道徳的理想のための助言であったかもしれないが、奨励していた人々も含めて、明らかにほとんどだれも守らなかった。」(3)ロペスもすすんで手本をしめし、たくさんの私生児をつくったが、何人かはマダム・リンチが母親だった。三国同盟戦争が人種の混交に拍車をかけた。ある概算によれば、生き残ったパラグアイの男性はわずかに二万八千人、それにたいして女性はその四倍もいた。社会は一時的に一夫多妻制になった、スペイン人がやって来るまでいくつかの部族で見られたように。

エリーザベトとベルンハルトのフェルスター夫妻もそうだが、移住者たちは戦争が残した空白を埋めるためにやって来た。イエズス会、メンノー派、フランスの農民、オーストラリアの共産主義者、ヨーロッパのアナーキスト、アイルランドやドイツの亡命者、日本の農民、そしてイギリス・リンカーンシャーの農民たち。この最後に挙げた人々はいちばん哀れだった。リンカーンシャーではだれ一人としてパラグアイに来たがらなかった。だからこの《農民たち》というのは、公式の割当を満たすために、ロンドンの路上から駆り集めてきた浮浪者がほとんどだった。パラグアイに着くと、彼らはたちまち、いずこへともなく姿を消してしまった。

ほんの二、三世代でほとんどすべての移住者が、死や異民族間の婚姻によって、同化・吸収されてしまった。言語はだれにでも通じるグアラニー語に変わっていき、故郷の思い出も、生き残ろうという気持ちの前に徐々に消えていったのだ。自分だけ変わらずにいるためには、攻撃的な自己信頼と文化の力強い自己防衛が必要だが、攻撃性や力強さはパラグアイの人種のスープのなかですぐに消え、差異はたちまち目立たなくなった。

これは、パラグアイにおける動物の繁殖実験の大部分にも当てはまることである。スペイン人は本国からアンダルシアの雄牛を連れてきた。それで十七世紀には闘牛がたいへん盛んだった。ところが、持ちこまれた牛が在来種とかけ合わされると、獰猛《どうもう》さがなくなっていった。その結果、雄牛に闘牛ができるほどの闘争心を奮い起こさせることができなくなり、このスポーツはほとんど廃れてしまった。

しかし、アスンシオン市場の道路脇にある家畜小屋の前を歩いて行くうちに、少なくとも一つだけ、きわだっている民族集団があった。白いシャツと青いデニムの作業服姿のメンノー派の信者たちで、まるでにぎやかなダンスパーティーから落ちこぼれたような印象をあたえた。故国から持ってきた方法でつくった柔らかいチーズを売ったり、おんぼろのトラックに寄りかかって、耳慣れない方言でまくしたてたりしていた。ペンシルヴァニアのアーミッシュのように、彼らは、チャコやそのほかのパラグアイの荒れた土地で、現代社会やその罪悪とは隔絶して暮らしている。人っ子一人いないグラン・チャコ・ハイウェイをボリビアにむかって五〇〇マイルも行くと、メンノー教徒の町フィラデルフィアがあるが、そこだけで一六万人のメンノー派信者が住んでいる。彼らは外界との接触を避け、信仰の孤島のなかに閉じこもっているのだ。

エリーザベトとベルンハルトのアーリア人たちもこれほど強固な信仰をもっていたのだろうか。それとも、人種についての健忘症は新ゲルマーニアにも及んでいたのだろうか。

麦藁帽子をかぶった小柄な中国人が、端のほうで韓国製のサングラスを売っていた。グアラニー語といくらかスペイン語ができる。「どこから来たんですか」とたずねてみる。「町からすこし離れたところさ。」その前は。彼は黙って川の下流を指さした。

ある友人が、パラグアイのいちばん北にあるバイア・ネグラで会ったインディアンの一家の話をしてくれたことがある。そのインディアンの母親には三人の子供があり、二人は浅黒い肌と褐色の目で、頰骨が高かったが、末っ子は金髪碧眼《へきがん》だった。今は忘れられてしまったが、先祖のだれかがヨーロッパ人、おそらくは鉄道技師か金鉱採掘者とともに過ごした夜の遺伝的名残である。その一家は、末の子供がどうしてこんなに変わっているのかわからなかったが、たいへん誇りに思っていて、その子をエル・ルビオ、つまり金髪と呼んでいた。

エリーザベトとベルンハルト（・フェルスター）は、人種的に純粋な植民地を建設するために、人種的に純粋などという言葉がまったく意味をもたない国を選んだのだ。この国では、もし隣人にさほど好感をもっていなければ、その妻や娘たちを愛することには何の問題もない。彼女たちの肌が何色であっても同じだ。結局のところパラグアイは暑い国であり、グアラニーの娘たちはお高くとまってはいないのである。白人は、静かな潮のような褐色の遺伝子に取り囲まれて、早々にその違いを忘れてしまった。パラグアイでは、パラグアイ人の流儀に染まってそれを真似するか、憤慨して、滅亡にむかう自分を黙って見守っているか、二つに一つなのだ。おそらく、エリーザベト・ニーチェのアーリア人たちも、同じ道をたどったのであろう。もし仮に、最初の移住者が現在まで生き延びていたとしても、いったい何が残っているだろう。たぶん、ドイツ人の青い目と、グアラニー風の発音で聞き取れないくらい崩れてしまったドイツ人の姓くらいのものだろう。

しかしアーリア人の神話は強力だ。十九世紀に大きな影響を及ぼしたアルチュール・ゴビノー（エリーザベトもこの人の著作を読んでおり、非常に称賛している）のエッセー、『人種の不平等』によれば、アーリア人は大昔に故国を離れてヨーロッパに移り住んだ優秀な種族である。神話では、「この地球上で人類がなしとげた偉大なこと、実り多いこと、高貴なことは、すべて偉大なアーリア民族に由来するもの」(4)であり、それにはエジプト、ローマ、中国、ペルーなどの古代文明も含まれる。社会ダーウィン主義は、それぞれの人種は平等ではないという考え方を、ある人種は他の人種よりも生存に適しているという生物学的仮説に変換するのに一役買った。ドイツの発生学者ヘッケル〔訳者あとがき参照〕とその一元論協会は、全世界にむかって、とりわけドイツにむかって、「諸民族の全歴史は自然淘汰によって説明することができる」と説いた。(5) ヒトラーとそのゆがんだ理論は、この似非《えせ》科学を政策に変え、人種の純化と適者生存という名のもとに、すべての人種を破滅させようとしたのだ。

フェルスターは、一元論協会が設立されるよりも前にドイツを離れていたが、エルンスト・ヘッケルの主張から影響を受けていたことは明らかである。すでに一八八〇年代に、ヘッケルはドイツで多くの信奉者を獲得していた。半分哲学で半分科学である一元論は、その定義づけからいえば、ある一つの中心的な理念（すなわちダーウィン主義）を信奉するものであるが、実際はいくつもの理念のカクテルだった。つまり、人種差別主義、国粋主義、反教権主義、優生学、そして誤った進化理論などが混ぜ合わされていたのだ。馬鹿げた代物であるが、フェルスター（ならびにヒトラー）のような人々はこんな突飛《とっぴ》な考えにたちまち魅了されたのである。ヘッケルは支配民族たるアーリア人の進化論的な優生を強調し、人種の混交は「生物学的衰退」につながると警告した。彼はゴビノーの考えを受け継いで、進化論的な階段を想定し、白人をいちばん上に置き、黄色人種をまんなかに、黒人（あるいはユダヤ人）をいちばん下に置いた。そして、頂上にいる人種は自然の進化の段階を経てそこまで登りつめたのであり、最下層の人種は滅びる運命にあると説いた。ヒトラーは、自分の著書『わが闘争《マイン・カムプフ》』はヘッケルが翻訳したダーウィンの言葉、《生存闘争》をなぞったものだと言っている。アーリア人が優勢だという神話は、もともとはアーリア人の失われた言語を跡づける試みだったが、いつしか証明不可能な人種差別の仮説となり、結果的にはまったく非科学的で壮大きわまりない嘘に変わってしまった。「だれがユダヤ人でだれがアーリア人か、それは私が決める。」ゲッベルスはこう言明した。これがナチスの言う自然淘汰の意味なのだ。

市場の人込みをかき分けて行ったので、船の旅行のための代理店に着くまでに一時間もかかってしまった。建物の外にニューヨーク・ジェッツ〔アメリカン・フットボールのチーム名〕の野球帽を売っている男がいた。スペイン語ふうに《ニューヨークヘッツ》と発音している。ニューヨーク、ニュージャーマニー〔新ゲルマーニア〕。順応と生存。窓がなくて息がつまりそうな事務所で、フロート・メルカンテ・デスタードの所長は鼻毛との格闘に余念がなく、邪魔されるのはまっぴらといった様子だった。神経を集中させ、鏡と大きな毛抜きを使って、幅が広くて溶けかかっているみたいに見えるローマ式の鼻のなかを、慎重にくまなく探しまわっている。肘《ひじ》のあたりでは貪欲な蝿の群れが食べ残しのラムチョップにたかっており、天井の木製のファンが暑い空気をかすかにかきまわしていた。装飾といえるようなものはパラグアイの地図だけだ。この地図では、ロドリゲス大統領の写真がストロエスネル大統領の上に鋲《びょう》でとめてあった。私は、次のアンテケラ行きの船はいつ出るかとたずねた。アンテケラは新ゲルマーニアの西にあるはずの港だ。彼は顔も上げなかった。それはこの状況では賢明なことだった。なぜなら、毛抜きはもうほとんど脳味噌のほうまで入りこんでいたに違いないのだから。「もう出ました。」鏡から目を離さずにいった。

数秒後、さらに掘り進んだあとで、彼は乱暴に引っ張って、左の鼻の穴から何やら抜き取った。そして、勝ち誇ったように毛抜きをおき、鼻の脇を軽くたたく。「もう出ましたよ。」繰り返してそう言うと、ふたたび鏡をつかんだ。「それにしてもなんでアンテケラなんかに行きたいんですか。」鼻を横からチェックしながらたずねてきた。「何もないところですよ。イグアスの滝のほうがずっときれいです。ホテルもあるし。」

「新ゲルマーニア《ヌエバ・ヘルマニア》という名前の土地を探しているんです。お聞きになったことはありますか。」

所長《ヘフェ》はその名前を口のなかで転がすようにして繰り返した。「いいえ。」

「川をさかのぼる船が今度いつ出るか、それだけ教えてください。」

気が進まないのを隠そうともせず、しぶしぶ鏡を置くと、机の引出しから一枚の紙を引っ張り出して調べはじめた。「三月です。」断固とした調子で言うと、また鼻にとりかかってしまった。

これが、毎週水曜日に出発するというポサダ号についてのすべてだった。次の船が出るまでには二か月ある。

アスンシオンの崩れかかった船着き場に腰を下ろし、川向こうのチャコのほうを眺めた。喉がひどく乾いていたので、売店で緑色をした発泡性の冷たい飲み物を買った。あまりにもあわてて飲んだのでげっぷが出た。それも鼻から。ぐらぐらするベンチに、私とならんで老婦人がすわっていたが、上品な叫び声をあげると、もったいぶった足取りで立ち去った。むせながら飲み終えると、瓶の底に何やら黒いものが残った。

被昇天《アサンシオン》〔「仮定」の意味もある〕の聖母マリアの町。仮定は正しかった〔町の名前アスンシオン Asuncion と仮定 Assumption をかけた表現〕。つまり、私は仮定していたのだ、新ゲルマーニアには簡単にたどり着けるだろう、そこは行くだけの価値のあるところだろうと。この町そのものも、根拠のない仮定にもとづいて見つけられたものだった。つまり、奥地にある夢のような銀鉱山の探査の中心であろうとか、なんらかの重要性をもった町だろうとか。この町は、広大なチャコ平原を見渡す丘の上にあり、パラグアイ川とピルコマヨ川の合流地点に位置している。ここから流れは一つに、つまりパラナ川になり、ブエノスアイレスまで下る。そしてさらに銀の川、すなわちラプラタ川になる。もちろん銀なんかなかった。かつてアスンシオンは大いなる南アメリカ征服の中心地、ラプラタ川をさかのぼってきて最初に出会う大都市になるはずだった。しかし、チャコのインディアンおよびインディアンの川の盗賊《リヴァー・パイレーツ》があまりに凶暴で、気候があまりに厳しかったために、首都はブエノスアイレスに移されたのだ。あっちのほうが空気がよかった。

この雨なら一〇〇マイル先からでも見えるだろう。巨大な灰色の毛布のような雨で、チャコのほうから押し寄せてきて、向こう岸の森を覆い隠してしまった。私は大統領の宮殿の城壁の下で雨宿りした。一面にかびが生えている壁のまんなかに、汚い漆喰《しっくい》が塗ってあった。そこからほんの数フィート下った川の土手の上には、貧民街が広がっている。錆《さ》びついたフォルクスワーゲンのボンネットが屋根代わりに打ちつけてあり、裂け目から煙が立ちのぼっていた。音のひずんだラジオからコロラド党の党歌が流れている。私は手摺《てすり》にもたれ、ごみをつついている病気のひよこに二人の子供が泥を投げつけているのを見つめていた。この巨大な宮殿はロペスの最後の大いなる誇大妄想《フォリ・ド・グランドゥール》の産物だった。イギリスの建築家アロンソ・テイラーの設計で、誇大妄想におちいったイギリス国教会の聖堂といったところだ。こうした類の妄想がエリーザベトの人種差別の夢を可能にしたのだ。もしもパラグアイの人々が自分たちの指導者にあれほど残酷な仕打ちを受けていなかったなら、おそらくエリーザベトはこの国に入れなかっただろう。この宮殿はロペスの南アメリカ帝国が誕生したあかつきには、その玉座になるものと考えられていた。さまざまな問題があって、建築は遅々として進まなかった。ジョン・モイニハンというアイルランド人がオリジナルの彫刻を担当したが、ロペスはその出来栄えが貧弱だといって作品を地下室に放りこんでしまった。テイラーのほうは、建築の半ばで、独裁者のお雇い外国人といえばほとんどが同じ憂き目に遇うのだが、外国嫌いの雇い主にあらぬ疑いをかけられて、モイニハンの作品といっしょに宮殿の地下室にある独房に放りこまれ、ひどい拷問を受けることになった。

ロペスは創造力に富んだ男だった。それもとりわけ苦痛をあたえる方法に関して。テイラーはこの独裁者が好んだ拷問、ウルグアイの枷《セポ・ウルグヤノ》について、自分の体験にもとづいて書き記している。

膝を立てて地面にすわらされた。まず、両脚を固く縛られ、次に手のひらを上にして後ろ手に縛られた。それから、一丁のマスケット銃が膝の下にしっかりと固定された。そのあとで、束ねた六丁の銃が背負わされ、革の紐で、膝の下の銃と肩の上の銃の一方の端同士を縛る。そうしておいて、もう一方の端に革紐を輪にしてかけ、兵隊が二人で、紐を引っ張りながら私の顔を膝に押しつけ、輪をぎりぎりと締めつける。するとこういうことになる。まず、足が痺《しび》れてくる。そして次に、爪先がうずきはじめ、そして徐々に膝へと広がっていく。同じことが手から腕にかけて起こり、やがて苦痛は耐えられないほどになる。舌が腫《は》れ上がり、顎がなくなってしまったような気がする。それから二週間というもの、顔の片側は感覚がもどらなかった。その苦しみといったらひどいものだった。私は白状していたに違いない、白状すべきことがありさえすれば。(6)

テイラーはなんとかこのウルグアイの枷《かせ》に耐えて生き延びた。建築に携わった大半の人々にはできなかったのであるが。

ロペスとマダム・リンチが建てたものはすべてそうだが、この宮殿もヨーロッパの最新の様式をとりいれていた。天井が高くて、窓が大きい。できるだけ川風を入れて、汗かきの大統領が、そしてとりわけアイルランドの霧雨のほうに慣れている彼の愛人が、涼しく過ごすことができるように、というわけである。工事にあたったのは六歳から一〇歳までの子供の奴隷部隊だった。ロペスの軍隊に入るには少々若すぎた少年たちだ。土台には砂岩を使うことになり、ロペスは三〇マイル離れたエンペドラドから引っ張ってくるよう命じた。上の階は煉瓦でつくり、正面にスタッコ漆喰を施すことになった。宮殿、国立劇場、国立図書館、そしてエリザのいくつもの舞踏会場を建設するうちに、子供の労働者たちはばたばたと死んでいった。リンカーンによってアメリカ大使としてアスンシオンに派遣されていたチャールズ・エイムズ・ウォッシュバーンは、もともと金鉱掘りで小説家、弁護士で新聞編集者でもあったが、ロペスの幼い建設労働者たちのことを書き記している。「強制された労働によって、小さな子供たちがたちまち老人のようになってしまうのを見るのは、悲しいことだ。つねに監視されているために、一瞬たりとも怠けることはできない。また、働いている場所を通りかかると、まるで疲れきった奴隷のようだった。すべての希望が完全に失われたので、顔をあげることも、ほんの一瞬手を休めることもしない奴隷だ。(7)」

しかし、自分の子供のこととなると、独裁者の乱行はさらにとどまるところを知らなかった。エリザ・リンチが後継ぎのファン・フランシスコを産んだとき、ロペスは宮殿の胸壁から一〇一発の祝砲をぶっぱなさせた。アスンシオン市内の一一の建物が破壊され、また大砲の一つが暴発したために、砲兵隊の半数が死亡した。ロペスはしかし、たいそうご満悦だった。雨が小降りになってから、私はアロンソ・テイラーがつくった入り組んだ庭園をぶらついた。特大サイズのライフルをもった一〇代の兵士が六人、タバコをふかしながら植込みのあいだをゆっくり歩いていた。ここにはもう大統領はいない。もっと警護がしやすくてもっと大きな官邸に住んでいるのだ。川の土手をずっと歩いていくと、馬に跨《また》がったフランシスコ・ソラーノ・ロペスのブロンズ像がある。ストロエスネルが、パラグアイの英雄と呼んで、記念としてそこに建てさせたものだ。土台に祭壇が設けてあったが、なかは空っぽだった。ニーチェは言っている。「死後も生き続けたいと思う人間は、子孫のことばかりでなく、むしろそれ以上に過去のことに気を使わなければならない。あらゆる類の専制君主が（専制的な芸術家や政治家をも含めて)、好んで歴史に暴力を加えるのはそのためだ。過去の歴史はこの自分の準備期間であり、自分の高みへ上る階段だったのだと思わせようとしてのことだ。(8)」

ロペス像の下では売春婦が数人たむろしており、口笛を吹いたり、髪や服に手をやったりしていた。その昔、彼女たちは髪に金の櫛を挿していたために、黄金の飾り櫛《ペイネタス・デ・オロ》と呼ばれていた。エリザ・リンチは、しだいに破局が近づき、自分の贅沢《ぜいたく》のために使う金にいよいよ窮するようになると、アスンシオンの売春婦たちを集めて、櫛を手放させた。

マダム・リンチはエリーザベトがやってくる一五年前、依然として優雅な姿をしてはいたが、今は軍隊の監視のもとに、アスンシオンを去った。しかし、二人には共通するところが多い。二人とも勇敢で臨機応変、欲しいものは何でも手に入れようという固い決意を秘めていた。しかしまた、野心的で情容赦なく、しかも、女は上品で非力であることが期待されていた時代に生まれて、なおかつそうだったのだ。貪欲さや残酷さと同時に偉大なところもある。二人とも人生の早い時期に、自分の野望を実現させる唯一の可能性は男にあることを悟っていた。彼女たちはともに、女を嫌うのと同じくらい徹底して、男を楽しんだ。知力と美貌と決意をもって、操り人形のように男を操った。

エリザ・リンチはエリーザベトよりも九歳年長で、コーク州の小さな町で生まれた。先祖はリチャード一世のお気に入りの稚児だったとか、チャールズ一世の首を刎《は》ねた由緒正しい死刑執行人だ、などと言い触らしているが、野心あふれる少女にとって、幸先のよい人生のスタートではなかった。一五歳でイングランドに渡り、フォークストンでフランス軍の獣医、マノー・グザヴィエ・カトルファージュと結婚した。アルジェリアで軍人の妻として暮らすことに魅力は感じられなかった。暑いうえに退屈なのだ。しかし、少なくともそこはコーク州ではなかった。一年ほど辛抱してから逃げだした。ミハイルという名前のロシア人の騎兵将校といっしょだったといわれている。ミハイルは彼女をサン・ジェルマン通りに住まわせた。ミハイルはじきに姿を消したが、ほかの男が、それもたいていは金も力もあるたくさんの男が、彼の代わりをつとめるようになる。マダム・リンチが売春婦という職業を身につけたからだ。楽な仕事ではなかったが、《外国語の女教師》だと宣伝して、うまくやっていた。

彼女に人気があったのももっともである。「その目は青、それも天の色をそのまま借りてきたような青だった」と、ある崇拝者は言っている。「そして表情の甘さときたら、とても言葉ではあらわせない。しかもその奥にはキューピッドが鎮座して明るく輝いているのだ。[9]」しかし、一九歳になったエリザは、サン・ジェルマン通りの寝室の内外に群がる見知らぬ裕福な男たちよりももっと長続きするものを探し求めるようになっていた。機会は、一八五三年にパリにやって来たフランシスコ・ソラーノ・ロペスという太った男の姿で到来した。父親のカルロス・アントニオ大統領によって、アスンシオンから派遣されていたのだが、父親は、ヨーロッパに行かせれば文化の端くれでも身につけ、外国でのパラグアイの評判を高めてくれるのではないかという、空しい希望を抱いていたのだった。

カニンガム・グレアムが二代目ロペスの性格を手短に描写している。「サディズム、倒錯的な愛国主義、外の世界についてのとんでもない無知、狂気と紙一重の誇大妄想、人間の生命や尊厳にたいするまったくの無関心、パラグアイだけでなく世界中どこへ行っても馬鹿にされたに違いない、卑屈なまでの気の弱さ、しかもそれが意志や才能の力の完全な欠如と結びついている。こういったものが彼の性格をつくり上げていた。[10]」二七歳のとき、彼はすでに、「穏やかな表情をしているときに嫌悪感をもよおさせる、あの醜い獣じみた姿をしていた。額は狭く、頭は小さいが後頭部だけは極端に発達している。ひどい虫歯で、前歯があまりにたくさん抜けているため、発音がはっきりせず、聞き取りにくい[11]」。

というわけで、ロペスは外国語を学ぶ生徒として理想的とはいえなかったが、エリザはこの新しい生徒に夢中になった。出会って二四時間後には、その間をさほど楽しく過ごしたとは思えないのであるが、彼女は家主に、フランスにおさらばしてロペスの愛人になるのだと告げている。二人は恋におちたのかもしれない。ニーチェも言っているように、「かぎりなく知性が乏しく心が冷たくても、多少はこの言葉の輝きを感じる」ものだから。「どんなに利口な女も、どんなに低俗な男も、この言葉を聞くと、一生のうちで比較すればもっとも自己中心的ではなかった時期を思い出すのだ、たとえ彼らにあってはエロスの神がごく低くしか飛ばなかったとしても。(12)」

若いロペスは、ヨーロッパ旅行は大成功だと考えていた。ヴィクトリア女王には、「多用なため、取るに足りない未開人に会っている暇はない(13)」と言われ、パリでフランス皇帝ナポレオン三世に謁見《えっけん》したときはたいへん不愉快な思いをしたのであるが。皇帝自身は形式的ではあったが歓迎してくれて、ロペスにレジオン・ドヌール勲章を贈ったあと、小声で、「パリ滞在をお楽しみくださいますように《ジェスペール・ク・ヴ・ヴ・ザミュゼ・ア・パリ》」と言った(14)。ところが皇后ウージェニーの反応は礼儀にかなっているとはいえなかった。噂では、醜いロペスが手にキスをしようと身を屈めたとき、皇后は金箔を張った皇帝の机の上に勢いよく吐いてしまった、それで退出しなければならなかったということだ。しかしロペスは、皇帝の歓迎に大喜びだった。そこで即座に、自分の服装も生活も軍隊の制服も、すべてフランス皇帝を手本にしようと決心した。彼と新しい愛人は買い物に出かけた。ロペスは、踵《かかと》が高くて銀の飾りがついているブーツを七〇足買い、エリザのほうは、シルクやガラス製品やプレイエルのピアノを買った。その後二人は、短期間クリミア半島をおとずれて、ヨーロッパの軍隊がたがいに殺し合っているところを見物したあと、帰国の途についた。新しい領土を手に入れ、そこに皇帝と皇后として君臨するのだ、という決意をあからさまに口にしながら。二人の壮大な計画は、二〇年後にエリーザベトとベルンハルト・フェルスターが考えたものと、それほどかけ離れてはいなかった。

ふたたびエリザ・リンチの舞踏会場。デイ・ウイリアムズが私を相手にウェールズ語の稽古をしていた。そのうちに電気が消えそうになり、ピアニストが《ラ・パロミータ》を弾きはじめた。軽快なハバネラで、フランシスコ・ソラーノ・ロペスが好きだった曲だ。彼は処刑を行なうときに好んでこの曲を演奏させた。


翌朝、私は船着き場のほうへぶらぶら歩いて行った。いろいろな種類のおんぼろ船——カヌー、平底舟《パント》、そして何隻かのもっと大きな船——が、小さな桟橋で場所を取り合ってひしめいていた。上半身裸で赤褐色の肌をした混血の人夫たちが、荷物をかついでよろめきながら傾斜桟橋を上っていた。あるいは、日陰に腰を下ろしてマテ茶を飲んだり、川魚やタピオカのフライを売っている女たちをからかったりしていた。タピオカは野菜の一種で、澱粉をたくさん含んでいるのでペチコートの糊付けにも使われる。裸の子供が数人、岸に近い汚れた水のなかで楽しそうに遊んでおり、油の浮いた水面に小魚が跳ねていた。

胸の厚い大男が、二人の日雇い人夫に指図をしていた。着ているものはすり切れた木綿の切れ端で、ひさしのついた船乗りの帽子をかぶっている。狭い渡し板を通って、ビニールのかかった冷凍庫を何とかして比較的大きな船に積み込もうとしているところだった。

「あれがそうだ。」白髪まじりのインディアンが麦藁帽子の下から言った。「ラミレス船長だよ。あの男がアンテケラまで行くんだ。」

ラミレスは帽子をとって、一三〇マイル上流のアンテケラまであなたをお連れするのは、うれしいだけでなく名誉なことです、と言った。「私の船へようこそ。」彼はそう言ってお辞儀をした。彼の顔は大きくて赤く、奇妙なこぶだらけで、そのこぶには黒い毛が束になって生えていた。スペイン語は私と同じくらい下手だった。片方の眉の上に特別大きなこぶがあって、笑うとそれが上下に揺れた。目を細めて見ると、日に焼けたハンス・ホルバインのようだ。足は長さよりも幅のほうが広いくらいで、爪はぎざぎざだったが、その足は、たちまち信頼感を抱かせた。

しかし彼の船は、信頼感とは程遠い代物だった。長さ約四〇フィートの改造されたはしけで、標準よりもはるかに多くの荷物を積みこんでいるうえ、明らかに老朽化している。いちばん上にある操舵室は、会社のパーティーでよく社長がかぶる、小さすぎる帽子にそっくりで、安定が悪くてそぐわない感じがした。エンジンは肺病にかかったような音をたて、まるで大きな動物がのたうっているようだった。小さなディーゼルの油膜が船尾から広がっている。背の高いパラグアイ人の脚がエンジン・ルームから突き出していた。脚だけで、ほかの部分はまったく見えない。一定しないリズムで、何かをハンマーで力いっぱいたたいている。ほんの少しのあいだ顔を出して、油に汚れた横幅の広い顔でにやりと笑うと、ふたたびハンマーをふるいだした。船倉には食料がどっさり積みこまれていた。タマネギ、タピオカ、砂糖、ジャガイモ、小麦粉、そして何箱かの空のビール瓶。船首のほうには、緑色のクロス張りのソファーの三点セットが、下に車輪のついた小さなオイル・タンクとならべて置かれている。冷凍庫が加わって、船はさらに沈んだ。茶色の川の水面と船べりとのあいだは三インチくらいしかあいていない。

二日か三日で着くだろう、とラミレスは言った、何ごともなければの話だが。船賃はそっちが適当と思うだけでいい。なんなら今いただいておこう。食事は船長専用のコック、エクトルが望みのものを出す。自分のコックを連れていくというのなら、それでもかまわない。彼はそう言って、船尾にぶらさげてある生肉を薄く切り取っている、小柄なパラグアイ人の少年を指さした。

「ベッドはありますか。」

「ちゃんとありますよ。」船長《エル・カピタン》は答え、タマネギの入った袋を手でたたき、船員にウィンクした。眉の上のこぶが揺れた。

この船長にも私は説明した、ドイツ人の農民の一団を探していること、彼らの先祖はエリーザベトという白人の女性に率いられて一世紀前に北部の森のなかに入植したことを。船長は手を止め、やがて破顔一笑した。「それで私らといっしょに旅をしたいとおっしゃるんですね。」そう言って彼は操舵室を指さした。「いい兆候ですよ。」操舵室の屋根にペンキを塗った板が打ちつけてあり、そこに船の名前が書いてあった、《白い貴婦人《ブランカ・ドニャ》》と。

その日の午後、私たちを見送るために何人かの人たちが傾斜桟橋に集まった。エンジニアのフランシスコは修理の結果に満足しているようだった。煙突から立ちのぼる黒い煙は厚い雲となって渦巻き、ある瞬間にはうしろへ去っていく大統領の宮殿を完全に見えなくしてしまっていたのだが。数分のうちにすべてのものがディーゼルの煤煙の薄いフィルムにつつまれてしまった。人が歩くくらいの速さでナナワ・ポイントをまわると、空を背に白い宮殿がくっきりと浮かび上がった。そのむこうの建設中の高層ビルは、ストロエスネルの遺産の一つだ。ほとんどはストロエスネル一族が所有したり管理したりしていた。皮肉の好きなパラグアイ人にいわせれば、クーデターのあと建設作業は中断されたが、所有権をロドリゲス一族に移す手続きのほうは、現在なお進行中だった。

このあたりが川幅のもっとも広いところで、流れはまるで縦に裂いた灰色の布地がどんどんと送り出されていくようだった。川のまんなかに出ると、群生地から離れた浮草のホテイアオイ《カメロテ》がどんどんと厚みを増して繁茂しており、その数も増えていった。スイレンの浮き島《ネヌファレス》もあちこちに見える。雨によって押し流されたこの天然の筏《いかだ》には、ときどき蛇や猿が乗っており、いっしょに川下へ旅をする。ロペスの勇敢な兵隊たちは、焼夷弾をかかえてこの浮き島に身を潜め、ブラジルの甲鉄艦に不意打ちをかけようとした。サー・ウッドバイン・パリッシュが報告しているところでは、かつて一匹のタイガーがこの方法ではるばるサンタフェまで下り、そこで岸に上がると、町をうろつき、しまいには、あるキリスト教徒を襲って食べてしまった。サー・ウッドバインはブエノスアイレスのイギリス公使だった人で、のちにナポリ王ミュラ〔ジョアキム・〜、一七六七〜一八一五。フランスの軍人、ナポレオンの妹婿。ナポリ王一八〇八〜一四〕の失脚後、ナポリにブルボン王朝を再興する手助けをした。そして一八一五年には、イギリスとフランスの平和条約をみずから手書きした。また、王立協会の会員でもある。だから、タイガーの話はきっと本当だ。

「三日以上はかからないでしょう。」流れに逆らう船のスピードは信じられないくらい遅かったのだが、ラミレスはそう請け合った。パラグアイ川は見てのとおりの危険な川だ。幅が広くてまっすぐなところでも、速い底流によって数分で川底に引きこまれてしまう。「その色は概して灰色の泥と同じだ」と、偉大な探検家リチャード・バートンは書いている。「植物が多いので、どうしても澄んだり透明になったりはしない。飲用に適していると言う人もいるが、飲むとやっかいなことになると考える人もおり、私もその一人だ。[15]」インディアンは、パラグアイ川の水を飲めば喉が清められ、声がよくなると言っている。どちらが正しいか、すぐにわかるだろう。この猛烈な暑さでは、グランドホテルから失敬してきた私の飲み水は、せいぜいあと一日しかもたないだろうから。

左手にグラン・チャコの荒野、干上がった洪積世の海がボリビア国境まで広がっている。大部分は無人で肥沃で危険で、湿地帯のようなところだ。カニンガム・グレアムがその様子を記しているが、それを読むと、どうやらそのころからほとんど変わっていないらしい。

　蒸気船は岸に沿って進んだが、何マイルも何マイルも沼地以外には何も見えない。ところどころ岸が途切れて、よどんだ水が横のほうにも広がっている。そこにはワニや電気ウナギや人を刺すエイがいる。見渡すかぎり沼、沼、そしてまた沼、揺れるパンパスグラスの海だ。沼の次はタクアラス（メダケ）や刺《とげ》の生えた木の森になっている。また、チャニャレス、ニャンドゥバイ、イャカランダス、ウルンデイ、タラス、ケブラチョ、これらはどれも斧が壊れるほど堅い木で、白肉桂などはまるで鉄みたいだ。……気候は苛酷で湿気が多く、空気もじめじめしており、ビンチュカス（コノリヌス・ギガス、嫌な匂いがする三角形の虫）だの蚊だの、ヘヘンと呼ばれる黒くて小さくていまいましいユスリカだのがいる。道路も小道も目印となるようなものもなく、ただ何リーグ〔距離の単位、一リーグは約三マイル〕もの間隔をおいて、ときどき森が開けたところがあるだけだ。そしてそこにはぽつんぽつんと入植地がある……[16]。

私はヴァーグナーのトリスタンを聞き、ヴァーグナーのヘソイノシシのことを考えた。つまり、ごく最近のことだが、ヴァーグナーという名前の動物学者（血縁関係はない）が、チャコにしかいない新種のブタを発見したのだ。もしもヴァーグナーのヘソイノシシが、何千年ものあいだ発見されることなくパラグアイを歩きまわることができたのなら、発見されているものもされていないものも含めて、あらゆる種類の動物が、早くもサンクリームを塗ったひ弱なヨーロッパ人の到着を待ってうろついている、という可能性だってありそうだ。

ベルンハルト・フェルスターの著書の関連個所を読みかえす。ピラニア、あの突きでた下顎と鋭い歯をもつオレンジ色の魚については、興奮気味に書かれている。「丸みをおびた大きな魚で、顎と長くて先の尖った歯を使い、恐ろしく器用に、水に入った人間のからだの肉や手足をかじり取る。しかし、水中で手足を大きくばたつかせていると、この泥棒にやられる心配がかなり少なくなる、ということを言っておきたい。[17]」次はラナ・フィッシュだ。これは「人差し指くらいの長さの尖った突起のある長い尻尾をもっている。その毒のある刺にやられると、言語を絶する痛みに苦しめられ、傷もなかなか治らない。[18]」しかしフェルスターは、ワニ、スペイン語でいうヤカレについてはそっけない。「ワニもしくはヤカレは人間の姿を見ると逃げる。また、グラン・チャコのレングア［インディアン］はその肉を食べる。[19]」

アスンシオンから遠ざかるにつれて森がどんどんと深くなっていくが、そこには神話に出てくるような生き物が本当に住んでいるといわれている。背中にへそがあり、群れをなして獲物を襲う、ブタに似た動物。また、からだにルビーがついている謎の動物がいて、私のパラグアイ史の本によれば、そのルビーは、「漆黒の夜の闇のなかでみごとな輝きを放つ。[20]逃げ足の速いこの獣《けもの》を見た者はいない。その気味悪い光を目にすると、方向感覚が完全に失われるからだ。」そして、「からだを堅い甲殻で守られたブタに似た動物、キルキンチョは、鹿の肉が好物だ。仰向けになり、腹を桶にして雨水を溜める。鹿が愚かにも近づいてきて、即席水槽から水を飲もうとするところをつかまえて殺す。[21]」旅人はみな、ムボヤ・ハグバ、つまりイヌヘビには出くわしたくないと思っている。三〇フィートほどの水蛇で、頭は犬で子犬のようにきゃんきゃん鳴く。初期のイエズス会布教団の一人である神父のルイス・デ・モントヤは、パラグアイで「インディアンを探し出して柊《ひいらぎ》の教会に連れてくるために(22)」三〇年を過ごしたが、この蛇の反社会的な習性を彼自身の言葉で書き記している。あるインディアンの女性が「たまたま用心を忘れてパラナ川の縁で洗濯をしていたときに、この動物を目にした。そいつは突然淫《みだ》らな気持ちを起こして彼女に襲いかかった。女性はこの巨大な蛇のあまりに恥知らずな真似に、ふるえあがって声も出なかった。ヘビは女性を対岸の土手に運び、その情欲を満たした(23)。」モントヤ神父が現われるまでの三日間、蛇は川岸で死んで横たわっている女性を見守っていた。神父は、なにしろ優秀なジャーナリストだったので、葬式を執り行う前に、この女性の身に起こった事件の顛末《てんまつ》を独占報道する権利を手に入れた、というわけである。

この水辺のレイプ魔もずいぶんとひどいものだが、オウオウこそは血も凍らせる動物である。オーストラリアからの移住者で、世紀の変わり目に、やがて失敗に終わるのだが、共産主義による植民地計画を実現するためにパラグアイにやって来ていたアレクサンダー・マクドナルドは、こう描写している。「オウオウとは白くて長い毛でおおわれた羊くらいの大きさの動物で、群れをなして獲物を追い、人間も襲う(24)。」私はこれまでずっと滑稽な死に方をするのを恐れて生きてきた。この突然変異した南アメリカ産のメリノ種の羊にやられて死ぬのも、その滑稽な死に方の部類に入る。船の上にいても安心はできない。モントヤ神父は言っている。「水陸両生の動物で……、羊に似てはいるが、歯と爪はタイガーにそっくりだ。オウオウとタイガーは獰猛《どうもう》なところが共通している。オウオウと聞くと、インディアンの目にいつも恐怖の色が浮かぶ。棲息している沼地からオウオウが（通常は群れをなして）襲ってくると、木に登るほかに逃げ道はない。しかも、それでも必ずしも安全とはいえない。この恐ろしい生き物は木を根こぎにするか、あるいはインディアンが口のなかに落ちてくるまでじっと待っていることがあるからだ。(25)」ラミレス船長にオウオウについてたずねてみた。「私は見たことはないが、インディアンはいると言っているよ、北のブラジルとの国境近くとチャコにな。」そして親指で左岸の蔓《つる》が絡みついているほうを指した。あとで舳先のオイル・タンクの蔭で横になっていると、日雇い人夫の一人フランシスコがやって来て言った。「オウオウはこの森にいるよ。同じ村の男がやられたんで知っているんだ。」

「どうしてオウオウって言うんですか」

彼は、空港で上に行くつもりなのに下りてくるエスカレーターに乗りかけてまごついている人のような顔をした。

「あいつに食われるとき、人間がそういう声をだすからさ。」

フランシスコは、四人の乗組員のなかではいちばん人付合いがよかった。鉛筆のような髭を生やし、太鼓腹でゴリラのような肩をしていた。英語を話したがるのだが、知っている単語といえば《ファック》だけで、それをグアラニー風の発音で何度も繰り返すのだった。このフランシスコとまったく対照的なのがアルベルトと呼ばれている男だ。大きな雄牛のようなからだで、キャビンボーイ兼コックのエクトルをいじめて面白がっていた。

エクトルは船員のなかでいちばん興味をひく人間だった。一四歳だが、目と少し猿に似た顔は老人のようだった。たぶんエクトルは醜いものをたくさん目にしてきたのだ、と私は思った。その筋肉質の腕と脚は発育が悪く、ほとんど小人症みたいだった。あたかも成長の過程で急に止められ、厳しい労働につかせる目的で、突然年をとらせたかのようだった。彼が操舵室《そうだ》で私のそばを通ったとき、溶けたチョコレートを一枚さし出した。すると、まるで取り返されるのを恐れるように、ひったくってポケットに突っこんだ。そして少したってから、こっそりと感謝の笑みを投げてよこした。乗組員たちはしょっちゅう彼をからかった。そんなときは、顔をしかめて、船で飼っている犬を連れて、防水シートに下にこしらえた小さな隠れ家に逃げこむのだった。

乗客はほかに数人いた。二人の若いインディアンは、一つのウォークマンのヘッドフォンを片方ずつ使って、グアラニー音楽を聞いてうっとりしている。羊皮紙のような顔で、喉の肉が毛をむしった鳥の皮のようにたるんでいる、驚くほど年とった婦人と、そのブロンドの孫娘。パラグアイの田舎《カムペシノス》の人が二人に、ラミレス船長の母親だ。セニョーラ・ラミレスは船の規律係だった。たびたび乗組員の頭を木片で力いっぱいひっぱたくのだが、彼らは気づきもしないようだった。

午後おそくになると、暑さもやわらぎだした。川の東岸に点在していた農場《チャクラ》や野原がしだいに少なくなり、川幅が狭まった。流れこむ支流が左右に何本も見える。老人と少年の二人連れの漁師が、上下に揺れるプラスチックの瓶《びん》を浮きにつけた網を引き上げ、岸にむかう。黄色の小さな鳥がトンボを追いかけて水を上を飛んでいった。船は速度をおとし、エンジンの音も少し弱まったようだ。チャコ側の森が焼き払われたところから、黄色の煙りが一筋立ちのぼっている。

私はラミレス船長といっしょに操舵室のなかにすわっていた。私の帽子を船長がかぶり、二人でマテ茶、イェルバ・マテを飲んだ。このパラグアイのお茶、あるいはイレクス・パラグアイエンシスを飲むのは初めてだった。これはこの国原産のハーブで、一年中、そして一日中、だれもかれもが飲んでいた。会話のなかで話題の中心にもなり、国を一つにまとめる社会的な接着剤の役割を果たしている。ロペス専属の医師の一人だったマスターマンが、このお茶について短い論文を書いている。

イェルバ・マテを煎じて飲むのは、何もしないで時を過ごすための格好の口実だった。朝の早い時間や昼寝《シエスタ》のあとなどが、合法的に楽しめる時間だ。しかし、イェルバがたくさんあって、それにたいていの人がそうなのだが、別段することもない人たちは、起きている時間の大半を、マテ茶を飲んで過ごしている。イェルバというのは、大きさも樹形もオレンジによく似た木で、白い房状の花をつける、イレクス・パラグアイエンシスという木の葉を乾燥させて粉末にしたものである（ただし、オレンジの木はここでは三〇フィートの高さまで成長する）。モチノキ科に属し、紅茶やコーヒーに含まれるカフェインやアルカロイドとまったく同じではないが、よく似た苦みのある成分を含んでいる。飲み方はいくぶん変わっている。マテという、容量三、四オンスの黒く塗ったひょうたん型の容れ物に、粗い粉末状のイェルバをいっぱい詰める。つづいて、先端が膨らんでいて細かい穴がたくさんあいている、ボムビジャという銀色の管を差しこみ、ひょうたん型の容器に沸騰《ふっとう》した湯をたっぷり注ぐ。そして管を通して、抽出液をじかに吸うのである。ちょうどシェリー・コブラーを飲むのと同じやり方だ。もちろん、こちらはやけどするほど熱いのだが。(26)

マテを飲む作法は単純だが厳格である。

正式の伝統的な作法にしたがって行なわれる儀式では、同じマテ、同じボムビジャを使って、二人もしくは六人の客にふるまわれる。その昔、赤銅色の肌をした戦士が和睦のしるしにタバコのパイプをまわし飲みしたのと同じように、手から手へと渡され、それぞれが好きなだけ飲む。そしてお湯は必要に応じてつぎ足される。現在の人口が多い中心的都市では、二、三人のマテ愛好家がいっしょに飲む場合、べつべつの容器とボムビジャが出されることがあるかもしれない。しかしこれは、長年マテに親しんだ通《つう》に言わせれば、はなはだしい堕落であろう。親睦というマテの論理にもっとも反することだからである……。(27)

私たちはマテのカップをやりとりし、ラミレスが何度も魔法瓶からお湯を注いだ。この飲み物のかすかな催眠作用が彼を落ち着かせるらしかった。眉毛はあまり頻繁に動かなくなったし、爆発するような笑いにも激しさがなくなった。エクトルがやって来て、彼の足元にすわり、操舵室の横から脚を出してぶらぶらさせ、黙りこくったままじっと土手を見つめていた。ラミレスはマテのカップを彼の頭の上に置いた。

マテの味は不快なものではない。かすかにマリファナと刈り取ったばかりの牧草の匂いがする。最初に飲んだのはインディアンで、自然の農園、つまり森のなかに生えているイェルバを集めていた。船がエンジンの音を響かせて西の土手の近くを通ったとき、ラミレスがそのいろいろな種類を指さして教えてくれた。スペイン人はすぐにこの飲み物が気に入った。ガウチョは、肉の常食からくる便秘症状を緩和するためにこれを飲んだ。外国の習慣を嫌っていたベルンハルト・フェルスターも、これだけは称賛した。「イェルバ・マテの効能は、胃によいというだけではない。あらゆる病気がこれで治すことができ、神経にも心地よい効き目がある。この習慣は最初の移民たちがインディアンのあいだで見つけ、採り入れたものと考えられる。」(28)パラグアイ人は、マテには薬効があり、佝僂《くる》病、脚気、マラリヤ、痔、ジフテリア、インポテンツに効くと言い張っている。私が気づいたのは、よく効く下剤だということだけだ。グアラニー・インディアンの複雑な宗教のなかでも、マテの不思議な力は神聖視されている。ラミレスと乗組員たちは、イェルバと神々について長々と宗教論を戦わせはじめた。みんなカトリック教徒であるが、まるでグアラニーの神々がキリスト教の神に負けないくらい信用できるかのように話していた。カトリックの神様がうまくいかなかったときに呼びかける、二番目の神々というわけだ。ニーチェは、多神論は個人主義の徴候だとして称賛している。

一つの神が別な神を否定したり冒瀆したりするものではなくなったのだ。……こうして初めて個の権利が尊重されることになった。あらゆる種類の神々や英雄や超人たち、そして普通の人間や従属的な人間、侏儒や妖精、ケンタウロスやサテュロス、デーモンやデヴィルの考案は、個の利己主義と独裁を正当化するための、計り知れないほど貴重な準備過程なのだ。人はほかの神々をさておいてある神にあたえる自由を、最終的に法や慣習や隣人をさておいて自分自身にあたえたのである。(29)

ラミレスは、古い友人の話でもするように、グアラニーの神々について語った。神を冒瀆するような話のなかに、その神々の名前がひんぱんに出てきた。グアラニーの天地創造のあらましはこうだ。最初にテュパがいた。森と川と動物を創った。その彼にアーニャという敵がいた。女神のヤシとともに三日月に住み、気まぐれに不幸や荒廃や死をもたらしていた。悪魔のようなものだが、もっと滑稽な存在だ。やがてテュパは、水をつかさどるイ゠ヤラが持ってきた赤い土で人間を創った。赤い色のピタと白い色のモロティの兄弟だ。そして二人の伴侶として、二人の姉妹を遣わした。ピタとモロティ、赤い人間と白い人間は、兄弟として創られたのだが、槍を持って戦いはじめた。その槍は肉を料理するために作ったものだった。そこでテュパは雷の神オスヌヌを呼び出し、嵐によって三日三晩で森をすっかり破壊した。太陽がふたたび顔を出したとき、テュパの使者イ゠ヤラが小人に姿を変えてふたたびやって来て、兄弟に抱き合うように命じた。二人は抱き合い、森の百合になった。夏には赤い花が咲き、冬になるとそれが白に変わる。混血人《メスティーソ》のように、色の違う人間が一つになったのだ。

この男の神にたいする屈託のない考えを聞いたら、エリーザベトとフェルスターは何と言っただろう、と私は思った。「噂によれば、ここの人間はキリスト教徒らしい」と、フェルスターはふざけて書いている。「しかし、ほんとうにパラグアイにそれほどたくさんのキリスト教徒がいるかどうか、疑わしいものだ。」(30)

ラミレスは幸せそうな顔をしてボムビジャを吸っていた。彼はカア・ヤラがイェルバの女神だと思っている。若いブロンドの女神で、森をさすらってこの植物を集める人々を守ってくれるのだという。こういう話がある。テュパは自分の創った国を巡り歩いているとき、あるところでインディアンの小屋を見つけた。そこには一人の老人が住んでいたが、あまりに貧しいので、もっているのは美しい娘と雌鶏だけだった。そのインディアンは雌鶏を犠牲にして神様に御馳走をつくった。神様のそれにたいするお返しはむしろ災厄だった。娘に永遠の命をあたえ、イェルバの木に変えてしまったのだ。

フランシスコは言った、そんな話は馬鹿げている。夜の森を歩いていたのは月の女神ヤシだ。カア＝ヤラと同じように美しい金髪の少女の姿をして、白い小間使いのアライだけを連れていた。ある晩、女神たちは窮地に陥った。ジャガーに襲われて食われそうになったのだ。しかし、一本の矢が夜気を貫いて飛んできて、ジャガーの脇腹に突き刺さった。ジャガーは怒り狂い、死にかかってはいたが、自分を襲った者のほうへ突進していった。矢を放ったのは木の蔭に隠れていた老インディアンだった。彼はもう一本の矢で今度は心臓を射貫いた。その夜、ヤシと小間使いは自分たちを守ってくれた人間を訪ね、お礼にイェルバを贈ったのだ。

エクトルはソー・イョソピィという、固い肉とヌードルの食事を作った。準備するよりも消化するほうが長くかかりそうな料理だった。

ラミレス船長は操舵室の前に腰をおろして、石油ランプの明りでスプーンみたいな足の爪を切っていた。ほかの者たちは、ときどき彼の足から飛んでくるガラスのかけらのように尖った爪のことなど気にもとめずに、そのまわりでマテ茶を飲んだり、タバコを吸ったりしてくつろいでいた。私のまわりでグアラニー語の会話がカチャカチャガヤガヤ飛びかっていた。パラグアイの様子をくわしく報告した最初のイエズス会士でドイツ人のドブリッツホファー神父は、こう語っている（それは一七八四年にラテン語で出版された）。「チャコのインディアンが発する音は人間の声とは似ても似つかない。つまり、くしゃみをしたり、吃《ども》ったり、咳をするような音なのだ。[31]」しかし、途方もなく強靭《きょうじん》な言語で、略奪者の言葉であるスペイン語に負けることなく、ほとんど変化もせずとにかく生き残ってきた。南アメリカ諸国のなかで、本当の意味でバイリンガルだといえるのはパラグアイだけだ。そのパラグアイのまだあまり開発されていない地域では、グアラニー語が第一の、実際には唯一の言語である。聞いていると確かに落ち着かない気分になる。どの文章にも一つは、出てくるはずのない英語の単語が含まれていたような気がするのだ。私のノートには混乱した音声の取り違えが記されている。

ラミレス船長「オオトゥノンドゥミ・ラボ・カアグアス」
フランシスコ「ボキンマギヌム・沈みながら《シンキング》」
ラミレス船長「助けてくれ《ヘルプ》」

グアラニー語の罵《のの》りの言葉を初めて教わった。「アニャン・メ・ブイ（悪魔の母親）」と「アニャ・ラ・クオ（悪魔の尻）」、そして「ア・カム・ブ・セ・ンデト・ティティレ（おまえのおっぱいを吸いたい）」だ。最後の文句を真似して言ってみると、とくに滑稽らしく、みんなの笑いがひときわ大きくなった。ラミレスはあんまり大笑いしたため、眉が落ちてしまいそうだった。エクトルまでがにやにや笑っていた。ただしセニョーラ・ラミレスだけは、こわい顔をして例の木の切れっ端を振りまわしていた。

私はみんなに、アンテケラから東へ約七〇キロメートルほど行ったあたりにドイツ人が建設した移住地があるはずだが、何か聞いたことはないかとたずねた。ロス・メノニタスのことかい。たしかにアンテケラからさほど遠くないところに大きな共同開拓地があるよ。コロニア・ボレンダムといって、パイナップルを栽培している。でも、ドイツ人の移住地だかどうだか。みんなは、そうではなさそうだという表情をした。ここからずっと北のほうにドイツ人がいたのはたしかだ。フランシスコは、自分の姓はアイゼンフートで先祖はドイツ人だと言った。ひいおじいさんが、いつどこでなのかは知らないが、大きな船に乗って海を渡ってやって来たんだ。《白い貴婦人》よりもずっと大きな船だった。でも、自分が生まれたのは南のほうだ。アルゼンチンとの国境近くだ。ここでセニョーラ・ラミレスが話に加わった。ああ、新ゲルマーニアのことなら知っているよ。サンタ・ロサへ行く途中の山《モンテ》のなかだよ。あそこにはルビオたちがたくさんいるんだ、つまり金髪の人間や金髪を長くのばしたかわいい女の子だ。そしてだれにもわからない言葉をしゃべっている。見つけるのはむずかしいことじゃないだろうよ。私は彼女を質問攻めにした。しかし、彼女が知っていることはそれで全部だった。だれかから聞いた話で、行ったことはなかったのだ。アンテケラで聞いてごらん。きっとわかるよ。彼女は困惑して、くすくす笑っている息子の頭を棒切れで叩き、質問はもう十分だということを示した。

月の女神で死神アーニャの後ろ盾であるヤシが、チャコの岸の上にのぼった。船尾に置かれた空のビール瓶の入った箱にもたれて、泡立つ茶色の航跡を見つめていた。急に薄暗くなり、同時に寒くなった。

今は東の岸に沿って進んでいた。頭上三〇フィートのところには、蔓《つる》のからみついた自然のままの断崖が、川の上に覆いかぶさるようにしてそびえていた。船の通ったあとは、マングローブが曲がり、スイレンが上下に揺れながら遠ざかっていく。乗組員も乗客も、船倉のタマネギの袋の上で手足をのばしたり、腕枕をしたりしていた。規則正しいエンジンの音のむこうを張って、だれかがいびきをかいていた。私は操舵室の脇に横になった。ようやく涼しく感じるようになってはいたが、眠ることはできなかった。

してみると、やはり新ゲルマーニアは存在していたのだ。もしセニョーラ・ラミレスの言うとおりなら、いつかはあの突飛な人種差別主義者の試みに加わった人々の子孫を探し出すことができるだろう。それにしても、もし今も同じ場所に、この荒涼たる未開の地のまんなかに住んでいるのなら、なぜそうしているのかについて何らかの考えがあるのだろうか。また、先祖たちに故郷を離れるよう促した、人種差別の理論や生活の苦しさについて、わずかでも記憶があるだろうか。また、もしあるとしたら、彼らがドイツを離れてから半世紀後に、ナチスがそうした理念を使って何をしたか、知っているのだろうか。ニーチェという名は彼らにとって何らかの意味をもっているだろうか。

新ゲルマーニアの人々が、ラミレスの話していたアグアビラの巨木の実を食べたことは、どうやら間違いなさそうだ。グアラニーの神話によれば、その黄色の実を一口かじると、旅人は家族のことも忘れ、何の不満もなく永遠にパラグアイの森にとどまるという。それで人種的な記憶も自然に失われるのだ。

グアビラはもともとインディアンの少女で、魔法使いになりたいと思っていた。神々テュパとヤシのお気に入りだったので、不思議な力をあたえられていた。彼女は断食、純潔を守ること、そしてフゴ・デ・ムエルテを飲むことを命じられた。これは死のジュースといわれ、薬草とマテ茶と、木立ちのなかの弔いの祭壇で腐りかけているインディアンの戦士の死体からとった汁でできていた。少女はすべてのテストに苦もなく合格し、女呪術医、クーニャ＝タイになった。タバコの煙を十分に吸いこめば、現在のことを知ることも未来を覗《のぞ》き見ることもでき、森でもっとも危険な蛇も言いなりになった。そのうちに少女は、かつて魔術で命を助けたスペイン人と駆け落ちした。男の婚礼の夜のことだった。二人は森のなかに姿を隠し、何年も愛の日々をすごした。しかし、スペイン人はしだいに落ち着きを失っていった。故郷とかつてのかわいい白人の恋人に思い焦がれるようになったのだ。やがて褐色の肌のグアビラを捨ててスペインに帰り、白人の女と結婚してしまった。

グアビラは失恋したうえ、純潔の誓いを破った科《とが》で追放の身となった。しかしテュパは彼女を哀れに思い、アグアビラの木に変えて永遠の命をあたえた。いったんその実を食べると、生まれた国のことはすべて忘れてしまうであろう。エリーザベト・ニーチェが菜食主義の献立にグアビラを入れることを禁じていてくれればいいが、と私は思った。

真っ暗闇だったが、チャコで雑木林を焼き払う火が揺れていたので、遠く離れている土手も輪郭だけはどうやら見えた。いつのまにか船はふたたび川の中央に戻っていた。ラミレスには本能的に流れのなかでの船の位置がわかり、明かりなど無用らしい。右側に森が、見えるというよりも感じられた。コウモリが一羽、怒ったようにけたたましく鳴きながら、頭の上を飛んでいった。それで、探検家のクリストファー・ギブソンがチャコでの最初の夜について記している言葉を思い出した。「眠ることなど考えられなかった。吸血コウモリ、あのきわめて不愉快な生き物がずっとまわりを飛んでおり、蚊帳《かや》にへばりついては、強引になかに入りこもうとした。人間を襲うときは足の親指か眉の上をねらうので、からだのそうした部分をできるだけ蚊帳から遠ざけておくよう気をつけた。[32]」これはきっと、ラミレス船長の眉があんな形をしていることと関係のある話だ。私は帽子を目のところまで引き下げ、ポンチョをからだに巻きつけた。

　岸のほうから奇妙な夜の音が流れを横切ってただよってきた。星のない夜に現われる、グアラニーの大酒のみの小悪魔で神様のポムベーロがどこかに潜んでいるのだ。蛍《ほたる》の光をたよりに動きまわるポムベーロは人泣かせだ。目には見えないが声は夜風にのって聞こえてくる。背が低くてずんぐりしており、小人のようなからだで、いたずらっぽい顔をしている。手のひらと足の裏に柔らかい毛が生えていて、二本足でも四つん這いでも思いのままのスピードで走ることができる。つないである馬を逃がし、牛を入れた囲いの戸の掛け金をはずす。仲間の海蛇と同様、滑るように水を渡り、ボートのもやいを解いて、人を急流のなすがままにさせる。暑い夜に血も凍る叫び声をあげ、一人で長い旅をしている人間を恐怖におとしいれるのが好きだ。夜のブヨのように姿を隠すことができるから、ポムベーロの声は森や川のいたるところにこだまする。かと思えば、カラヤザルやホエザルのように、おびえる人間の背中から声をかけてびっくりさせる。肝心なのはポムベーロを喜ばせることだ。それには空洞になった木の幹に黒タバコを詰めておけばよい。そうすれば安心して眠れるようにしてくれるし、危険な夜の旅でも警護にあたってくれる。しかし彼を怒らせれば、災難を背負って喜んでやって来るだろう。

流れの上の空気はとても澄んでいるようだった。それで急に物音がよく聞こえるようになったのだろうか。この調子なら森の心臓の鼓動まで聞こえそうだ、と私は思った。ニーチェは耳を「恐怖の器官」と呼び、こう信じていた。つまり、聴覚は「ただ夜のなかでのみ、暗い森や洞穴の薄明のなかでのみ、現在見るような立派な発達を遂げることができた。それは恐怖の時代の、とはつまり、これまでにもっとも長くつづいた時代の、生活様式の結果なのだ。明るい日の光のなかでは、耳はそれほど必要なものではない。これが、音楽が夜と薄明の芸術という性格をもつにいたった理由である。」(33)

操舵室の背後の壁にもたれかかってうつらうつらしていると、突然目を覚まさせられた。エンジンが狂ったように高速回転し、船がスピードをあげて急に方向転換したため、大きく揺れたのだ。だれかが、たぶんラミレスだと思うが、操舵室からグアラニー語で怒鳴って命令していた。その声にはおびえと切羽詰まった響きがあった。乗客も乗組員も全員が目を覚まし、叫んだり船べりから真っ暗な水にじっと目を凝らしたりしていた。雄牛のような人夫のアルベルトがどこからか探照燈を探し出してきた。バッテリーにつなぐと、青白い光が舳先《へさき》の前方二〇フィートほどの水面を照らし出した。こうして私たちは流れよりも速く、川下にむかった。

エクトルがいなくなったのだった。そして、パラグアイの川の男がほとんどそうであるように、エクトルもかなづちだった。

舳先で食器を洗っているのを見た人があったが、それが最後で、三〇分かあるいはもっと前のことだった。隠れ場所は空っぽで、そこでは船の犬が騒ぎに興奮してはげしく吠えているだけだった。船は突然スピードをゆるめ、私たちは闇のなかで懸命に目を凝らした。スポットライトが何もないさざ波の上を空しくあちこちに向けられた。しかし、ラミレスはすでに首を振り、グアラニー語で何やらつぶやいていた。フランシスコがささやいた。「あの子《エル・ニーニョ》は前にも船から落ちたことがあるんだ。でもそのときは昼間だったから、何とか見つけることができた。今度は暗すぎる。上流で雨が降ったものだから、流れも速いしな。」彼は舳先のむこうをじっと見つめていた。

何時間も岸に沿って探しつづけた、あの子の衣服とか年寄りのような小さな顔が、暗いスポットライトのなかに突然浮かび上がるのではないかと。ラミレスはエンジンを止め、私たちは耳をすました。草木の絡み合った岸からは、夜の森のピーピーとかホーホーという音、あのポムベーロがあざ笑っているような音が、流れてくるばかりだった。

第四章　白い貴婦人と新ゲルマーニア

ちょうど昼ごろ、《白い貴婦人》はポルト・ロサリオの船着き場に着いた。いくつもの小屋と崩れた堤防が川にころげ落ちそうな格好で雑然と寄り集まっている。森を焼く煙が空気をよごし、私の乾いた喉にも絡みついた。死にそうな暑さだ。チャコのほうからゴロゴロと不気味な雷の音が響いてくる。寝不足のために顔が伸びてむくんでいるような気がした。じつは、虫に食われたところが赤く腫れ上がり、それが左の頬一面に広がっていたのだった。ラミレスは船を下り、急傾斜の土手をのぼって村へ行った。人が船から落ちたことを報告するためだ。法が葬られていたも同然だったストロエスネル時代の体験が、正規の手続きというものは守るべきだということを教えたのだった。

灰色の小鳥が川岸にある尖った石のあいだでぴょんぴょんと跳ねていた。例の二人連れのインディアンは、よく見ると前髪を四角く刈っていたが、おたがいの腕を枕にして恋人のように寝そべり、ウォークマンの引っ掻くような音を聞いている。フランシスコと船の犬――発育不良の小さな茶色の犬で、きゃんきゃんと吠える――だけは、エクトルがいなくなったことが心に重くのしかかっているようだった。犬は何度も防水シートの下の蒸し暑い隠れ家にもどっては、くんくんと鼻をならした。そしてそのたびにフランシスコに思いきり蹴とばされ、悲鳴をあげて船倉へ逃げこむのだった。あの少年がどこからやって来たのか、フランシスコも正確なことは知らなかった。アンテケラだと思うよ。たぶん母親はまだあそこにいるんだろう。一年ほど前に、腹をすかせてアスンシオンの船着き場をうろついているところを、ラミレス船長に拾われたんだ。給料はもらえなかったが、船の上で暮らし、ただで食べさせてもらっていた。あいつは変わっていたよ、とフランシスコは言った、一種の迷子《ヘンテ・ペルディタ》、つまり家出少年だろうな。

年とったインディアンがカヌーでやって来て横づけし、何も言わずにじっと《白い貴婦人》を見上げていた。フランシスコがマテ茶の包みを一つ投げると、ゆっくりと川を漕ぎ下っていった、ときどきカヌーを止めては振り返りながら。

ラミレスが知らせをもってもどってきた。正午のラジオのニュースが、エクトルの死体が漁師たちによって発見されたことを伝えていた、というのだ。いなくなった地点から二〇キロ下流で、死因は溺死、手と顔はピラニアに食いちぎられていた、とラミレスは言った。

はじめて、この旅を中止しようかと思った。存在しなかったかもしれない、そして存在しなかったことが十分証明できそうな白人一族を探し求めて、この残酷な国を遮二無二《しゃにむに》進んでいくことが、昨晩はやってみる価値のある冒険だという気がしていたのに、今は不快で浅はかなことのように思われる。今私のすわっている場所からほんの数フィート下で、エクトルは川に落ちて死んだのだ。おそらく、このいまいましい《白い貴婦人》の濡れて腐りかけている板の上で足を滑らせたのだ。船が気づきもしないで闇のなかへ消えていくのを見守りながら、死んでいったにちがいない。この私ときたら、自分のことに夢中で、森のために耳が遠くなっていて、何の物音も聞こえなかったのだ。

日雇い人夫たちが荷物を少しばかり降ろしはじめた。タピオカや砂糖の大きな袋をかついで、狭い道板をよろめきながら渡っている。同じ布のぼろをまとった子供たちが数人、土手に集まって見物している。一人の子供が葦笛を調子外れに吹いていた。腹立たしい音だった。フランシスコはすぐにきつい仕事を投げ出し、操舵室の床の上に私とならんでからだを投げ出した。「ファック」と彼は言った。「ファック、ファック、ファック。」

ポルト・ロサリオを出はずれると、パラグアイ川はふたたび広くなった。たぶん、西へ行くにつれてこの国は平坦になっているのだろう。しかし、森におおわれた岸のむこうがどうなっているのか、見渡すことはまったくできなかった。北東の方角のはるか彼方には、新ゲルマーニアのむこう、ペドロ・フアン・カバエロとセロ・コラのあいだに、エリザ・リンチの拭い消すことのできない印を帯びた町がある。

ロペス大統領の無益な戦いは五年間つづいた。包囲されて劣勢に立ったパラグアイ人たちは、それでもどういうわけか自殺的な決意をもって戦いつづけた。白人のスペイン貴族は終始ロペスに疑いをかけられていたが、そのなかの生存者は軍隊――第四〇大隊――に入れられ、まもなくエステロ・ベラコの戦いで一人残らず戦死した。ある面では、この戦争は肌の色の違いがもとになって起こったものだった。白人のブラジル貴族は伝統的にパラグアイの混血人《メスティソ》たちを野蛮人だといって見下していた。その彼らが戦争の大殺戮に熱狂する姿には、たんなる人種的優越感以上のものがあった。双方とも相手を猿と呼んでいた。カニンガム・グレアムですら、ロペスの狂信的ともいえる権力への意志に、人種的な意味合いを見いだそうとしていたふしがある。「ほとんどのムラート〔白人と黒人のあいだの混血人〕やメスティソ〔白人とインディアンのあいだの混血人〕の血のなかには、またどんなに混交されていても、そしてやはりロペスの血の一部にも、権力への渇望がある。ただしその権力とは、軍の階級や功労章や十字勲章、金のサッシュ・ベルト、羽飾りのついた銀の兜《かぶと》といった、あらゆる虚飾をまとった権力であり、要するに、はてしなくつづくお祭り騒ぎ、町へ馬で繰り出すときにいつも騒々しい音をたてて人々の注意をひきつけるブラスバンドを率いたお祭り騒ぎ、といったものなのだ。[1]」ニーチェと同じく、カニンガム・グレアムもまた怒れる俗物だった。大統領の母親はメスティソであり、父方の祖母はインディアンと黒人のあいだに生まれた奴隷で、祖父はクレオール人の靴屋だった。「インディアンの血を引くロペスが、数多くの混血の専制君主を奮いたたせる、あの白色人種への気違いじみた嫌悪によって衝き動かされていたということは、べつに奇妙なことではない」と、カニンガム・グレアムは考えていた。[2]同じことをニーチェだったら、反逆という奴隷の道徳で失敗する宿命を背負ったもの、虐げられた者のルサンチマンという言葉で表現したことだろう。

ブラジル・アルゼンチン・ウルグアイ連合軍はあまりにも次々とパラグアイ兵を殺したため、その死体を片付けることができなかった。火葬にすることにして、薪と死んだ兵隊を交互に積み上げた。しかし、パラグアイ人たちはあまりに痩せていたので、いっこうに燃えなかった。そこで外国の軍隊は死体をペロス・シマロネス、すなわち平原の野犬のなかに放置した。マダム・リンチの舞踏会場や宮殿の高価なカーペットが裁断されて、彼女は激怒したものの、老人や子供や女性ばかりの部隊のためのポンチョに作り替えられた。はしかや天然痘やコレラが同盟国の銃の代わりに人々の命を奪った。

一八七〇年ころになると、独裁者の軍隊は装備にも事欠きはじめ、国立図書館の本を引き裂いて火矢や爆弾の筒につかう始末だった。幹をくりぬいた大きなケブラチョの木で間に合わせの大砲がつくられた。この大砲は三回かせいぜい四回使っただけで破裂し、爆風とともに火のついた破片がとび散って、砲兵をずたずたに切り裂いた。老齢や妊娠のために戦えない女たちは、敵の不発弾に信管を入れ直す作業をやらされた。これもまた爆発することが多かった。

戦争の真っ最中、エリザ・リンチはたびたび《首都晩餐会》なるものを催した。あるイギリス人の招待客によると、そこでの「彼女は、私がそれまでに出会ったどの女性よりもたくさんのシャンパンを酔わずに飲むことができた。(3)」アスンシオン陥落後、大統領はラス・ロマス・バレンチナスの砦に避難した。そこもブラジルの砲兵隊によって攻撃されたが、パーティーはつづけられた。それまでにロペスに協力を誓わされていた外国人のほとんどが、大統領の血の裁判《トリビュナレス・デ・サングレ》によって処刑されていた。生き残った者たちは晩餐会に招待された。モルゲンシュテルン・ド・ヴィスネル大佐が、おびえきったフランス人のシェフがつくる御馳走を引き立てるためにワインを選んだ。独裁者自身は上席につき、ブランディーを流しこむように飲み干してはおかわりを命じていた。腐った歯と歯茎の痛みをやわらげるためだったが、飲み過ぎると「彼はぞっとするほど淫《みだ》らな行為にふけった。またときにはこのうえなく残酷な命令を下すのだった。(4)」

食事が終わると、彼の愛人はピアノを弾いた。そのあいだも、頭上では砲弾が飛び交っていた。エリザは、パリでリストが自分のピアノを聞き、音楽の道を歩むようしきりに勧めたというのが自慢だったので、自分の演奏会が軍隊のラッパ《トゥルトゥトゥス》の音に邪魔されると烈火のごとく怒った。それは、パラグアイ軍が士気を高めるために吹く大きな音の角笛だったが、すぐに中止させられた。しかし連合国の軍隊はどんどんと迫ってきた。そこで大統領と愛人は北へむかった。彼女は古いスペイン製の四輪馬車——車輪が大きくて革のスプリングがついた馬車——に乗り、大統領のほうはアメリカ製の一頭だての四輪馬車だった。残った軍隊と六〇〇台の荷車を引き連れていた。荷車には国家の公文書、金庫にありったけの黄金、独裁者とその一家が数か月間は暮らせるだけの食料とワインが積みこまれていた。エリザのプレイエル・ピアノも運んでいった。ロペスの母親、妹のラファエラとイノセンシア、つまりエリザが恥をかかせて楽しんでいた大きなババリアン・エッグズ〔バイエルンの卵（未詳）〕は、裏切り者の疑いをかけられ、車輪のついた木の籠に入れられて、ピアノのすぐうしろをほかの重い荷物といっしょに引っ張られていった。追撃するブラジル軍騎兵隊の先発部隊に脅かされて、隊列は何度か北に向きを変えたが、ロペスはそのたびに、外の空気を吸わせようと彼女たちを外に出し、鞭で打たせた。はるか北のラス・ロマスとセロ・コラの中間地点、そこが大統領の最後の休憩地となったが、そこでプレイエルは乱暴にも川の近くに放り出された。ピアノを載せた荷車を引いていた馬が死に、食べられてしまったのだ。

人々は今でもその町を、ピアノ、またはマダムの島《イスラ・マダマ》と呼んでいる。

《白い貴婦人》の進み方がさらに遅くなった。樹木に覆われた川岸の単調さを破るのは、数マイルごとに現われる小さな小屋やただの小道だけだ。そんなところでは、たいていカヌーが待っていて、乗組員はそれに食料を渡す。金銭のやり取りはしていないようだった。

私たちは本流を離れ、曲がりくねった支流へと回り道をして、ランチョ・ネグロ〔黒い農園の意〕というかなり大きな農場《エスタンシア》に立ち寄り、新たに一組の客を乗せた。一人は口数の少ない頑健なガウチョで、底の知れない不気味な目をしており、顔にものすごい傷痕があった。もう一方の客は、木製の檻《おり》に閉じこめられた生きたピューマだった。乗組員はおっかなびっくり檻を船倉に運びこむと、あとはもう近づこうとはしなかった。ピューマは痛ましい姿だった。体長およそ五フィートで、毛の色は黄褐色だが自分の糞尿にまみれていた。檻は狭すぎて向きをかえることもできない。だれかが近づくと、怒ってうなり声をあげる。だがつかまえた男だけは別だ。男が手をあげておどすと、おびえてうずくまり、後ずさりする。このハンターはロベルトという名前で、非合法のピューマ狩りで暮らしている。このピューマは馬の背から投げ玉《ボレアドラス》で捕えたものだが、罠《わな》をつかうほうが多いという。「ピューマは見つけるのがたいへんだ」

と男は説明した。「だが、つかまえるのは簡単だ。」飼い馴らしてきちんと躾《しつけ》をすれば、アスンシオンの市場で八〇ドルになる。たらふく食っているアスンシオンの奥さん連中のおもちゃに、ひそかに売られているのだ。珍獣やその毛皮の取引について、政府は何でも知っているが、賄賂《わいろ》をもらっているので目をつぶっているのさ。

新しく乗りこんできた客のうち、どちらのほうが危険か、私には判断がつきかねた。たしかにピューマの檻は安全とはいえない。しかしロベルトはもっと油断がならないように思われた。ほかのパラグアイ人とならぶと、彼の肌は異常に白い。ピューマよりもこの男のほうが動物園に似合いそうだ。大きなナイフを背中のベルトにさしている。船が岸を離れると、男はそのナイフを抜き、うつろな表情のまま操舵室のドアに突き立てた。

パラグアイに足を踏み入れた最初のヨーロッパ人たちもまた、実在しないかもしれない白い肌の一族を探し求めて、パラグアイ川をさかのぼったのだった。

ドン・アレヒオ・ガルシアは征服者であり、ポルトガル人の男のなかの男であり、このうえなく神聖な教会のために聖戦をたたかう勇敢な戦士だった。このうちどれ一つとして、ドン・アレヒオがじつは凶暴で貪欲な略奪者だったという事実を変えるものはない。また彼自身も、たずねられればそれを認めたことだろう。彼が感化を受けたのは、アメリゴ・ヴェスプッチという名前のフィレンツェの銀行出納係である。ヴェスプッチはメディチ銀行のセビリア支店長だったが、新世界の驚異の話を聞くと、退屈な仕事はあっさりやめて、探検や宇宙論や地理学に取り組んだ。やがて大西洋を越え、ブラジルの海岸沿いに南下して、のちにラプラタ川と呼ばれることになる川を発見した。ヴェスプッチは、この広大な海岸のどこかに海峡があって、大陸の反対側にある香料の島へ行けるはずだと確信するようになったが、しかし、パタゴニアの海岸のとある地点で調査を打ち切ってしまった。ところで、南アメリカを植民地化したいという思いには、金儲《もう》けのほかにもう一つ別の理由があった。聖書の予言によれば、《隠れたユダヤ教徒》を改宗させるなら、それが中間の時代の完了の予兆となるだろう、そのときキリスト教は真実普遍的なものとなる、ということになっている。服も満足に着ていないこの野蛮人たちが、サルマナザール〔古代アッシリア王（在位西暦紀元前七二六—七二二）でバビロニア王を兼ねたサルマナザール五世のことであろう〕の時代にディアスポラで国外に散っていったユダヤ人以外の何者だというのだ。彼らの高価な金属を奪うことも、彼らの女たちをレイプすることも、彼らを改宗させることも、すべて神の計画の一部なのであり、商売と快楽と信心を結びつけるすばらしい方法なのだ。

　アレヒオ・ガルシアは、新大陸を通り抜ける水路を見つけるべく、スペイン人の水先案内人ファン・ディアス・デ・ソリスとともに船出した。それが見つかれば莫大な富が転がりこむはずだった。一五一五年の夏、探検家たちはラプラタの河口に到着し、ヴェスプッチが調査をやめたあたりから新たにとりかかった。マルティン・ガルシア島に着くと、チャルア・インディアンの一団がいかにも親切そうに身振り手振りで水先案内人を差し招いた。ファン・デ・ソリスは浜に上がった。そして、かわいそうにたちまち食べられてしまった。

　先導者を失った一行は故国へ帰ることにした。ところが、サンタ・カタリーナ島の近くで一隻の船が浅瀬に乗り上げてしまった。岸にたどり着いたのはわずかに一八人、そのなかにアレヒオ・ガルシアもいた。ガルシアはまもなく大いに役立つグアラニー語の知識を身につけ、その言葉を通して、ずっと西のほうにエル・レイ・ブランコ、つまり白い王が治める広大で富み栄えている王国がある、という話も仕入れた。過去何世紀にもわたって、グアラニーの人々はしばしばその王国に侵入していた。グアラニー人の情報提供者たちがガルシアに語ったのは、インカ帝国のことだった。この白い帝国の伝説の富に欲望をそそられたガルシアは、一五二四年ごろ、わずかなスペイン人とポルトガル人の仲間、それに何人かのインディアンの奴隷とともに、サンタ・カタリーナを出発した。一行は西にむかい、途中でイグアスの大瀑布を発見し、パラナ川を渡って進んだ。のちにアスンシオンの町が築かれるあたりで、ガルシアは二千人のチルグアノ族の戦士を説得し、白い王を襲って財宝を奪う計画に引き入れた。それからパラグアイ川をさかのぼり、現在のボリビアの方向に進路をとってチャコの湿地帯を西へ進んだ。インカ帝国のはずれに到着するや、ただちに略奪にとりかかり、いくらもたたずに莫大な財宝を手に入れた。しかし、現代でいうところののインカ、ファイヤ・カパクの軍隊が反撃してきたので、戦利品を守るためにガルシアはやむをえず退却することにした。

征服者はふたたび南にむかい、もっと安全なパラグアイ川の岸までやってくると、そこからサンタ・カタリーナにとどまっていたかつての友人たちに、仲間に加わってインカの財宝の略奪に手を貸さないかという伝言を送った。友人たちのことをよく知っていたガルシアは、その欲望を刺激するためにいくばくかの銀をいっしょに持たせせた。彼らは申し出を断わった。それが賢明だったことがのちに明らかになる。というのは、一五二五年の暮れに、ガルシアとその同志たちは仲間のインディアンによって一人残らず殺され、戦利品はインディアンのあいだで分配されたのである。インディアンはガルシアたちを殺した土地に住みついた。そこはアスンシオンの北方一五〇マイル、現在はアンテケラと呼ばれているところの近くだ。

しかし、この奥地のどこかに白い王に統治された莫大な富をもつ都市があるという話は、ヨーロッパの探検家の心をとらえつづけ、ときには彼らを死にいたらしめた。この失われた文明、黄金郷《エルドラド》はこれまで、シーザーの都、メータ、オマグア、マノアなど、さまざまな名前で語られてきた。ある人にとってはプイティタ帝国であり、ラグナ付近ではデ・ロス・シャライエスとなる。ガウチョたちは今でも、夜になると焚《た》き火をかこんで、神秘につつまれたトラパランダの話をする。インディアンはタプア・グアス、偉大な都市と呼んでいる。ベルンハルト・フェルスターまでもが、未開のアーリア民族グアナ・クイの噂話を報告している。

この話を信用すべきかどうか私にはわからない。広まってはいるが、誇張されているものと思われる。それはきわめて原始的で痩せたブロンドの人間からなる一族の話だ。言葉が違うので、グアラニー族とも接触をもたない。彼らは森のなかに住んでいるといわれ、杖をつければ二本足で歩けるという。むしろ猿に近い生き物だ。私は、さまざまな方面から入手したこれらの報告にどれほど真実が含まれているかを判断する立場にはないが、このように人種的に特異な集団の存在を否定することはできないように思われる。彼らの身体の形状や言語などを研究するのは人類学的に興味深いことにちがいない。(5)

フェルスターはユダヤ人から逃れるために南アメリカへやって来た。しかし、ユダヤ人は彼より四〇〇年近くも前にそこへ来ていたのだ。ポルトガルのユダヤ人は一四九七年に強制的にキリスト教に改宗させられた。何千人ものこうした《新しいキリスト教徒》が、終わることのない宗教的迫害を避けるために、新世界へ移住してきたのだった。新世界を動かしたのは彼らユダヤ人の経済の専門知識だった。

彼らが貿易活動の中心層を形成したからである。当然のことながら、不愉快な異端審問がすぐにあとを追いかけてきて、ブラジルだけでも四〇〇人の新キリスト教徒がユダヤ教への改宗の科で裁かれた。これは火あぶりに処せられるべき罪だった。異端審問所がユダヤ教徒という疑いをもつには、通常ポルトガル人だというだけで十分だった。それでもポルトガルのユダヤ人は、改宗している者もそうでない者も、続々と南アメリカにむかった。そしてユダヤ人は、ポルトガルの探検家のなかにもいた。したがって、たとえばアレヒオ・ガルシア、あのインディアンや隠れユダヤ教徒を相手に布教するという、ヨーロッパ人の宗教活動の長期にわたる熱意のために新世界の奥地への道を切り開いた当の本人が、ユダヤ人だったということも十分にありうることなのだ。

日暮れ前にアンテケラに着くはずだ、とラミレスは言った。ロベルトが船の腐った木の部分にナイフを突き刺す音や、音もたてずに忍び寄る黒い虫（おそらくブヨ）の大群、そしてエクトルはつまらない死に方をしたという考え、これらがいっしょになって、またもや、何のためにこんな馬鹿げた旅をしているのだろうという疑問が沸《わ》いてきた。ディーゼルエンジンの吐き出す煙と汗とで煤《すす》けながら、不機嫌なままうとうとした。

少しずつわかってきたのだが、パラグアイの歴史の大部分は、ジャングルのなかで白人を追いかける白人や、さもなければ褐色の人間を白人に変えようとする白人のまわりを、ぐるぐるとまわっているのだ。アスンシオンでジム・ウッドマンという人物に会った。アメリカ人のアマチュア探検家で碑銘学の専門家だ。彼は、ヨーロッパ人はガルシアや征服者《コンキスタドール》たちが来るはるか以前からパラグアイにやって来ていた、と言った。ジムはアスンシオンに博物館を兼ねた自宅をもっていた。フロリダのココナットグローブでウォータースポーツの商売をやっているのだが、暇をつくってはその家にやって来るのだ。私が会ったとき、彼は極端にタイトなジーンズにカウボーイブーツという恰好だったが、ブーツはヒールがあまりにも高いので、膝を曲げていないと前につんのめってしまいそうだった。彼はとても真剣だった。「ケルト人は大昔にここに来たんだ。紀元後四世紀か五世紀のことだ。バイキングもアイルランド人もアフリカ人もみんなここに来ていたんだ。」彼のパンフレットにはこうある。「昔からアメリカを横断する足跡があることを、私は確信している。おそらくそれは、南アメリカの謎の伝説でアンデスの民に知識と文化をもたらすといわれている、髭を生やした白い神がつけたものであろう。[6]」ジムの家の壁は、彼がパラグアイ周辺の洞窟で見つけた、おびただしい多産の象徴や碑文を撮影した写真でおおわれていた。新ゲルマーニアからそう遠くないところのものもある。ほとんどが、次のようなアルファベットをもっていたと推測される、ケルトのオガム文字で書かれている。

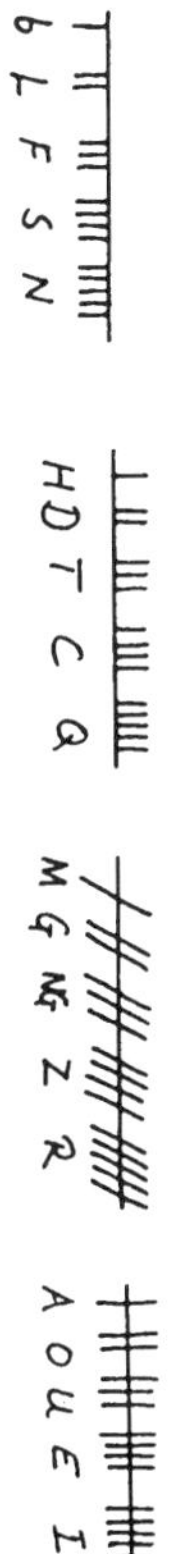

ジムの碑文の最初のものはこう読める。

そこから彼が導き出したのがこれだ。

(f)-s -g 6 m-L s-xr g and g—r-ui·m

これをなんとかして翻訳すると、こうなるそうだ。「洞窟のすみか、楽しめ、元気を出せ。（サイン）グリム」私にはしかし、退屈した囚人が日数を数えるためにつけた刻み目のように思えて仕方がない。ちょうどガウチョのロベルトが山刀《マチエテ》で操舵室のドアにつけていた印と同じように。

けたたましい叫び声がしたので、私は跳び起きたが、その拍子に低い天井にしたたか頭をぶつけてしまった。緊急事態が起こったように、ラミレスが船の警笛を何度も何度も鳴らしている。ぼうっとなったまま、日の光のなかへよろめきながら出ていった。何か信じられないことが起こって、エクトルが奇跡的に生きたまま発見されたのかもしれない、などと考えながら。乗組員たちは船の一方の側に集まって、興奮して藪を指さしていた。ロベルトはどこからかライフルを取り出して持っていた。ムボレビ、つまりバクが水際に降りてきていたのだが、間一髪のところで夕食にされるのを逃れた。私はバクが逃げたことを喜んだ。この風変わりな動物を近くでじっくり見たいという気持ちはあったのだが。ところで、動物殺しを職業としているロベルトを船に乗せていること自体、すでに十分にグアラニーの女神カーグイ・ポラにたいする侮辱である。この女神は獣や鳥や川の守護神で、生態環境の守り神であり、グアラニーの神殿のなかで緑をつかさどる重要な神である。遊びや金儲けのために殺生をする人間は、女神の鎮めようのない怒りをかう。人がせきとめても川があふれ、人が意味もなく殺しても動物が繁殖しつづけるのも、みなこの女神のなせるわざなのだ。カーグイ・ポラはどんな動物にも姿を変えることができる。食べるために動物を殺すことは許されるが、不当に殺したりつかまえたりすれば、女神によってきびしく罰せられる。

ピューマが荒い息をしている檻のところに行ってみた。近づくと、シューと悪魔のような声を出した。その目のなかにあるのは、ひょっとするとカーグイ・ポラの怒りかもしれない。私は、このピューマが最初に出会うアスンシオンの大富豪夫人を襲って食べてしまえばいい、と思った。だいたい、ピューマを信用して家庭用のペットにしようなんて、間違っているんだ。ウィリアム・バーブルック・グラブ神父は、一八九一年にあやうくピューマに殺されかけた。事件が起こったとき、この頑健な神父はワイクトランティングマンギアルワにある自分の布教区の小屋で横になって眠っていた。そこはアスンシオンから真西に一二〇マイルほど行った、チャコのまんなかである。

おとなしいオオヤマネコも頭上の梁《はり》にのぼって眠っていた。実際のところ何が起こったのかわからない。とにかく、バランスを崩したオオヤマネコが梁から、不運なことにちょうど私の胸の上に落ちてきたのだ。驚いて目を覚ますと、オオヤマネコが私の顔にむかって凶暴なうなり声をあげていた。やっかいで不利な状況のなかで、私は大きな衝撃に打ち勝った。そしてオオヤマネコは、わざと落ちたわけではなかったが、死によってその報いを受けることになった。持ち主が、また私を困らせることがあってはと思ったからだ。(7)

この善意の男は熱を出していた。背中を七インチの毒矢で刺されて、ジャングルのなかを一一〇マイルほども這って、ようやく帰りついたばかりだったからだ。その矢は腹を立てた改宗者が放ったものだった。この殺人未遂の犯人はピューマとおなじ運命をたどることになった。つまり、一族の長老の手によって、しきたりどおり山刀で頭を切り落とされたのだ。これは意外なことで、時代が変わりつつあったことを表わしている。なぜなら、バーブルック・グラブも認めているように、「外国人を殺したインディアンは仲間うちでは英雄と見なされ、たいそう尊敬された」のだから。

バーブルック・グラブは一八八六年にパラグアイにやって来た。エリーザベトとベルンハルト・フェルスターの到着と数か月違いだった。バーブルック・グラブは異常ともいえるほど勇敢で、信心深く、威厳があったが、それだけではなく、優れたアマチュア人類学者だった。現在では数千人となってしまったレングア・インディアンの生活を記録しているが、それはパラグアイ原住民に関する稀にみる詳細な研究であった。しかしながら、民族的な優越性についての彼の前提は、パラグアイにやって来る他の白人と少しも変わらなかった。一つのセットになった単純な原則を守ることで、彼は二〇数年間にわたってインディアンのさまざまな部族のなかで生き続けたのであった。

その態度とは、手短にいえばこうだ――いついかなる場合にも相手より優位に立ち、権力があるように見せかけること……。一般的な例を二、三挙げれば、私がこの方針をどのように実践したかがよくわかるだろう。村に到着するとただちに、私が快適に過ごせるよう、できうるかぎり私の世話をするように要求した。一人には私の眠る場所を用意するよう命じ、もう一人には火を起こさせ、三人目には水をもってこさせ、また別の一人には、膝まであるブーツを脱がさせた。暑さがひどかったり、蝿がうるさいときには、二人の人間に、そばにすわってあおぐよう命令した。徒歩で出かけたとき、ぬかるみにぶつかると、背負って運ばせた。実際、私は自分では何ひとつしないようにした。そうすることで彼らを私のために働かせることができたのだ。(8)

子供のころのエリーザベト・ニーチェとフリードリヒ・ニーチェ（ゲーテ=シラー資料館蔵）

リヒャルト・ヴァーグナーと妻コージマ・ヴァーグナー（ゲーテ=シラー資料館蔵）

若い教授時代のニーチェ（ゲーテ=シラー資料館蔵）

ベルンハルト・フェルスター
（ゲーテ=シラー資料館蔵）

ルー・サロメ、パウル・レー、
フリードリヒ・ニーチェ、1882年
（モンタベラ出版社提供）

パラグアイへ出発するころのエリーザベト・ニーチェ
（ゲーテ=シラー資料館蔵）

アグアラヤ=ウミ川

《白い貴婦人号》

新ゲルマーニアの最初の入植者たち、1886 年頃（ゲーテ=シラー資料館蔵）

入植者たちと語るエリーザベト・ニーチェ（ゲーテ=シラー資料館蔵）

新ゲルマーニア、メイン・ストリート、1890 年（ゲーテ=シラー資料館蔵）

新ゲルマーニア、メイン・ストリート、1991 年

フェルスターホーフ、1888 年完成（ゲーテ=シラー資料館蔵）

フェルスターホーフの廃墟、1991 年

こんな状況で、だれもそのときまでこの男を射殺そうとしなかったのは不思議だが、彼の態度はこの国にやって来るほとんどすべてのヨーロッパ人が示したものなのだ。初期のイエズス会布教団は、意志が弱くて柔順なインディアンの性格に驚いたことを明らかにしている。精力的なフランス人宣教師、フランソワ゠グザヴィエ・ド・シャルルヴォワは原住民について書いている。「彼らはびっくりするほど知力が乏しく、概して愚かで凶暴なところがあり、怠け者で働くことを嫌い、将来のことなど考えない。しかもこうした欠点はまるで際限がないのだ。」(9) 初期の旅行者たちは、さらにこれ以外にも、インディアンの文化が劣っていることを示す証拠として、そのだらしのない道徳や生活のいかがわしさ、人食いの習慣について、おそろしく詳細な報告を残している。

一五三七年のアスンシオン建設に参加したオランダからの雇われ外国人、フルデリルケ・シュニルデルは、道徳的反感とあからさまな性的快楽の結合を体現した典型的な人物だった。

この国では、男も女もみんな、神様がおつくりになったままの素っ裸で暮らしている。こうしたインディアンのあいだでは、父が娘を売り、夫は妻を売る。ときには兄が妹を売ったり何かと取り替えたりすることもある。女の価値はシャツやナイフや手斧やその類のものと同じなのだ。この心優《リ》しい人々《オス》は、手に入ればカ人肉も食べる。戦闘で敵を捕虜にすると、老若男女を問わずに太らせる。ちょうどわれわれが豚を太らせるのと同じだ。しかし、もしも若くて感心するほどきれいな女だったら、数年間は手元におく。だが、自分たちの望みに合わなければ殺し、われわれが婚礼を祝うような厳粛な宴を催して食べてしまう。(10)

ようやくあとのほうで、シュニルデルは恥ずかしそうに認めている。「私個人も五〇人ほどの男や女や子供を所有していた。」

実際グアラニー族は、本当に人間を食べていたとしても、いずれ犠牲になるはずの人間には、できるかぎり楽しい思いをさせていたようだ。カベサ・デ・バーカの《注解》に登場するペロ・ヘルナンデスによると、次のとおりである。

彼らは戦いで捕虜にした敵を食べる。捕虜を自分たちの村に連れ帰り、いっしょに歌ったり踊ったりして大いに楽しみ、捕虜を太らせる。また自分たちの妻や娘をあたえ、あらゆる楽しみが得られるようにしてやる。捕虜が太るように気を配るのはその妻たちである。さらに、一族のなかでもっとも尊敬されている人々が、捕虜を自分の寝椅子に招き、しきたりにしたがって、非常に大切にされている羽飾りや白ビーズの首飾りや宝石をつかって、捕虜を美しく飾り立てる。捕虜が太りはじめると、みんなはますます精を出す。つまり、歌や踊りやありとあらゆる楽しみが、ますます増えるのだ。そうして男たちがやって来る。男たちは六歳か七歳の男の子三人をきれいに着飾らせて準備を整え、その手に小さな斧を持たせる。(11)

子供たちは太って満足した捕虜を賽《さい》の目にきざみ、女たちが陶器の深鍋で料理する。腕に抱かれた赤ん坊までがスープを少しもらって飲む。

早い時期にこの未知の国にやって来た人々は、インディアンの部族生活の微妙な社会構造を無視したが、それを破壊した場合のほうがもっと多い。自然神話に富んだグアラニーの宗教のなかに、野蛮な迷信しか見て取らなかったのだ。十八世紀の後半にこの未開の地を旅したドイツ人のイエズス会士は、《隠れたユダヤ教徒》を改宗させるための侵略の様子について、注目すべき報告を残している。マルティン・ドブリツホファー神父は、サン・エスタニスラオにある布教区から裸足で出かけた。ムバエベラの森に住むインディアンを改宗させるためだったが、そこはのちにエリーザベト・ニーチェが入植する場所にほかならなかった。二〇日間さまよい歩いて、神父はやっと改宗させられそうな人々を見つけた。そのインディアン部族のことを、カニンガム・グレアムは次のように記している。「彼がずっと改宗させようとしていたのは、一見したところきわめて幸福な森の住人だった……幸運には恵まれていないが、無邪気で、神も悪魔も、善悪も知らず、人間の理性のなかに植えつけられているといわれる、当然知っているはずのこともいっさいわきまえておらず、自分のおかれた状況に無頓着で、罪を意識することなく、まことに幸福に暮らしているようだった。[12]」ドブリッホファー神父は、「悔い改めていない彼らの状態」に、心を打たれた、というより、激しい怒りをおぼえたのであろう、突然泣き出してしまった。「友よ」、神父はグアラニー語で言った、「私の使命はあなた方を幸福にすることです」。インディアンたちが自分のまわりに輪になってすわると、神父はヴィオラ・ダモーレを弾き、それから、彼らが裸でいること、野蛮なこと、神の言葉を知らないことを叱《しか》った。そして天国と地獄、救済と劫罰について話して聞かせた。インディアンたちはひどくおかしいことだと思ったらしく、長い葉巻タバコをふかしながらくすくす笑っていた。そこでドブリッホッファー神父は、部族の人々にナイフやガラス玉や斧や鏡や釣り針をプレゼントするという手段に出た。これがほぼ一瞬にして彼らをキリスト教に改宗させた。神父は白状している。「私が目の前にいる人々を残らず圧倒したのは、説教とたくさんの気前のいいプレゼントとを同時にやったためらしい。」この愉快で気前のいい客に、部族の酋長《カシク》はお返しとして、自分のいちばん器量のいい娘を差し出し、そのままずっと森にとどまるように勧めた。神父はそれは断わったが、部族の一人をなんとか説得して、自分の布教区へ連れて帰り、洗礼を施した。

ニーチェはこう考えていた。「若くてはつらつとした未開の民にとって、キリスト教は毒である。……英雄的で子供のようで動物的な魂に罪や劫罰を植えつけるのは、その魂に毒を盛ることにほかならない。(13)」インディアンの場合は、熱烈な改宗者であっても、布教区での生活はおもむろな死に等しかったらしい。別のイエズス会士は、「彼らはまるで、日蔭で育ったために日光に耐えられない植物のように死んでいった(14)」ことを認めている。新世界の人々を「異なっている」と適切に見なすことも、「誤っている」と不適切に判断することも、この地にやって来たすべての白人の欺瞞《ぎまん》性のあらわれである。それは、もう一度ニーチェを引用するなら、力の欲望と呼んだであろうものである。「力の欲望とは、過去においては、真理を手にしているという信念によって燃え上がり、あまりにも美しい名前を与えられたために、良心の疚しさをおぼえることなく（ユダヤ教徒や異端者や良書を火中に投じ、ペルーやメキシコの高度な文明を根絶するという）非人間的なことをあえてやってのけるようになったものである……かつては《神のために》なされたことが、今では金のためになされている。(15)」

ベルンハルトとエリーザベトの人種差別主義と文化的優越意識は、その昔パラグアイにやって来たヨーロッパ人の考えとほとんど変わらない。違っていたのは、二人の人種差別主義には生物学的純化という概念が混じりこんでいたことだけである。彼らは、パラグアイの隣人が無能で偶像崇拝を行なっており、正直で、せいぜい召使ぐらいにしか使えないと考えた。フェルスターの見解によると、グアラニー人のおもな特徴は、怠惰、遅鈍、無頓着である。パラグアイ人はほんのわずかなことで満足するが、この満足は美徳というよりは悪徳である。労働せずに生活するという、仕事嫌いのユダヤ人なら理想と考えそうな楽園状態も、この熱帯や亜熱帯ならばこそ実現できるのだ。インディアンは本当の仕事といえるようなことは何もせずに生きている……過度のアルコール飲用が徐々にこの国と国民を滅ぼすであろう……。パラグアイ人は何ごとにも受動的で、率先してやろうとはしない。おそらく地球上でもっとも柔順な人間である。ヨーロッパで忍耐強くて柔順だといって称賛されているドイツ人をもしのぐほどだ……がしかし、パラグアイ人は信用できない人間だ。(16)

エリーザベトも同意見だ。パラグアイ人のことをこう評している。「ある種の子供っぽさをもった無害な人種であり、彼らを相手にするときにはそのことを忘れてはならない……パラグアイ人の召使をつかう最良の方法は、子供相手のように厳しく、しかし思いやりをもって扱うこと、食べ方や飲み方は彼らの流儀にまかせること、そしてときどきちょっとしたプレゼントをすることである……。(17)」

じつはエリーザベトは、この人々に好きなものは何でも食べさせるということに不満を感じていた。またベルンハルトもエリーザベトも、パラグアイ人の肉食の習慣を軽蔑していた。フェルスターによれば、「肉さえあればほかの食べ物は何もいらないという考えがパラグアイ中にはびこっている。《明日のための肉を今日よこせ》というわけだ。ドイツ人の農夫はパーティーのために豚を焼き、この反ユダヤ的なご馳走以外には何もほしがらないが、それと同じように、パラグアイ人にとっては、牛肉の料理があればそれがすなわち食事なのだ(18)」。エリーザベトもこの狂信的な菜食主義に同調し、眉唾《まゆつば》ものの医学理論をとなえてそれを支持した。肉食は間違っている、と彼女は書いている、「なぜなら、肉は血を熱くする。これはこの国では避けなければならないことだ。夫や私や家のすべての菜食主義の召使は風土病にかからずにすんだ。それは手や足に腫れ物ができる病気で……菜食主義の食べ物はあらゆる症状に有効で、迅速な回復をもたらす」(19)。

午後遅く、アンテケラに到着した。ここで《白い貴婦人》に別れを告げ、新ゲルマーニアをめざして東へむかうのだ。エリーザベトはここに港があると書いているが、とてもそんな大それたものではなく、川岸に沿ってアドービ煉瓦《れんが》でできた平屋建の家が一列ならんでいるだけだ。そのなかにピンク色に塗った家が何軒かある。ある家の外に看板がかかっていて、マテ茶と書いてある。私たちは崩れかかった桟橋に船をもやった。太陽が川を怒りの赤い色に染めていた。

《白い貴婦人》とその乗組員は、夜が明けてから旅をつづけることになっていた。私は順番に一人一人と握手した。「ドイツ人がいっぱい見つかるといいな。」ラミレス船長はそう言って、私の背中を叩き、お別れに眉をゆすってみせた。「川を下って帰るっていうんなら、一週間したらまた来るからな。」フランシスコが前もって、表通りにいけば宿屋《ホスペダヘ》が見つかると教えてくれていた。「ヨランダって言えばわかるはずだ。」

薄暗がりのなかを荷物を引っ張って丘をのぼっていった。引きずっているピンクの蚊帳からほこりがたっていた。みごとに太った女の人が二人、とある小屋のポーチにすわって木の実を食べていた。二人ともヨランダという名前らしい。そしてどちらも、アンテケラに蚊帳をもってくるなんて、この一〇年で一番の傑作だわ、と言った。「その蚊帳はヨランダが吊ってあげるからね」とヨランダが言うと、同じ名前のもう一人のほうが蚊帳をつかみ、心底おかしそうに笑いながら、転がりそうなからだでゆっくりと家の奥に入っていった。

ヨランダその一は、相棒よりもほんの少し余計に太っているために管理人を務めているらしいのだが、このヨランダも料理をすると言って行ってしまった。それで私は家の前にぬるいビールとともに取り残された。ビールはまたもやブレーメンだ。アンテケラはさびれているらしい。重く垂れこめる闇のなかで、拒食症のニワトリがうわの空で私の足のまわりの泥道を突っついている。一五分ほどすると、憂鬱そうな雌牛が通りをぶらぶらとやって来た。私には牛の気持ちがよくわかった。

《白い貴婦人》のディーゼルエンジンの音がまだ頭のなかでうなっていた。今はそれに、頭上でわめきたてる蟬《せみ》の大オーケストラが加わった。それでもビールのおかげですこしずつリラックスする。ヨランダその二が、ボリ＝ボリという名前のチキンのシチューとチパという小さなパンケーキを盆にのせて戻ってきた。この人はちょうど相撲取りのように、片足から片足へと重心を移動させながら歩く。ビーズのように光るニワトリの目に見守られながら、私は急いで食べた。というのも、おそらくこのニワトリは私の食事と無関係ではなく、共食いにもなりかねなかったからだ。あとで私は、川が色を変え、漁師のカヌーがゆっくりとチャコのほうへむかって行くのをいつまでも見つめていた。

スペインの有名な首席水先案内人だったセバスチャン・カボットは、パラグアイを最初に征服したアレヒオ・ガルシアと《白い王》の話を、ペルナンブコ〔ブラジルの地名〕のポルトガル人と、サンタ・カタリーナに残っていたガルシアの仲間から聞いた。一五二六年、彼はガルシアがどうなったのか確かめよう、そして財宝を奪うために白い町にもう一度攻撃を仕掛けようと決心した。同年、彼は四艘の船と六〇〇人の部下とともにパラグアイを北上した。アスンシオンから一五〇マイルほどさかのぼったところ、ちょうどいま私がボリ＝ボリを食べているあたりで、彼は川岸に住むグアラニーの一部族と遭遇した。彼らは銀を大量にもっていたが、それはアレヒオ・ガルシアの財宝の残りだった。カボットはそれを取り上げ、パラグアイ川をラプラタ川、つまり銀の川と名づけたが、シーザーの都や《白い王》を発見することはできなかった。

アレヒオ・ガルシアの物語にはさらに一章つづきがある。アンテケラのインディアンがガルシアを殺し、彼がインカ人から盗んだ銀を奪ったとき、スペイン人が一人だけ生き残ったという噂があった。それはアレヒオ・ガルシアの息子だった。一五四三年、アスンシオンの総督アルバール・ヌニェス・カベサ・デ・バーカは、白人がポルトガル人の冒険者を殺した部族の捕虜になっている話を聞き、その白人を自由の身にしてやろうと思った。カベサ・デ・バーカが若いガルシアに同情したのも無理もない話で、彼自身がアメリカインディアンの捕虜としてフロリダで一〇年間も過ごしたのだった。そこでガルシアの境遇を耳にすると、その部族に使者を送り、捕虜を解放するよう申し入れた。しかし、タバレという名の酋長は、総督からの使者を、一人を除いてことごとく殺し、もう使者はよこすなという伝言をもたせて、残った一人を総督のもとへ送り返した。

そこでカベサ・デ・バーカは三〇〇人のスペイン人兵士と一〇〇〇人以上のグアラニーの戦士からなる大軍を北に派遣した。タバレの一族は全滅した。死者は三〇〇〇人以上、奴隷としてアスンシオンに連れてこられた者が四〇〇〇人、しかし、さらわれたガルシアの息子の姿はどこにもなかった。おそらくインディアンが森に隠したか、あるいは殺したのであろう。それとも、ひょっとすると当人はとどまることに決めていて、自分の白人の血を森の褐色の娘の血と混ぜ合わせていたのかもしれない。カベサ・デ・バーカは反ユダヤ主義者だった。もしもガルシアがユダヤ人かもしれないと思ったら、彼はわざわざあのインディアンたちを皆殺しにするような真似をしただろうか。そんなことを考えているうちに、いつしか眠りにおちていった。

ラジオから流れてくるグアラニーのポップ・ミュージックで目を覚ました。喉を鳴らすような音と反復の多い独特の発音で、口蓋破裂のケイジャン〔北米ルイジアナ州のアカデア人が話すフランス語方言〕のようだ。土間になっている台所で、どちらか見分けのつかないヨランダがトルティーヤ〔トウモロコシの粉を練って薄くのばし、丸い形にして焼いたもの〕を焼いていた。

眠っているあいだに右手が蚊帳の外に出てしまっていた。指の関節に沿って、左右対称に白い斑点がならんでおり、しかも一分の狂いもなかった。ぜんぶ食われた跡だった。フェルスターは書いている、「パラグアイの蚊の勤勉さを知り、暑くて静かな夜にパラグアイ川のうえでその心のこもったもてなしを受けたならば、だれでもその経験を一生忘れないだろう。[20]」猛烈に痛くて、指を曲げることもできなかった。

アンテケラから新ゲルマーニアへ、そしてさらにその向こうまでつづいている森の道は、ロペス軍の兵士たちがラス・ロマスから撤退するときにつくったものだ。移住地建設のころまではかろうじて牛車が通れる程度のただの泥道で、雨が降ればたちまち水没してしまうこともたびたびだった。一八八六年に、エリーザベトとベルンハルト・フェルスターが率いるドイツ人の開拓団一行がここにやって来たときには、男たちは馬にまたがり、女や子供は家具といっしょに牛車にのせられて、耐えがたいほど遅い速度でがたがた揺れながら、止めることもままならずに進んでいった。牛車を止めるためには、牛の正面まで走っていって両腕を振りまわすほかないのだが、そのころにはもう、止める原因だったものは轢《ひ》かれてぺしゃんこになっているか、ぶつかっているかしているのだ。私は馬で行くことにした。

馬を借りようとして、ちっぽけな村のなかを二時間も歩きまわった。私が新ゲルマーニアへ行きたがっているという話はすでに知れわたっていた。二人のヨランダのせいだ。しかし、無理もないことなのだろうが、どこのだれとも知れない男が自分の馬に乗って去っていくのを見たがる人間は一人もいなかった。私はバーブルック・グラブ流の方法まで試してみた。つまり、ただひとこと、馬を貸せ、と命令するのだ。しかし、相手は笑うばかりで、こっちも笑った。昼食に筋だらけの肉のスープを食べ、ポーチの日陰に寝転んで、新ゲルマーニアまで歩いて行くとしたらどのくらいかかるだろうかと計算していた。するとヨランダが言った。助けてくれそうな人がまだ一人残っているわ。馬をたくさんもっていることで知られた人で、カステヤーノっていうサン・ペドロの肉屋さんよ。肉屋がどうしてそんなにたくさん馬をもっているのか、もっと正確に言うなら、昼食に食べたあれは何だったのか、合点がいかなかった。

午後も半分すぎたころ、一人の男が重い足をひきずって宿に入ってきた。革の乗馬用オーバーズボンをはき、片方の足は萎《な》えていて、直角に曲がっていた。着ている黒のTシャツは黒く濃い毛で覆われた太鼓腹の上までめくれていた。火のついていない葉巻が歯と歯のあいだに押しこまれている。カステヤーノは、英語は全然だめで、スペイン語もほんの少ししか話せないところを除けば、漫画に出てくる強盗そっくりだった。彼の皮膚には乾いた血が厚くこびりついていた。

彼は言った。新ゲルマーニアはサンタ・ロサにむかって七〇キロメートルほど行ったところ、アグアラヤ＝ウミとアグアラヤ＝グアスのあいだにある。馬で三日かかるが、無理をすれば二日でも行ける。彼は片手でもったいぶって腹を叩き、もう一方の手で股間を掻いた。できない相談じゃないが、と頭を振りながら言った、高くつきますよ。私たちは葉巻の煙に包まれて、ブレーメンを飲みながら交渉した。

カステヤーノは説明した。チャクラ、つまり町の外にある小さな農場をやっていくには、馬が必要なんだ。もし何日も馬がいなくなったら損をしてしまう。それに家族はどうなるんだ。町に必要なものを取りに行きたくなったらどうすればいいんだ。歩くほかなくなってしまう。何ていったってこの暑さだよ、と、大きな麦藁帽子を取って、説明するように自分をあおいだ。馬も何度も休ませなくっちゃあならないことだろうよ。それにガイドだって必要だ。あの辺にはどんな奴がいるかわかったものじゃないんだから。彼はあいまいに手を振った。「山《モンテス》のなかは夜は危いからね。」忙しいから自分は行けないということう。

彼は疑っているような目で私の膝をじっと見た。そこは日に焼けて微かにサーモン・ピンクになっている。「馬には乗れるのかな。」私は言った、子供のころスコットランドで乗ったことがある、だから乗り方はおぼえていると思う。カステヤーノは葉巻を口から取り、目を細くした。そして、「私の家のまわりで乗せてあげますよ」と快活な口調で言った、「それでどうです」。私は説明した、ドイツ人移住地の名残を探しているのであって、乗馬がうまくなりたいわけではないことを。すると彼はうなずいて、前歯があったはずの歯茎よりも外まで舌をのばした。「ラス・ビアス、金髪ですか。」彼は笑った。豪快な笑いだった。「そうか、そうか、ブロンド女がお好きで。」

いったんカステヤーノが、私の動機は基本的に女なのだという結論を下してしまうと、それでもう話は決まったようなものだった。「甥《おい》っこに案内させましょう。新ゲルマーニアへ行く道はちゃんと知っていますよ。馬はあの子が連れて帰ります。一日につき一頭四千グアラニー・ドル、それとロベルトの食事代。もし落馬して死んじまっても、私のせいじゃありませんからね。今いただきましょうか。」かさばる札を折ってTシャツのポケットに突っ込むと、腰をあげた。「よい旅を。」私たちは握手した。

「ブロンド女がたくさん見つかるといいですな。」肩越しにそう言いながら、どしどしと歩いていった。
ヨランダとヨランダは、聞いていないような振りをして戸口に立っていたが、頭にくるけどうれしい、といった顔をしていた。

カステヤーノの甥のロベルトは、翌日の夜明けにみごとな鹿毛の牝馬に乗ってやって来た。うしろにラバ〔牝ロバと牡馬との子〕とはいえないが、先祖にラバ（あるいはひょっとするとヒニィ〔牝馬と牡ロバとの子〕）の血がいくらか混じっていることは間違いなさそうな動物を引っ張っていた。カニンガム・グレアムの好きな格言の一つに、『キムの冒険』〔ラドヤード・キプリングの小説〕に出てくる「賢者は馬の有用なることを知る」というものがある。立派な馬さえもっていれば結構な格言だ。私の馬はジステンパー病みで、尻にはハンセン氏病の発疹があった。

ロベルトは、カステヤーノの指示通り穀物袋二つで作った旅嚢《ボルサス》に詰めておいた私の荷物をつかみ、馬の鞍の前にのせた。馬は荷物をのせないうちから、すでにかなりひどい猫背だった。そこへ私の荷物をのせたので、まるで馬のカジモド〔ヴィクトル・ユゴー『ノートルダム・ド・パリ』の主人公の名〕か寸詰まりのラクダのようになった。私のガイドはスペイン語で賢明な指摘をしてくれた。つまり、鞄を鞍の前に置くと、足のやり場がなくなって後ろ向きに乗らなければならなくなる、というのだ。もっともな話だ。それで私が鞄を尻のほうに縛っている折りも折り、私の馬は勢いよく、しかも大量に糞をした。これは明らかにパラグアイ川の水を飲み過ぎたせいだ。私は同情した。

ロベルトは一七歳くらいだろうか、野球帽の下からのぞいているのは、きりっとしたインディアンの顔だ。あきらかに不満そうな表情をしていた。頭がおかしいに決まっている人間を連れて、何日にもわたって要領を得ない馬の旅をしなければならないからだ。カステヤーノに払った代金のうち、この子がやるといわれた額はどれくらいちょっぴりなのだろう。そんなことを考えながら、用心深く馬にまたがった。そして二人のヨランダにさよならと手を振ったが、二人は急に興味をなくしたらしく、手を振ってはくれなかった。ロベルトが革の鞭《むち》を面倒くさそうに一回くれると、彼の馬はたちまち速足で駆けだした。こうして私たちは、ひづめの音も高く、たちまちのうちに町をあとにした。しかし、すぐにあちこちが痛くなった。ロベルトは前を走っていて、振りむきもしない。

すぐ森にさしかかった。両側は蔓《つる》植物が生い茂る土手だ。ひんやりする夜明けの空気のなかで、何もかもひっそりと静まりかえっていた。最初の数マイルのあいだはそこここで、壁のようにつづく木々のあいだから小さな家が現われた。家の外ではたいてい山羊や牛が草を食《は》んでいる。通りがかりに見ると、パラグアイ人が戸口から明るい太陽の光を透かしてじっと外を見ていた。畑も多少はつくられていたが、先へ進むにつれてあまり見られなくなった。道の曲がり角で、Tシャツのほか何も着ていない小さな子供が、馬のあとを追いかけてきた。その子は、にこりともせずに手を上にのばし、ニワトリの卵を一つくれると、礼を言う間もなく走り去った。蹄《ひずめ》の音に驚いて、甲高い鳴き声とともに、藪のなかから鮮かな赤い色の鳥の群れが飛び立った。

私の駄馬も目を覚ましたようだった。思うに、カステヤーノにつかまっていると死んだような気分になるのだが、それを逃れてほっとしたのだろう。ロベルトも同じだった。

「金《ラス・ルビアス》髪が好きなんだってね。」私の横でみごとな手綱さばきをみせながら言った。

「その町にはドイツ人がたくさんいるのかい」ときいてみた。

「少しはね。」顔をしかめて言った。「でもとても用心深いんだ。たいていは森のなかで暮らしてるよ。」

「でも仲良くやっているんだろう。」ちょっとライダー・ハガード〔サー・ヘンリー・ライダー・ハガード（一八五六―一九二五）、『ソロモン王の洞窟』（一八八五）などで知られるイギリスの冒険小説作家〕の調子を真似て言った。

ロベルトは笑って、馬にむかってやさしく舌を鳴らした。「あんたとなら話をすると思うよ、金髪《エル・》のおじさん《ルビオ》。」

一〇時にはまた暑くなった。前方にガウチョが二人現われた。鋭く口笛を吹き、鞭をたてつづけに鳴らして、牛の群れを追いたてている。片手で手綱を持ち、鋭い角度で馬の向きを変える。私たちは道路脇に止まって、土埃《つちぼこり》をあげながら全速力で進む彼らをやりすごした。このときはじめて、私たちの馬が私と同じくらい汗をかいているらしいことに気づいた。ところがロベルトは汗などひとつもかいていない。二頭の馬と私は小さな川に顔を突っこんだ。

「少し休憩だ。」ロベルトは道端の背の高い草を鞭で勢いよくたたいてから、鞍を投げだし、そこに仰向けに寝転んだ。そして昼寝《シエスタ》に入る前のおきまりのうめき声を挙げた。「パラグアイには蛇が多いからね」と、彼は言った。

私は、毒蛇を襲うマカグアという鳥を知っているか、とたずねた。この鳥は片方の翼を盾にして、長いくちばしで攻撃するといわれている。もしも咬まれた場合は、森のなかにあるマカグアという特殊な植物をさがしてその実を食べる。するとたちまち毒は消えてしまう。インディアンはそれを見習って、蛇に咬まれたときの解毒剤を見つけたのだそうだ。

ロベルトは顔にのせた帽子の蔭から言った。鳥っていうのは一般に蛇を襲うほど馬鹿じゃないよ。そんな話、少なくとも俺は聞いたことがないね。しかし、マドンナは聞いたことがあるとみえて、《ライク・ア・ヴァージン》を口ずさみ、そのまま寝入ってしまった。

ベルンハルトとエリーザベトは移住者たちに忠告している。「蛇は危険だ。毒のあるものも少なくない。いつも解毒剤を持ち歩くことをお勧めする。もしもなかったら、ただちに咬まれたところを口で吸い、火で焼くことだ。[21]」

蛇のことがずいぶん出てくる『パラグアイの歴史』にざっと目を通した。もっとも強い毒をもっているのはナンドゥリエという蛇で、蔓植物のリアナからつくられるイシポという解毒剤がなければ、たちまちあの世行きだ。次にサンゴヘビとフライレスカ、一フィートほどの灰色のクサリヘビ、その近縁種で喉のところに真紅の斑点のあるもの。私が一番会いたくないのは、シンコ・ミヌート、つまり五分間ヘビだ。この名前がついた理由は、ちょうどそれだけの時間内に結構な遺言を考えなければならないからだ。

その日の午後五時ごろ、私たちは広い谷間へと下っていった。森は切り開かれ、赤土の道が広々とした平地をまがりくねってつづいている。薄暗い森を通ってきたあとだったので、その風景はひときわ私の心を軽くした。そしてロベルトのマドンナのコンサートも、一段と調子があがった。ハタオリドリが背の高い草にぶら下がっている巣に出たり入ったりしている。やがて初めてヘフイ川の支流を渡った。やがてアグアラヤ＝ウミやアグアラヤ＝グアスと合流する川である。私たちは頭から水をかぶった。生ぬるかったが気持ちがよかった。こんな浅瀬でも流れは速く、弱くなっていく太陽の光を浴びてちらちら光り、さざ波を立てて流れていた。

ロベルトはかなり口数が多くなってきた。「《白い貴婦人《ブランカ・ドニャ》》に乗ってきたんだって。」

「そうだよ。」

「エクトルが死んだね。」

「ああ。」

「かわいそうに《クエ・トゥリステサ》。」

水から上がるとすぐにまた頭皮が汗でちくちくしはじめた。鞍にまたがると、背中をゆっくりと汗が流れ落ちるのが感じられた。よく考えてみると、汗ではなく虫のような気がした。ひょっとするとあの恐ろしいピカかもしれない。手に持った鞭で思いっきり背中をたたいた。ところがその拍子に馬からころげ落ちてしまった。ロベルトが本当に面白そうに笑うのを見たのは、このときがはじめてだった。


　道はしだいに険しい登りになり、曲がりながらまた森のなかへ入っていく。振り返ると、小さな谷間に細い小川が縦横に走っている。これらの流れは最後には、みなパラグアイ川に注ぐのだ。このナウンドゥティ・レースのように入り組んだ格子状の水路のどこかに、軍最高司令官のロペスとその愛人が隠した財宝の最後の安息場所がある。たくさんの荷車に積みこんだ略奪した金銀や高価な宝石、それにまがい物まで、ロペスとエリザ・リンチが最後の行軍の際に持ち出したものだ。ラス・ロマスと最後の抵抗の場所セロ・コラとのあいだで、パラグアイの二人の最高権威は、強奪した品々がなければもっと速く進むことができると考えた。すでにプレイエルがそうされたように、財宝を積んだ荷車は川岸から突き落とされ、戦争に勝ったら回収しようと川底に沈められた。この隠し場所を知っている一四人は処刑された。

　一八七〇年二月、ロペスとその疲れはてた軍隊（老人と子供と女からなり、総計四〇九人）は、ついにセロ・コラの森で包囲された。ブラジルの国境から数マイルのところだ。最後の総攻撃のために、ブラジル軍は何週間もかけて兵力を増強した。ロペスのほうも忙しかった。目前に迫った勝利を記念するための特別なメダルを作らせたり、裁判を開いて多くの主だった将校を処刑したり、母親の死刑執行令状にサインしたり、といった具合だ。ロペスと母親は、エリザ・リンチがパラグアイに来てからというもの、まったくうまくいかなくなっていた。

三月一日、ブラジル騎兵隊は総攻撃を仕掛けた。ロペスはクリーム色の愛馬に乗って逃げようとしたが、馬が沼にはまって動けなくなり、敵の騎馬部隊に追いつかれた。降伏を勧告されたが、ロペスはそれに応えてピストルを発射し、一人を負傷させた。しかし、槍で突かれて馬から降ろされ、腹に傷を負った。それでもまだ遠い向こう岸に何とかたどり着こうと、よろめきながら歩きだした。しかし、ライフルの一斉射撃を受けて、彼はからだをよじらせながら泥のなかへ倒れた。エリザ・リンチは、コーク州からセロ・コラまで、長い道のりだったがつねに自分を貫きとおした。彼女はきれいにマニキュアをほどこした指で川岸の地面に浅い穴を掘り、ロペスを葬った。その後、礼儀正しいブラジルの兵隊の護衛でヨーロッパに連れ戻され、追放の身となった。

盗み出した宝石から得た金で、彼女はロンドンのサーロウ・スクエアーに住み、ロペスの子供たちをクロイドンの全寮制の学校に入れた。すばらしいパーティーも何度か開いたが、結局は金が底をついた。彼女はパリにもどった。意地の悪い噂によれば、もとの古巣にもどって娼婦になったのだった。すでに中年になっており、またかずかずの恐ろしい目にも遇ってきたが、容貌はほとんど損なわれていなかった。

彼女の生涯の終わりは、その始まりと同様に、目立たないものだった。一八八六年七月二十四日、ロペスの六〇回目の誕生日となるはずだったその日に、ペレイール大通りにある、貧しいが上品な女性たちのための下宿で亡くなった。それとともに、パラグアイの無数にある川のどこに盗まれた財宝が眠っているかという秘密を解き明かす手立ても、永久に失われた。パラグアイ人の言うところでは、財宝は彼女の犠牲になった人々のたましい《エスピリトウス》によって守られている。しかし、エリーザベトはそんな話では納得しなかった。彼女は未来の移住者たちに呼びかけている。「森を抜ける道のそばの沼に、逃亡中のロペスが戦争資金の黄金を沈めていったと伝えられている。しかし、ドイツ人はこの話を疑っている。たしかに新ゲルマーニアの下には財宝が埋まっている。だが、ひそかに探す必要などないのだ。このみごとな赤い大地の肥沃さが私たちの財宝なのだ……。」(22)

道は小さな谷を見下ろす先ほどとは別な尾根の頂きに達した。夕闇を通して、地平線の上に明かりが揺らめいているのが見えた。

「あそこに泊まろう。友だちがいるんだ。」

ほぼ一二時間に及ぶ行程で、馬は疲れきっており、その皮膚は汗と蝿の死骸でべとべとだった。でも、私はさほど同情はしなかった。馬はたぶん回復するだろう、だが私のほうはおそらく無理だ、と思ったのだ。私の馬は速歩のときに変な癖があって、からだの動きがいつも乱暴で不規則だったが、じっと立っているときですらその癖があらわれることがあった。信じられないほどの尻の痛みを少しでも和らげるために、片鞍乗りをしてみようとして、あっというまにまた地面に落ちてしまった。その拍子に、胸のポケットに入れておいた卵がつぶれた。ほとんどは木の小枝でかき出したが、残りが暑さで固まって、じつに不愉快だった。

小さな小屋がいくつか集まっているところに着いたとき、あたりはもう暗くなっていた。男たちが戸外で輪になってすわり、低い声でしゃべっていた。一つしかない石油ランプの光で、道の上に彼らのずんぐりした影ができていた。私たちが近づくと、話はぴたりと止んだ。ロベルトがグアラニー語で挨拶し、馬からおりて私に手綱を渡した。ロベルトはにわかに緊張したように見えた。

一人の男が少しよろめきながら立ち上がった。そしてロベルトと男はグアラニー語できびしい顔つきでしゃべりだした。やがてロベルトがもどってきて、「カーニャを飲んでいるんだよ」と言った。「みんな酔っ払っている。でも、ここに泊まっていいってさ。」鞍をはずして馬を木につないでいるあいだ、男たちの顔は見えなかったが、彼らの視線は感じた。蝉の声で空気が振動しており、蛍が草のむこうで揺れながら光っていた。母屋のどこかでラジオが鳴っていた。

私は男たちの輪に近づき、震える声で思い切って、「こんにちは《ブエノス・タルデス》」と言ってみた。すると、さっきロベルトとしゃべった男が何ごとかぼそぼそとつぶやき、あっちをむいてしまった。ほかにも二、三人がぶつぶつ言った。一人、うつけたように前方をじっと見ている男がいた。この男たちには、あのピューマ狩りのロベルトと同質の、張りつめていると同時にどこかうわの空の表情があった。必ずしも無愛想というわけではないが、人を寄せつけないのだ。何人かは乗馬用ブーツをはいている。腰にピストルの革ケースを下げている男もいた。たった一つのカーニャのグラスが、マテ茶の要領で次々にまわされた。彼らは飲んでいるところを邪魔されて当惑している、というか、ほとんど怒っているようだった。気がついてみると、カップが彼らのまわりの地面の上に散らばっていた。みんなに酒をふるまおうかと思ったが、やめにした。

ロベルトが入っていった小屋のほうに歩いていった。ひどく酔っ払った年配の男がふらふらとドアから出てきて、頬髭を生やした顔を私のほうに突きだし、グアラニー語で何やら騒々しくしゃべった。同じことを何度も言い、首を一方に傾けると、ふらふらしながら闇のなかへ去っていった。私はポーチにすわり、痛む脚を楽にしようと、マッサージしてみた。両膝の内側がすりむけており、どうみても治る見込みはない。ロベルトが食べるものを持ってもどってきた。コールドビーンズと衣のついた肉のかたまりだ。私たちが食べているあいだに、男たちは中断していたおしゃべりをまた始めた。およそ一〇分ごとに、だれかがふらりと立ち上がって、小屋のなかに消え、カーニャをなみなみと注いだカップを手にしてもどってくる。なぜ瓶《びん》ごと持ってこないのだろう。たぶん蒸溜器からじかにカップに注いでくるのだ。

カーニャはおそろしくアルコール度の高い酒で、精製したサトウキビのシロップからつくられる、強烈なラム酒の一種である。エリーザベト・フェルスターはこれを軽蔑し、この酒はそうでなくてもすでに明らかなパラグアイ人の人種的欠陥を、さらにはなはだしくするものであり、そればかりか、自分が移住者たちに植えつけてきたきびしい道徳的規範を崩壊させるおそれすらある、と主張した。ロベルトが私にとグラスに注いでもってきてくれたので、黄色で粘り気のあるその液体を目をつぶったまま飲み干した。まるで電気ストーブの焼けた桟《さん》を飲みこんだみたいだった。ようやく涙がとまると、ロベルトと老人がベッドをそっくり一つ、小屋から引っ張り出すのが見えた。藁のマットレスと目の粗い毛布がついていて、足りないものはなかった。どうやらカーニャの店の主人は、食事と宿泊のためにと渡しておいた一〇〇グアラニー・ドルには、自分のベッドを明け渡す料金も含まれているという結論に達したものらしい。私は心から感謝して、そのベッドに倒れこんだ。ロベルトは自分用にハンモックを組み立てた。

「明日はドイツ人が見つかるからね。」ささやき声で彼は言った。

カーニャを飲む会は一晩中つづいた。がやがやという会話の声にときおりしわがれた怒鳴り声がまじるのを、夢うつつのなかで聞いていた。

明け方のとても早い時間に目を覚ました。寒いうえにからだじゅうがこわばっている。カーニャを飲んでいた人々はいなくなっており、あとにはカップが山のように残されていた。ロベルトの姿も見えない。地面の上や周囲の森の枝のあいだに、うっすらと霧がかかっていた。これはイサピの木の涙だ。イサピは偉大なインディアンである酋長《カシケ》の娘で、美しいが心は冷たかった。どんなことがあっても涙を流すことはなかった。何の感情ももたず、荒廃や死をじっと見ていることができた。イサピの一族は洪水や嵐や疫病といった恐ろしい災難に次から次へと苦しめられた。それでもイサピは、涙ひとつ見せず、表情も変えずに、それらすべてをじっと見つめていた。一族はしだいに数が減っていき、やがて生き残ったのはほんの数人だけとなった。「これはイサピのせいだ。」長老たちは言った。「あの娘が泣くことを覚えないかぎり、われわれの苦しみはつづくだろう。」一族の呪術医クーニャ・タイが月に住むアーニャに助けを求めた。アーニャはイサピを夜ごと泣きつづける木に変えた。つまり、夜になるとその木の葉から爽《さわ》やかな細かい霧が流れだすのだ。おかげでひび割れた大地は肥沃になり、川の水は清く澄んだ。イサピはどことなくエリーザベト・ニーチェに似ている。エリーザベトは必要がなければけっして泣かなかった。

ロベルトがイェルバ・マテの入ったひょうたんと熱い湯を持ってもどってきた。やけどするほど熱くてかび臭い液体が、たちまち元気を取りもどしてくれた。ロベルトは小声で歌を口ずさみながら、馬に鞍を置いた。

「それは何の歌だい。」

「朝の歌だよ」とロベルトは言った。「朝はいちばんいい時間なんだ。さあ行こう、暑くなる前に道のりをかせいでおかなくっちゃあ。」

ふたたび馬に乗るのは苦痛だったが、最初の数時間はすばらしかった。かぐわしい空気が私の肺をひんやりさせ、おかげで叫びたくなったほどだった。しだいに明るさを増していくなかで、森は狂喜して迎えてくれるようだった。小さなハチドリが道端の藪から舞い上がり、馬のひづめは湿った地面に柔らかな音を立てた。

この風景は、フェルスターが一世紀以上も前に描写したときから、ほとんど変わっていないようだ。「われわれは森や川や沼が点在する肥沃な土地を通った。ときおり、牛の大群が草を食んでいるところに出会ったり、ニャンドゥ、つまり南アメリカのダチョウが、森と沼のあいだに切り開かれた畑のなかにぽつんと立っているのを見かけたりする。すばらしい景色という田舎の名状しがたい魅力は、澄んだ空気によっていっそう精彩を放つ。[23]」一、二マイルごとに森のなかから丸太小屋が姿を現わすが、フェルスターのころよりも現在のほうが住んでいる人の数は少ない。ロベルトですらしだいに上機嫌になってきたようで、やさしく舌を鳴らしながら馬を進め、木々の名前を叫んでいた。「あれはケブラチョだ」と、そびえ立つ植物標本を指さしていった。「森のなかでいちばん硬い木さ。斧を砕くって意味なんだよ。」ケブラチョの樹皮は、煎じて飲めば性病に効くといわれている。家を建てるのに最適で、何百年ももつ。

エリーザベトは新ゲルマーニアに大きな家を建てた。移住地でいちばん豪華な家だった。フェルスターホーフ〔フェルスター屋敷〕と名づけ、母親への手紙のなかでこんなふうに説明している。「天井は高く、広々としていて涼しい、立派な家です。こちらがどんなに暑いか、想像もつかないことでしょう……、屋根は地面近くまでのびています。こうすると一日中快適な涼しさが保たれるのです。中央にある三つの部屋はとても大きく、高さはおよそ一八フィートあります……私たちはすばらしい財産をもっているのです。(24)」その家は今でもあるのだろうか。そして家具は。彼女の家具はアイレンブルクで管区総監督牧師をつとめていた祖父ニーチェ博士の家から持ってきたものだ。「尊敬する牧師のために、最高の木が使われたことは間違いない」と彼女は自慢している。「だから今でも八〇年前と同じようにしっかりしている。(25)」また、彼女がヴァーグナーの音楽を演奏したピアノはあるだろうか——それとも、エリザのピアノと同じように乱暴に捨てられてしまったのだろうか。

午後遅く、道路沿いの大きく枝を広げた木の下にある店に立ち寄った。砂糖やマテ茶、キーホルダー、生ぬるいコカコーラなどを売っていた。ロベルトによると、ここはもう新ゲルマーニアからちょうど一〇マイルのところだそうだ。木蔭に入ると涼しかった。店の主人はとうもろこしの粉の値段をめぐって、パラグアイ人の少女二人と押し問答をしており、首を左右いっぱいまで勢いよく振っていた。少女たちは痩せていて皮膚はぴんと張り、髪は黒くてたっぷりあり、頬骨が高く、かわいらしかった。ただし、それも笑うまでのことだった。一人は前歯が一本もなく、もう一人は黒ずんだ歯の根っこがたった一本と、ぴかぴか光る金の門歯が二本だけだった。

ニワトリが一羽、店のうしろから飛び出してきて、鳴きながら道路を走っていった。四、五歳の男の子に追いかけられていたのだ。男の子は私がすわっている前で急に立ち止まり、私をじっと見つめた。銀色がかった金髪に深い青色の目をしている。肌はあまりに青白く、明るい太陽の光のもとでは透明ではないかと思われるほどだ。ジャングルのまんなかのミルキィ・バー・キッズだ。私は鼓動が速くなるのを感じた。男の子は、笑っているパラグアイ人の少女たちのスカートのあいだに隠れた。ロベルトも笑っていた。「ほら、エル・ルビオ、金髪だ。」ロベルトが少女たちとグアラニー語でしゃべり、私は柄のスカートのあいだからのぞく、小さな白い顔の写真を撮りまくった。

エリーザベトは、「輝くばかりのドイツ人の子供たちがドイツ人学校へ歩いていく」様子を誇らしげに見守っていた。そしてこうつけ加えている。「気候がすばらしいので、人も動物も花開くのだ。ここで生まれた子供を赤ちゃんコンクールに送り出すことだってむずかしくはない……子供たちはその溌剌《はつらつ》とした生気で誰をも喜ばせる……。[26]」男の子の小さな顔は十分に健康そうだった。ただし、鼻だけは日に焼けて皮がむけていたが。「この子は女の子の家族じゃあないんだ。」ロベルトはいわずもがなの説明をしてくれた。「たのまれて面倒をみているだけだよ。もっと先へ行けば、ドイツ人がたくさんいるそうだ。さあ、行こう、遅くなってしまうから。」私たちは馬を速足で駆けさせた。男の子の青い目と少女たちのもっと快活な褐色の目が、遠ざかる私たちを夢中になって見つめていた。

六マイルほど進むと、暑さがやわらぎはじめた。道は小さい肥沃な谷へと下っていた。家が点在しているが、高いところにはまだジャングルがあちこちに残っている。どの家も、まわりはきれいに耕され、オレンジやタピオカ、サトウキビなどが植えてあった。谷のまんなかを川が流れており、向かい側の尾根の背後に雲が集まっていた。ロベルトが、その尾根の家がかたまっているあたりを指さした。

「あれが新ゲルマーニアだ。」

ウォークマンに《ヴァルキューレの騎行》をかけて、ボリュームをいっぱいまで上げた。そうすればこの場にふさわしい気分になれるかと思ったのだ。ゆるい駆け足で坂道を下り、かつては煉瓦工場だった廃墟を過ぎ、アグアラヤ＝ウミの浅瀬を渡った。ひづめの音がひびくと、川のなかで洗濯をしていたパラグアイ人の女の人たちが、叫び声を挙げながら手を振った。村の入り口に大きな家があった。外にラバと荷車が止めてある。赤と黄のペンキで大きく念入りに書かれた看板は英語で、《ジャーマニー・

ポップ・ディスコテク》とあった。

二〇ヤード先にはまた別な看板があった。《グスタフ・ノイマン。イェルバ・マテ茶御用達。ヌエバ・ヘルマニア、パラグアイ》。村の店の前で馬を降りた。屋根はブリキで、建物は水漆喰《しっくい》でできていた。膝がまったくいうことをきかないので、そのままどっかりと腰を下ろした。危うくアヒルを押し潰してしまうところだった。

店から出てきた女性にはドイツ人をおもわせるところはまったくなかった。丸々としており、肌はオリーブ色、分厚い眼鏡をかけ、ボウのついた明るいピンクのブラウスを着ていた。顔に昼寝《シエスタ》のあいだについた皺《しわ》があった。私たちを見ると驚きの叫び声を挙げ、グアラニー語でまくしたてた。ロベルトは礼儀正しくその額にキスして、彼の《伯母さん》であるグレゴリアを紹介してくれた。私がほこりを払っているあいだ、二人はしゃべっていた。《ルビオ》という単語が何回も繰り返されるのが聞こえた。

「おなかがすいたでしょう。」彼女は私のほうをむいて言った。「喉も乾いたでしょうね。」ロベルトはいなくなった。グレゴリアは庭のオレンジの木の下にプラスチックのテーブルを出し、数分のうちに食べ物の皿を持ってもどってきた。パン粉のついた肉とポテトサラダだ。

「ヴィーナー・シュニッツェル〔ウィーン風カツレツ〕ですか。」私は期待をこめてたずねた。

「ミラネーズですよ。」

「ドイツ人たちはみんなどこにいるんですか。」

「まあまあ、そのうちやって来ますから。」元気づけるようにそう言うと、プラスチックの椅子にすわり、私が食べるのを見守った。

グレゴリアの家は、六軒ほどならんでいる平屋建ての家のなかではいちばん大きかった。ほとんどの家がアドービ煉瓦に水漆喰を塗った造りだった。新ゲルマーニアはさびれているようだ。顎についたポテトサラダをぬぐっていると、馬の蹄《ひずめ》の音が聞こえた。グレゴリアの家の門のところで、長身で金髪の男が大きな栗毛の馬を止めて降りてきた。黒の深い乗馬用ブーツをはき、革の鞭を手にしていた。明るくにっこりと笑い、大股でテーブルに近づくと、かかとをそろえて頭を下げた。そしてドイツ語なまりの強い英語で名乗った。「私の名はクリストフ・シューベルト、医者です。」

グレゴリアは顔を輝かせ、椅子をもう一つと冷たいビールをもってきた。「ドイツ人《エス・アレマン》ですよ」と、彼女は誇らしそうに言った。シューベルト博士はビールをたったの三口で飲み干した。

アーリア人の失われた種族を代表する人物との会話は、どういうふうに切り出したらいいのだろう。私は伝統的な方法を選んだ。「ここで何をなさっているんですか。」

シューベルト博士は大きく息をつき、グレゴリアにビールをもう一杯と身振りで合図した。「ええ、そうですね。」彼はあたりを見まわし、日暮れ時の風に揺れている森の木々や道の反対側にある高いヤシの木に目をやった。「大切なのは、私がニーチェを愛しているということです。」

透き通った大きな虫が私のみぞおちのあたりにぱたぱたと飛んできた。私は一瞬、気を失うのではないかと思った。まさしくこれだ。このパラグアイのジャングルのまんなかに、ニーチェの信奉者がいるんだ、それも、あの偉大な哲学者の妹によってここに連れて来られた人々の子孫なのだ。おそらくこの未開の地で、ニーチェ崇拝がその著作にもとづいて育まれていったのだろう。しかし、そのとおりだとしても、この男は何ひとつ知らないはずだ、エリーザベトが兄の哲学にたいして何をしたか、どのようにして兄の名前をファシストと結びつけていったか、そして、どのようにしてヒトラーやムッソリーニといった連中をそそのかして、彼らの邪悪な信条を支援するために、兄の詩的で不可解な才能を利用させたか、という類のことは。この特異なニーチェ信奉者に真実を教えるのは、私の義務だ。私は一度大きく深呼吸をしてから、ニーチェ用の兵器庫に蓄えておいた兵器を残らず使って、攻撃にとりかかった。超人《ユーバーメンシュ》の概念をあなたはどのように解釈しているのか。入植地の人々はだれもがニーチェの思想を信じているのか。ニーチェが宣言した神の死と、一八八六年に入植地の人々が信じていたルター主義とは、どうしたら折り合うものなのか。ニーチェの《ブロンドの野獣》についてはどう思うか。

　彼はあっけにとられているようだった。

　無理もない。私が話題にしたのはニーチェの後期の著作だ。エリーザベトはそれらを持ってくることはできなかったはずだから、彼は聞いたこともないにちがいない。とりあげるのは一八八六年以前のニーチェにしなければならない。「『ツァラトゥストラはこう語った』をどう思われますか。」

　シューベルト博士は、落ち着いてくださいというように、私の腕に手を置いた。「どうやら正しく聞き取っていただけなかったようですね、マイン・ヘル。」彼は森のほうをさし示した。「私はネイチャーを愛しているのです。」

　こうしてようやく、シューベルト博士はアマチュアの自然研究者だということが判明した。彼は三年前、パラグアイのジャングルで植物を栽培するために、ミュンヘンの郊外から新ゲルマーニアへやって来た。私たちは日が暮れるころまで語り合った。グレゴリアと小柄で抜け目のなさそうなその夫のアバーロが、ビールとカーニャを持ってきてくれた。蛍がオレンジの木のあいだでまたたいていた。

　エリーザベトとベルンハルト・フェルスターの話は患者から聞いたことがある、とシューベルト博士は言った。初期の移住者たちの多くは、気候と寄生虫と粘土のような人を寄せつけない大地に疲れきって死んでいったそうだ。南のアルゼンチンに移った者もいる。あちらでは土地はもっと肥えていて、生活も楽だった。パラグアイ人と結婚し、ここの生活様式に順応していった人も何人かいる。この村でも、子供にドイツ人の遺伝子が現われることがある。そうした子供は、肌はたいてい浅黒いが、目は青い。ここに住んでいるほかの家族は、大部分がドイツ人だが、戦後入植した人々だ。最初からいた移住者たちの子孫、一八八六年にベルンハルトとエリーザベトといっしょにやって来た、大半が農民の一四家族の子孫は、ほとんどがパラグアイ人と交わることを拒み、村から離れた森のなかのタカルティと呼ばれるあたりに住んでいる。タカルティとは蟻塚という意味だ。

「彼らは接触を避け、ドイツ人同士でしか結婚せず、古いしきたりを守り通しています。」と、医師のシューベルト先生は言った。牧師を除けば、彼はそこを訪れたほとんど唯一の人間だった。「彼らの言葉は古いザクセン方言なので、私ですらよくわからないのです」と、シューベルト博士は言う。「あの人たちが話すのを聞いていると鳥肌が立つくらいで……」

「外見はどんなふうなんですか。」

「そのうちご自分の目でごらんになれますよ。」

夕闇が迫るころ、シューベルト博士は私と握手して、ひらりと馬にまたがり、速歩で去っていった。どんどんと暗くなっていくオレンジの木の下に腰を下ろし、考えをまとめようとしたが、そのあいだも、アヒルやニワトリ、猫、犬、毛の抜けかかった山羊など、さまざまな家畜がグレゴリアの家の床を歩きまわっていた。この家は新ゲルマーニアの酒場だということもわかった。一人ずつ、あるいは何人か連れだって、また町のグループなどが、カーニャを飲みにきて、私に気がつくとじろじろと観察し、ひそひそ声でしゃべっていた。かなり年配で、ひときわヨーロッパ風の顔立ちだが、飛び出した青い目の縁が赤くなっている男が入ってきて、バーのところに立った。

「ドイツ人《ドイッチュ》か。」数分間も私をじろじろ見つめたあとでたずねた。

「いいえ《ナイン》。」

男はカーニャのほうをむき、私が話しかけると首を振った。

「頭が変なのよ《エス・ロコ》」と、グレゴリアが説明してくれた。「カーニャの飲みすぎでね。」

私は疲れすぎていて、それ以上聞きただすことはできなかった。実際、目も開けていられないほどだった。グレゴリアはすでに家の裏手にある藁葺き屋根の建物からニワトリを追い出し、私のベッドルームをつくってくれていた。その建物は、一部がニワトリ小屋で残りが礼拝室だった。壁の一方には、キリストの昇天を描いた派手なポスターが貼ってある。ニワトリの飛び上がれない高さにある木製の棚の上に、さらにもう一つ棚があって、四つの小さなブリキ製の十字架が置かれていた。見ると、グレゴリアの亡くなった親類の名前が釘の先で彫ってあった。

「おやすみ《ブエノス・ノチェス》、ジャスミン」と、グレゴリアが言った。「ドアのかんぬきはちゃんと掛けておいてね、ニワトリがまた入ってきちゃうから。」グレゴリアは私のことをジャスミンと呼ぶことにしたのだった。ベンと呼ぶように試してみたのだが、発音が難しすぎるというので、ベンジャミンになった（私の名前ではないのだが）。ジャミンというのが、彼女の舌にはぴったりだったのだ。ところがジャスミンのほうがもっと響きがいいということになったのだ。私は藁のマットレスの上に倒れこみ、オレンジとニワトリの羽根の匂いを嗅ぎながら、眠りに落ちた。青い目を大きく見開いた白い未開人が夢に現われた。

早朝、シューベルト博士を待ちながら、パンと苦いインスタントコーヒーの朝食をとった。グレゴリアがすすめてくれた特製のイェルバ・マテ茶の強壮剤は遠慮した。この飲み物は少し控えようと決心したのだ。しだいに夢中になりはじめ、潜在意識に影響を及ぼすようになっていたからだ。朝食を少しばかり邪魔したのが雄鶏《おんどり》で、テーブルの下で気の立ったアヒルに求愛していた。種の純粋さなんてこんなものだ。

タカルティへの曲がりくねった六マイルの道は、川からの道よりもはるかに狭く、両側に草木の葉がびっしりと生い茂っていた。途中に一つだけ建物があったが、明らかに無人だった。アルマジロがものすごい速さで道を横切った。鎧《よろい》を身につけたねずみといったところだ。「食べるとおいしいんですよ」と、シューベルト博士が言った。私は、ドイツ人たちは今でも菜食主義なのかとたずねた。彼は首を振って言った。「いいえ、ほとんどの人は肉も食べていますよ。ただ、パラグアイ人よりもたくさん野菜を食べますね。パラグアイの便秘ときたら、驚くべきものですから。」

夜のあいだに雨が降っていた。鮮やかな青色の蝶が舞い降りてきて、濁った水たまりの上をひらひらと飛んでいる。私たちは右に曲がり、深い森のなかの開けたところを進んでいった。ケブラチョの木が伐採され、きれいに切り揃えて道の脇に積んである。やがて森を抜け、小さな谷を見下ろす高台に出た。森の暗がりに慣れた目に太陽がまぶしい。藁葺き屋根の小さな茶色の家が森のはずれに現われた。

七四歳になる近眼のハインリヒ・シュッテが、木の柵で囲ったこぎれいな庭の手入れをしていた。彼は、「おはよう《グーテン・モルゲン》」と言って、大儀そうにからだを伸ばし、ピストルのケースの位置をなおした。葡萄《ぶどう》の木陰で冷たいマテ茶、テレレーをご馳走になった。灰色の髪をきっちりと束ねた妻のマルタは、夫が話しているあいだ、不満そうに皮膚のたるんだ白い腕を組んでいた。形のくずれただぶだぶの二人の服は、同じ青の布地でできていた。鸚鵡《おうむ》が一羽、家の裏手の木立で鋭い鳴き声をあげている。「エリーザベト・ニーチェですか。ええ、それはすばらしい女性でしたよ。」ハイニ〔ハインリヒの愛称〕は、まるで個人的に知っていたような、そればかりか親しくしていたかのような口調で言った。記憶を鮮明に受け継いでいる心優しい老人だ。彼の敬愛ぶりは私を身震いさせた。「ちょっとお待ちください。」心もとない足取りで家に入って行き、ベルンハルト・フェルスターの埃《ほこり》っぽいエッチングを持ってもどってきた。ブラシのような髭も偏屈そうな表情もそのままで、私が見た本の扉にあったものと同じだった。「これがご主人のフェルスターです。粗野な男でした。私の祖父は錠前屋だったんですが、一八八六年にケムニッツを出て、ハンブルクから船に乗ってここへやって来たんです。祖父がケムニッツから持ってきたアコーディオンがまだありますよ。もっとも、もう音は出ませんが。」この男は知っているのだろうか、ケムニッツがカール・マルクスシュタットに変わり、それから何年かたってまた元にもどったことを。マルタがふたたびマテ茶のひょうたんに湯を注いだ。

エリーザベトとベルンハルト（ハインリヒはルイーザとベルナルドと呼んだ）は今なおドイツ人の家族の記憶のなかに生きていた。「覚えているのは古い家族ですがね。私の祖父と友人たちは新しいドイツを築くためにやって来たのです。」ハイニはそう言って、エッチングのガラスにたっぷり唾を吐きかけ、袖でぬぐった。そして老人らしい人差し指でとんとんと叩いて、つけ加えた。「ベルナルドのことはとても悲しい出来事でしたが、ルイーザ、あの人がいつだって本当の指導者でしたよ。」

第五章　騎士たちと悪魔たち

フリードリヒ・ニーチェが二〇歳で妹が一八歳のとき、二人は信仰をめぐって言い争った。それは遅かれ早かれ、ほとんどすべての家庭で起こる類のいさかいだった。エリーザベトは聖女気取りといえるほど信心深かった。フリードリヒは、かつては信仰心をもっていたのだが、やがて疑問をもちはじめ、ついには頑強に反抗して、聖体拝領を拒んだ。一八六四年の復活祭のことだった。

　これを聞いたエリーザベトは憤慨して涙を流し、つづいて起こった激しい口論では伯父たちを巻きこんで、神学上の助言によって自分を支持してくれるように頼んだ。この口論は、ドグマティックな伯母のロザーリエがエリーザベトに（おそらくキリスト教の創始者の数々の経験を思い起こして）次のようにさとしたため、ようやくおさまった。「どんな偉大な神学者でも、一生のうちには不信の時があったのだよ。」[1]しかし、このいさかいには先々重要になる隠れた意味があった。すなわち、このいさかいによって兄と妹のあいだに埋めようのないイデオロギー上の隔たりがあることが明るみに出たのだ。当時ニーチェは妹に宛てて書いた。「魂の平和と幸福を望んでいるのか――それなら信仰するがいい。真実の信奉者になりたいのか――だったら研究するのだ！」[2]妹のほうはこう考えていた。「信じないほうがその反対よりもはるかにやさしいのです。」[3]ニーチェはこの考え方をけっして受けいれず、信仰がまやかしであることを暴露するために一生を捧げるのである。この良心の最初の危機ののち、信仰をもたないという信条を除けば、信条を告白することはけっしてなかった。そして、キリスト教の道徳や道徳をともなうほかのあらゆるイデオロギーを拒絶し、一生のほとんどのあいだ、彼が絶滅寸前だと考えた道徳に代わる何かを、彼の定義にもとづく真実を求めて、ヨーロッパをさまよった。幸福を感じることはめったになく、心の平和を楽しんだことは一度としてなかった。定住する家をもたず、友人もほとんどなく、満ち足りた心の結びつきはさらに少なかった。そして結婚もしなかった。三五歳からはつねに病気がちでふさぎこみ、四四歳の誕生日の直後に精神に異常をきたし、ついに回復することはなかった。

妹の一生はまったく対照的だった。八九年の生涯のどの一年をとってみても、エリーザベトはつねに健康で幸福だった。彼女の心の平和は不動の厳格な宗教的信念、政治的・人種的信念と、自分自身の道徳的正しさにたいする確固とした自信にもとづいていた。これらの信念が彼女をパラグアイへと導いた。そしてその地で、適度に混ぜ合わされて一つのイデオロギーになったのだ。のちに彼女はその信念を兄に押しつけることになる。真実の信奉者であった兄に。

そして、真実そのものについていえば、エリーザベトは都合のいいときだけそれを利用したのである。

ライプツィヒの南西、レッケンというザクセンの小さな村の牧師、カール・ルートヴィヒ・ニーチェは、一八四四年十月十五日、若い妻が男の子を産んだので大喜びだった。時のプロイセン国王と誕生日が同じだったので、熱心な君主制支持者のニーチェ牧師は、国王にちなんでその子をフリードリヒ・ヴィルヘルムと名づけた。それから二年とたたない一八四六年七月十日、今度は女の子が誕生し、ニーチェ牧師は、若いころ家庭教師をしたことがあるアルテ＝ザクセンブルクの公女にならって、テレーゼ・エリーザベト・アレクサンドラという洗礼名を授けた。その二年後に生まれた次男は、アルテ＝ザクセンブルクの大公にちなんで、ヨーゼフと名づけられた。カール・ルートヴィヒのすることはつねに一貫していた。

教区牧師館は平坦な緑の野と果樹園にかこまれていた。養魚池のまわりや森や一二世紀に建てられた村の教会の鐘楼のなかが、子供たちの遊び場だった。レッケンは眠っているようなところ——牧歌的でやや退屈なところ——だった。一八四八年、ライプツィヒにむかう反逆者たちが何台もの荷車に乗り、革命の旗を振りながら牧師館の前を通り過ぎた。カール・ルートヴィヒは、敬愛する君主でかつ庇護者にたいして反逆するという恩知らずな行為に、顔色を失った。そして、王が反逆者たちと妥協したと聞くと、わっと泣き崩れ、書斎に閉じこもってしまった。それ以外には、一八四八年と一八四九年の革命は、ニーチェ家の生活に何ら影響を及ぼさなかった。

ニーチェ牧師が《脳軟化症》で死んだとき、フリードリヒは四歳、エリーザベトは二歳だった。六か月もたたないうちに、次男のヨーゼフが父のあとにつづいた。不幸な出来事だったが、とくに、新しい牧師が来るというのでザーレ河畔のナウムブルクに移らなければならなかったことは、大きな打撃だった。このときからエリーザベトとフリードリヒは、何人ものとても年老いた敬虔な婦人たちと一人のとても若い婦人——つまり母親——のいる家で育てられることになった。まずロザーリエ伯母がいた。信心深く、足が弱く、シェイクスピアに反感をもっていた。それにアウグスタ伯母。胃腸病に悩んでいるのに、家事は自分がするといって譲らなかった。祖母のエルトムーテ。騒音に耐えられない人で、いつもひだ飾りのついたレースのボンネットをかぶっていた。そしてミーナという名前の古くからいる家政婦。

夫に先立たれたとき、フランツィスカ・ニーチェは二三歳だった。優しくて神経質で世慣れておらず、子供たちを理解することはできなかったが、それでも子供たちの人生においてきわめて重要な役割を演じた。おそらく年齢が近すぎたために、子供たちとの関係は穏やかなものにはなり難《にく》かったのであろう。のちにエリーザベトは母親について、「それはみごとにそりで滑り降りた《リュージュ》(4)」と記しているが、これが最高に気前のいい褒《ほ》め言葉で、ほかには賛辞らしきものは書き残していない。ナウムブルクの家は息の詰まりそうな気取った雰囲気だった。身のまわりにいつも年老いた、しかもどこか風変わりな女性がこんなにたくさんいることが、二人の子供に幼少年期を通じて影響を及ぼした。というのも、二人とも女性にたいして強い嫌悪感を抱くようになったからである。ニーチェの場合、それはしばしば激烈な女嫌いとなって現われた。しかしエリーザベトの場合、その影響はもっと複雑である。当然ながら、フリードリヒは家中の注目を一身に集めていたが、エリーザベトは、男というものは、兄がそうであるように、優秀なもの、歴史を作るものなのだという考え方を受けいれたように思われる。彼女は一生を通じて婦人参政権の考えを非難した。(「フェミニズムはオールドミスの運動である」と彼女は書いている。「そしてその支持者はたいてい子供のいない女性だ。(5)」)彼女は男性の注意力や意見を女性のものよりも高く評価した。男性のほうが扱いやすいことに気づいていたから、ということも多少はあるだろう。彼女はずっとのちになって、自分が現在のような女性の理想像を思い描くようになったのはニーチェのせいである、と書く。「兄がもっていた女性の理想像は、高い人格をもつ男性ならだれでも心に抱くものだった。明るく優しい人柄で夫の重荷を軽くしようとつとめ、長時間におよぶ労働や困難な問題との格闘を終えたあとの夫を元気づけようとする、健気《けなげ》な女性。日常生活のささいな心配ごとで夫を煩《わずら》わせず、夫の高い望みに理解を示し……。(6)」エリーザベトは、女はこう振る舞うべきだと考えていたのであって、彼女自身がこう振る舞ったわけではない。エリーザベトは、当時の状況からいって、完全に解放された人生を送っている。理論では男に従っていたかもしれないが、実践では、だましたり脅したりして協力させて、男を自分の思いどおりに動かすことにたけていた。女は従うべきだと主張した男によって、また同時に、そうした男をものともせずに、自分の目的を達成したのである。子供のころの彼女は、少なくともある程度は無視されていた。その後の人生では、彼女にたいして人々はさまざまな反応を示した。称賛する人もいれば軽蔑する人もいた。そしてほとんどだれもが彼女を恐れた。しかし彼女は、今や自分を無視する人間はもう一人もいないことを確信することができるようになったのだった。

父親を失った二人は、極度に親密な兄妹として成長した。エリーザベトは彼女のフリッツ〔フリードリヒの愛称〕を偶像視した。兄のほうは、年齢を越えて親代わりに《イン・ロコ・パレンティス》なり、はっきりと優越感をもって妹の愛情に応えていたように見える。子供たちはお話の本のなかでラマの絵を見つけた。かわいらしいだけでなく、頑固そうなところまで詳しく描写してあった。フリッツはその動物から妹にあだ名をつけ、妹を生涯（その時々でさまざまな度合いの愛情をこめて）ラマと呼んだ。

フリードリヒは神経質な子供だった。はにかみやで内向的で早熟だった。一四歳のとき、父親の回想録に仮託して最初の自叙伝を書いた。これは、ロマンチックな信仰心の表現と本物の苦悩とが調和しておらず、読むのに骨が折れる。子供たちは二人ともピアノを習っていた。妹も才能があったが、兄のほうはまさに天才的だった。フリードリヒはやがて音楽を愛するようになり、後年のより旋律的な著作にはそれが反映している。彼は八歳になるころにはもう詩や戯曲を書いており、献身的な妹はそれらを集め、のちの世のために《宝物の引出し》にしまっておいた。当然のことだが、兄はときどき自分の作品を破棄しようとした。しかし、妹はできるかぎりそれを阻止した。これは危険な兆候だった。熱心に読んだり書いたりしたために、もともと弱かった彼の視力がそこなわれていった。子供たちは二人とも遺伝的に近視を受け継いでおり、エリーザベトは明らかな斜視だった。それでも彼女は、長い金髪の巻き毛をしたかわいい子供だった。

　両親の家系はともに、数世代前から代々ルター派の牧師を出してきていたので、だれもがフリードリヒも聖職につくものと思っていた。そのために、伯母のロザーリエは彼に特別の宗教教育を受けさせた。フリードリヒは、子供としては異常なほど宗教に熱意をみせた。一四歳のときにこう書いている。「父親がか弱い子供を導くように、神は何ごとにつけ危ういことのないように私を導いてくださった。……私は決心した、一生を神への奉仕に捧げようと。」[7] もっとも早い時期の写真で見るニーチェは、髪を長くのばし、悲しそうな目をした、顔立ちからして気難しそうで生真面目な少年である。じつのところ、フリードリヒ・ニーチェが深刻な表情をしていない写真はたった一枚しかない。対照的にエリーザベトは、陽気にいたずらっぽくカメラにむかって笑っているか、ふくれっ面《つら》をしているかのどちらかだ。フリードリヒはシュールプフォルタ〔プフォルタ学院〕に入った。これは有名なプロテスタントの寄宿学校で、シュレーゲル兄弟やフィヒテ、ランケもみんなここで学んでいる。この学校は優れた学力の育成と厳格なプロイセンの規律とを結合させていた。ニーチェはこの抑圧された雰囲気のなかで目覚ましい成長をとげた。二人の友人とともに文学サークル《ゲルマーニア》を作り、北欧伝説のサガに夢中になった。そして、バイロンやシェークスピア、ゲーテやヘルダーリンを読み、詩を書き、作曲をした。また同時に、それまでの教育でたたき込まれていたキリスト教の道徳観に疑問をもつようになっていった。

　エリーザベトは、兄のように幼くして知的有望さを見込まれることはなかったが、けっして頭の悪い子ではなかった。良家の子女のための私立ナウムブルク学校に残されている記録によれば、英語以外のすべての科目で優秀な成績をあげている。彼女が学問を身につけようと決心したのは、ある程度は兄にたいするライバル意識の反映である。のちに彼女は、視学官がナウムブルクの男子校と女子校にやって来たときのことを回想録に記している。ニーチェがシュールプフォルタに行く前のことだ。エリーザベトは、視学官はフリードリヒの早熟ぶりに感心したと書いたあと、五〇年も前のことなのだが、こうつけ加えているのである。「女子校にやってきた視学官は私に非常な関心を示し、あまつさえ私の名前を尋ねた。[8]」二人とも態度にいくぶん尊大なところがあった。どう見てもエリーザベトは兄がいないところでは威張り散らしていたし、フリードリヒはこう書いているのだ。「それぞれ個性の違う愉快な友人たちに囲まれていますが、感化されることなどありえません。まず第一に、自分より優れていると見なすことのできる人間に出会わなければならないでしょう。[9]」

　フリードリヒは毎週一度、ナウムブルクとシュールプフォルタの中間にある宿屋で母と妹に会った。そのあいだにも、子供同士は頻繁に手紙をやりとりした。二人とも死ぬまで筆まめだった。エリーザベトの場合はもう癖のようなもので、言いたいことがあろうとなかろうと、かまわず書くことがよくあった。ニーチェ自身は手紙を受け取ることを迷惑だと言っている。「手紙とは約束なしの訪問であり、郵便配達人は無礼な真似を仲介する人間だ。私たちは毎週一時間、手紙を受け取るために空けておき、そのあとでは入浴すべきだ。[10]」しかし、彼は手紙のやりとりにすっかり頼りきりになる。それがあまりにも実際の人間同士の接触に取って代わってしまったのだ。ほかの人間が空気を必要とするように、ニーチェには手紙を書くことが必要だった。しばしば書いただけで投函しないこともあった。

　エリーザベトがドレスデンで教育の仕上げをすることが決まると、ニーチェは母親に宛てて書いた。「ドレスデンはEの精神的教育には申し分ないと思います。ある意味ではあの子を羨ましいと思っています。……エリーザベトのことはとても信頼しています。ただ、もう少し文章が上手になってくれるといいのですが。物語を話すときも、もしもあの子が《おお》とか《ああ》とかいった声を挙げずに話すことができたら、どんなに立派で人を引きつけるようになるか、お母さんには想像もできないことでしょう。[11]」これが、一つと年齢の離れていない兄の言葉なのだ。彼はエリーザベトに、毎週美術館へ行くように、絵の説明文を書いて一、二編自分に送ってよこすようにと命令した。また、何を読むべきかを教え、しばしば、読んだものについてどう考えるべきかということまで指示した。すでに当時のエリーザベトは、そうしたことを自分で考えるだけではなく、もっと高度なこともできるようになっていた。したがって、兄にむかって、そんな助言は無意味だと言ってよかったはずなのだ。それを言わなかったところに、すでに兄にたいして感じていたと思われる不健全な畏敬の気持ちが見て取れるのである。兄にたいする嫉妬は、成長するにつれてますます強まっていった。そしてニーチェのほうはその感情を利用していたようである。同級生の妹に熱を上げたとき、自分が新たに熱中している相手にシューマンの楽譜を送るよう、エリーザベトに頼んだことがある。エリーザベトは憤慨して断わった。そこでニーチェは何編かの詩を書いて送った。また、自分が会ったほかの少女を妹とくらべて面白がっていたらしく、友人の妹についてこんなふうに書いている。「マリー・ドイセンはまだまだ年端もいかないのに、精神の豊かなすばらしい少女だ。[12]そして、じつを言うとね、リスベット〔エリーザベトの愛称〕、あの子を見ているとよくおまえのことを思い出すんだ。」ここには遠回しに皮肉っている調子がはっきりと認められる。

二人の関係には近親相姦的なところがあったのだろうか。むろん、確かな証拠は何もない。ところが、少なくとも何人かの人々にとっては、驚くべきことに、あえて事実だとするのに十分な証拠があったらしいのだ。一九五一年、ニューヨークで『妹と私』という題名の本が出版された。フリードリヒ・ニーチェが書いた最後の本と称し、その内容は「夫のいない女ばかりの家で成長した少年」の「告白」だった。一九五三年の広告文にはこう書かれている。「ある有名な兄と恐ろしく野心的な妹の物語。二人は子供のころ、肉体的に愛し合うようになり、それは成長してからもつづく……十九世紀のもっとも偉大な哲学者が、いかにしてこの異常で危険な愛の罠にはまっていったかを語る……」(13)

次のような極度にエロチックな場面もある。

「それがエリーザベトと私のあいだで最初に起こったのは、弟のヨーゼフが死んだ晩だった。といっても、妹が私のベッドに入りこんできたとき、私たちは弟が死にそうだということをまったく知らなかった。……突然エリーザベトの暖かい手が私の手のなかに感じられ、シーッという小さな声が耳に入ると、私は全身がほてってきた。……彼女が私のベッドに入ってくるとき、私はたいていぐっすりと眠っていた。そして、彼女の肉付きのいい小さな指の奉仕はぞくぞくするものだったが、それはまた、私を何時間も何時間も目覚めさせておくことを意味していた。(14)」

『妹と私』はこんなソフトコアの性描写にあふれている。もしもこのなかのたったの一言でもニーチェが自分で書いたと信じさせる証拠があるなら、この本はニーチェと妹の関係を考えるうえで根本的な影響を及ぼすものとなるだろう。

この本はアメリカの若いジャーナリストによって日の目を見たということになっている。彼は一九二〇年に大西洋を横断する船のなかで、イギリス人の元牧師に親切にしたお礼として、この本をもらったという。その後、イギリス人のニーチェ学者オスカー・レヴィの手に渡ったらしく、本人の言葉として伝えられるところによれば、彼がそれを訳して序文を書いたものと思われる。ただし、彼の家族は、そんなことはどちらもしていないと頭から否定している。それから話はさらにつづくが、最後にニューヨークの出版業者サミュエル・ロスの手に渡った。この男には好ましくない評判があって、一九二七年には彼にたいする抗議書が提出されている。そこには一七六人の文筆家の署名があり、アインシュタイン、ヘミングウェイ、エリオット、D・H・ロレンス、トーマス・マン、イェーツなどが名を連ねている。ロスはのちに主張している、自分はこの本を一九二〇年代に出版する予定だったのだが、事務所が『ユリシーズ』を探していた《悪徳撲滅協会》に急襲され、――『妹と私』のオリジナルのドイツ語原稿も含めて――何もかも持ち去られてしまった。一九五一年になってやっと、虫食いだらけのレヴィの翻訳のコピーが奇跡的に旅行鞄の底から見つかった。それをニーチェの失われた著作として即座に出版したのだ、と。都合のいいことに、そのときレヴィはもうすでに死んでいた。何年もたってから、ジョージ・プロトキンというプロの贋作者《がんさく》が、その本は自分が《通常請け負い料金で》書いたものであることを、もっとも優れたニーチェ学者の一人、ヴァルター・カウフマンに告白している。(15)

『妹と私』が粗雑なでっちあげであることはほぼ間違いない。時代錯誤や英語特有の表現にあふれ、ニーチェが知るはずのない出来事についての言及もいたるところに見られるからだ。文体こそニーチェのアフォリズムのスタイルを真似ているが、貧弱な模作であり、哲学的内容はまったくない。この本からは何も明らかになることはない、おそらくただ一つ、没後のニーチェが彼を歪《ゆが》めようとする人々によって、必要とあらば贋作までいとわずに、現在にいたるまで食いものにされているという事実以外には。エリーザベトとフリードリヒ・ニーチェの結びつきが性的なものだったことを暗示するような証拠はどこにもない。しかしながら、二人の結びつきが、どんな性的な関係にも匹敵するほど感情的に緊張したものであり、独占欲が強く破壊的だったことを示す証拠はたくさんある。

ボンの大学に進み、生まれてはじめて家から離れて過ごしたクリスマスに、フリードリヒは妹への贈り物として八編の歌を作曲し、ライラック色のモロッコ革で装丁し、自分のシルエットを添えて送った。そして、どのように演奏すべきかについても細かく指示している。

若いニーチェは、あまり気が進まないままに、大学の同級生たちの酒にまかせた悪ふざけに加わろうとした。それで酒を飲み、フランコーニアという学友会に加入した。もっぱら決闘と飲酒をこととする学友会である。そして努力して、なくては具合の悪い決闘の傷痕ももらい、残りの人生のあいだずっと鼻の頭につけておくことになった。しかし彼の心は、幼稚でビール臭い、上っ面だけの大学生活からは少し離れたところにあった。何度か自信喪失の時期はあったが、彼はすでに自分の潜在的能力を確信していた。それは単なる若者特有の野心ではなかった。つまり、運命が自分に重くのしかかっていること、しかも甘やかされた子供時代の影響によってそれがいっそうはなはだしくなっていることを感じていたが、それだけではなかったのだ。子供のときに、彼はすでにそれについて書いている。すなわち、意識の外におぼろげに現われる、形のない漠然とした恐怖について。「ぼくが恐ろしいと思うのは、ぼくの椅子のうしろのぞっとする姿ではなく、その声である。どんな言葉だって、その姿が発する声ほど身の毛もよだつ、言葉にならない非人間的なものはない。人間がしゃべるように話してくれさえすればいいのだが。[16]」これは子供らしい悪夢以上の何ものでもないかもしれないが、恐ろしい予兆となっている。やがてニーチェは、どんどん膨らんでいく懐疑のために、神学を捨て、ボンを捨てた。古典古代の研究に専念しようと決心した彼は、（転任する文献学の教授F・W・リチュルといっしょに）ライプツィヒに移った。そこで偉大な悲観論者ショーペンハウアーを研究し、彼のなかに自分の合一的な哲学と同質のものを見いだした。ニーチェは悲観論者だったかもしれないが、信じるべき何か、崩壊しつつあるキリスト教に代わる何かを必要としていた。そして一八六八年十月二十八日の晩に、それを見つける。ヴァーグナーの音楽はそれ以前にも聴いたことはあったが、感動したことはなかった。だが、その夜のあらゆる神経が興奮と恍惚にうち震えている。」二週間とたたないうちに、彼は巨匠その人に会う。『トリスタン』と『マイスタージンガー』の部分演奏を聴いたとき、ニーチェは狂喜した。「ぼくのなかのあらゆる神経が興奮と恍惚にうち震えている。(17)」二週間とたたないうちに、彼は巨匠その人に会う。ヴァーグナーはひそかにライプツィヒに滞在中だったが、泊まっていた家の女主人から、自分の音楽に夢中で、考えられるかぎりの称賛をおしまない学生がいることを耳にすると、彼女に出会いの場をつくってくれるよう頼んだのだった。その夜ヴァーグナーは、自分の崇拝者を前にして『マイスタージンガー』のいくつかのパートを演奏し、極度の自己陶酔のなかで、未完の自叙伝を朗読した。ニーチェはこの「すばらしく快活で生き生きとした人物、ひどく早口で機知に富み、今夜の私的な集まりをとても楽しいものにした人(18)」に心を奪われた。ヴァーグナーとニーチェは、共有していたショーペンハウアーにたいする情熱について語り合った。そして別れる前にヴァーグナーはニーチェを自宅に招待したのだった。

のちにニーチェは、二人の出会いは《おとぎ話》だったと書いているが、こうしてフリードリヒにとってもエリーザベトにとっても劇的で重大な結果をもたらすことになる関係が始まった。ヴァーグナーはニーチェよりも三一歳年長で、カール・ルートヴィヒ牧師が生きていたらちょうど同じ年齢になるはずだった。奇妙なことにヴァーグナーは彼によく似ていた。じつは、ヴァーグナーとニーチェの母親同士が遠い親戚だったのだ。ニーチェがヴァーグナーのなかに父親の面影を認めていたかどうかはともかく、ヴァーグナーとその作品にたいする熱狂は、後年の拒絶と同じく、激しいものだった。「私たちは彼の革命的で建設的な美学の力強くもめくるめくようなリズムに合わせて、いっしょに行進することができた」[19]と、学友のエルヴィン・ローデに書き送っている。

しかし、ライプツィヒにいるあいだに、ニーチェはもう一つの、そしてはるかに恐ろしい発見をすることになる。梅毒に罹《かか》っていたのだ。一八六七年にライプツィヒの二人の医者が彼のこの伝染病の治療にあたっている。ずっとのちになって、一八六六年にこの病気に罹ったと彼は述べている。たしかにニーチェは一八六五年にケルンで売春宿に行ったことがあるが、気後れし、恥ずかしさを隠すためにピアノを弾いて、夜の闇のなかへ逃げだした。トーマス・マンは、彼がそのあとで売春宿にもどったと信じている。フロイトとユングは、ジェノヴァの男娼の売春宿でこの病気に罹ったという噂を広めるのに一役かっている。しかし証拠はない。エリーザベトは、兄は梅毒になったことなどないと主張し、別な友人は、ニーチェは一度も性体験がなかったと言い張っている。ニーチェは、ひょっとすると別な経路で、狂気に導き、死に至らしめた進行性麻痺に感染したのかもしれない。しかし、肝心な点は、彼が梅毒にかかっていると思っていたということである。もしも思い当たる理由がなければ、そんなことは考えなかっただろうし、童貞であればなおさらである。

一八六九年、二四歳のとき、思いがけない幸運とリチュル教授の尽力により、ニーチェはバーゼル大学の文献学教授に就任することになった。まだナウムブルクにいたエリーザベトは、兄がまたたくまに名声を得たことを喜び、こう書き送った。「市庁舎の地下のレストラン〔たいていはその町で一番の歴史と格式を誇るレストラン〕ではその話でもちきりなのはわかっています。みんな《お母さんはどんなにお喜びだろう、そして妹さんも》と言っていることでしょう。そうです、そのとおりなのです。そして妹からも、そのとおり、と申し上げます。」[20]バーゼルには、ヴァーグナーの家があるルツェルン湖畔のトリプシェンに近いという魅力もあった。ニーチェが就任のために出発したころ、二三歳のエリーザベトは折しも亡くなった祖母ニーチェの遺産のおかげで経済的に独立することができたので、かつてのニーチェと同じように、ライプツィヒで勉強する決心をしていた。（彼女の個人的な収入は、数多い伯母や伯父が一人また一人と亡くなるたびに、規則正しく積み足されていった。）エリーザベトはいくつかの講義やコンサートに出席し、英語上達のためのレッスンを受け、この町の社交生活にどっぷりと漬かった。普仏戦争が勃発すると、ニーチェは志願して看護兵になった。一か月間勤務したが、一八七〇年九月、エアランゲンで赤痢とジフテリアにかかって倒れてしまった。世話をしていた兵隊のだれかから感染したのだった。エリーザベトは兄の看護を手伝ったが、彼の健康はひどく損なわれていた。それでも無事にバーゼルにもどると、彼は就任講演『ホメロスの人格』〔正確には『ホメロスと古典文献学』〕の写しを製本して、《親愛なるたった一人の妹エリーザベトに》という献辞をつけて妹に贈った。ニーチェは灰色のシルクハットをかぶり、背筋をぴんとのばして、洒落《しゃれ》た服装でバーゼルの町を歩いた。独特の口髭はまだ後年のように目立つ大きさにはなっていなかったが、その兆しはあって、すでに六インチあり、上唇の上でゆるやかに曲線を描いていた。

　大学に着任して一か月もたたないうちに、そして何日か寝込んでも不思議ではない健康状態にもかかわらず、ニーチェはヴァーグナー家を訪問した。ライプツィヒの大学生のことなど忘れてしまったのではないかとニーチェは心配していたが、ヴァーグナーのほうは、忘れるどころか、ショーペンハウアーについてあんなにも真剣に語っていた熱心な青年に好感を抱いていた。おそらく彼は、自分自身が信奉者を必要としているのと同じように、この青年が信頼に足る師を、父親に代わる人物を熱望していることも感じとっていたのであろう。二人はほとんど夜を徹して語り合った。ニーチェはヴァーグナー家の人を酔わせる気圏に迎え入れられたのだった。

　ニーチェが一生のうちで、エリーザベトに次いで緊張した関係を結んだのがヴァーグナーである。この作曲家は、すでにその時代の卓越した芸術家だったが、彼にあっては音楽の天賦の才能がもっぱら強烈な自己中心癖と結びついていた。一世紀の時を隔てて眺めてみると、彼の文化思想、とくに人種理念や露骨なゲルマンの国粋主義、そして饒舌《じょうぜつ》な理論構築は、たしかにきわめていかがわしいが、霊感をあたえる能力には驚くべきものがある。ニーチェは彼を《神のごとき人》と見なし、その見返りにヴァーグナーは、自分の存在から放射される眩《まばゆ》いスポットライトの中心にニーチェを置いた。ヴァーグナーが、ニーチェとの関係も含めて、人との付合いのほとんどを自分にとって必要かどうかという観点から見ていたことは事実だが、だからといって、最初の数年間に彼がニーチェにたいして示した数々の親切な行為の意味が損なわれるわけではない。ニーチェはトリプシェンに、そしてヴァーグナーの家族の世界に魅了された。この世界では、芸術の輝きとナウムブルクの低俗なブルジョワ生活からは考えることもできなかった知的自由とが、一つになっていると思われたのであった。のちに『この人を見よ』のなかで、彼は書いている。「ほかの人間関係ならば全部安く売り払ってもいい。しかし、あのトリプシェンの日々だけは、たとえどんなに積まれても、私の人生から引き離して手放すつもりはない。信頼と快活と崇高な偶然の日々、——深遠な瞬間に満たされた日々だった……ほかの人々がヴァーグナーとどんな経験をしたかは知らない。私たちにかぎっていえば、空をよぎる雲一つだになかった。(21)」むろんこれは真実ではない。ついには大きな黒い雲が二人の関係の上に覆いかぶさり、そのために光が消えてしまうことになるのだ。

トリプシェンの家は湖畔に建てられた小さな長方形の建物で、この作曲家の虚栄心のみごとなあかしとなっている。贅沢な内装はヴァーグナーの派手好みを反映しており、彼自身の胸像がいくつも置いてあった。ニーチェがヴァーグナーを識ったのは、この作曲家の創作力が頂点をきわめているときだった。

『マイスタージンガー』『ジークフリート』『神々の黄昏』、これらはみな、トリプシェンで過ごした何年かのあいだに生まれている。一家がスイスを去るまでに、ニーチェは合計二三回ヴァーグナー家を訪れているが、この若い教授のためにいつでも部屋が一つ用意されていた。その名誉に報いるために、ニーチェは子供たちにおもちゃをおみやげとして持っていき、こまごました用事を片づけた――つまり、クリスマスプレゼントを買ったり、ヴァーグナーの伯父が描いた絵を苦心して手に入れたり、回想録の校正を手伝ったりしたのだ。一家と過ごす二度目のクリスマスに、彼はデューラーの版画『騎士と死と悪魔』をヴァーグナーに贈った。あらゆる障害を克服する勇敢な騎士を描いたものであるが、要するに、甲冑をまとっているのはヴァーグナーというわけだった。

しかしながらニーチェの贈り物は、ヴァーグナーの妻への贈り物のために影が薄くなってしまった。クリスマスは彼女の誕生日でもあるのだが、その朝彼女が目を覚ますと、音楽が聞こえてきた。「リヒャルトが五人の子供たちといっしょに部屋に入ってきて、誕生日の贈り物だといって交響曲の楽譜を私に差し出した。私は涙にむせんだ。でも家中の者も目頭をおさえていた。リヒャルトは自分のオーケストラをそっくり階段にならばせていた。こうして私たちのトリプシェンは永遠に神聖なものとなった。」(22)この大袈裟《おおげさ》な感傷性と強烈な自己顕示欲の表現には、だれしもぞっとすることだろう。しかし、このエピソードがあの愛すべき『ジークフリートの牧歌』を生んだのだ。ヴァーグナーが大胆に語る文化の再生、つまり芸術革命の話が、ニーチェを彼のもとへ引き寄せた。しかし、ニーチェがあれほどまでトリプシェンに魅了されたのには、もう一つ別な理由があった。おそらく自分でも気がついてはいなかっただろうが、どうやら彼はヴァーグナー夫人に恋をしていたらしいのだ。

コージマ・ヴァーグナーは作曲家の生涯にかけがえのない役割を演じた。彼女は恋人であり友人であり、母親、記録者、崇拝者であり、またヴァーグナー神話の共同創作者でもあった。フランツ・リストの娘として生まれた彼女は、ヴァーグナーの友人で作曲家の夫、ハンス・フォン・ビューローのもとを去って、ヴァーグナーとあえて《罪のなかで》生きる道を選んだのだった。そして三人の子供を生み、ついには結婚した。高慢で偏見に満ち、異常に背が高くて、小柄な作曲家とならぶとひどく目立った。後年の狂気の底で、ニーチェは彼女に宛てて、「アリアドネ、愛しています(23)」、と書くことになる。そしてみずからはディオニュソスと署名する。ヴァーグナー家と断絶してから何年もたってからのことであるが、ついにイェーナの精神病院に入れられたとき、守衛に「妻のコージマ・ヴァーグナーが私をここに連れてきたのだ(24)」と告げた。正気のあいだはけっしてコージマへの愛を表明しなかったことは、ほぼ間違いない。この青年にたいするコージマの態度は非情なほどプラトニックで、しばしば横柄でさえあった。

エリーザベトは、ニーチェがこうして新たにヴァーグナーに夢中になったことを非難するどころか、自分も引きこまれていった。一八七〇年七月の終わりに、ニーチェは妹をトリプシェンの魔法の世界へ引き入れた。彼女はすぐにヴァーグナー家の子供たちのベビーシッターをつとめるようになり、子供たちから《エリーザベトおばちゃん》と呼ばれた。兄がヴァーグナーの宮廷で公認の哲学者の役割を演じる一方で、自分が子守女として扱われるのを不愉快に思っていたとしても、それを顔には出さなかった。彼女は、コージマが文化的ユートピアの第一人者として示している手本を、自分のものとすることに忙しかったのだ。のちに彼女は書き記している。「その住人を含めたトリプシェンのすべてが不思議な魅力をたたえた牧歌的風物であった。頂点に立つ理想的な夫妻、お茶目な思いつきや遊びのなかで豊かな工夫の才を見せる絵のように可愛らしい子供たち、……単純な花壇と庭園の設備と共に単純に自然に、すばらしい風光にぴったりと適合した古い長方形の家――。[25]」ただ一つ賛成できなかったのは、贅沢なパリ風の内装で、それ以外のものには夢中になった。三〇年以上たってから、彼女は書いている。

私はトリプシェンで過ごした最後の晩を今でも想い出す。太陽は沈むところだった。しかし月は、丸く満ちて皓々《こうこう》と、もうティトリス山の輝く雪原の上に昇っていた。……コージマ夫人と私の兄を先頭にして歩いていた。コージマ夫人は、ドレスの裾までとどく、全体がレースでできた幅の広い襟のついた薔薇色のカシミヤの服を着て、その腕には赤い薔薇の花環で飾ったつば広の帽子を掛けていた。……そしてヴァーグナーと私がそのあとに続いた。ヴァーグナーはオランダ風の画家の装いをしていた。黒いビロードの上衣、黒い繻子《しゅす》の半ズボン、黒絹の靴下、たっぷり取った襞《ひだ》のあいだに薄い亜麻布とレースのついたライトブルーの襟飾り、当時まだふさふさしていた褐色の髪の上には芸術家風のベレー帽という身なりだった。……そう、トリプシェンは至福な人たちの住む島であった。そしてトリプシェンを知った者は、熱い憧憬のなかでトリプシェンのことを想い起こす。[26]

ニーチェはヴァーグナーの思想と音楽に圧倒されていたのであるが、エリーザベトは彼のズボンの色や夫人の帽子の形に気を取られていたのだ。ともあれ、二人にとってヴァーグナーを識ったことは、これまでの人生でもっとも心浮き立つ経験だった。

ニーチェの最初の重要な著作『悲劇の誕生』(一八七二)は、部分的にはギリシア悲劇の学術的な研究だった。しかし同時に、公然とヴァーグナーを称える賛歌でもあった。したがって多くの学者から、おそらく当然のことだったのだが、激しく非難された。新聞はニーチェを、ヴァーグナーの《文筆上の追従者《ついしょう》》だと決めつけた。しかし、むろんヴァーグナーは大喜びで、「こんなに美しい書物は読んだことがない(27)」と絶賛した。そしてこの本は、気分を高めるために朝食後に読むことにしていた。ヴァーグナーはお追従を一服やらなければ食べたものが消化できない人間だったのだ。

一八七一年の初め、ニーチェの健康はふたたびどん底状態になり、苦痛のはなはだしい痔疾、不眠症、頭痛、嘔吐感にさいなまれた。彼は妹に、至急バーゼルに来て看病してくれるようにと、電報を打った。フランツィスカが、天候がひどく悪いので出発させるのは賛成できないと答えると、ニーチェはすっかり腹を立て、怒りにまかせて返事を出した。「そんな冗談に付合っている気分ではありません。(28)」エリーザベトは間もなくやってきた。兄妹の生活にしだいに一つの決まった型ができあがっていった。つまり、エリーザベトは一年の約半分は兄の身のまわりの世話と家事の切り盛り（ならびにトリプシェン訪問）をして過ごし、残り半分はナウムブルクに帰って、ナウムブルク・ヴァーグナー協会の設立を手伝う、というパターンである。ニーチェはこの新しい成り行きに満足していた。「妹の陽気な振る舞いは私の気分にぴったり(29)」だからであった。フランツィスカがひどく驚いたことに、ニーチェ兄妹はどちらも結婚する気がなかった。とうとうエリーザベトは二五歳になってしまった。これはナウムブルクでは女はそろそろ一生独身を覚悟しなければならない年齢だった。エリーザベトはときおり悩んでいるようだったが、気にしていたのは自分自身の問題よりも、兄がどう思うだろうかということだった。あるとき、彼女は兄に宛てて、三人の求婚者を拒絶したと告げたあと、こう書いている。もしも私が「結局オールドミスになっても……そうなっても、どうかフリッツ、冷たくしないでね。年を取っても私を愛してください。(30)」

ヴァーグナーのバイロイト祝祭劇場建設のために新たに資金を集めようとして行なわれていた運動

（結局失敗に終わる）の一環として、ニーチェはヴァーグナーのために『ドイツ人への勧告』を書いた。これは出版されなかったが、おそらくそのほうがよかったのだ。なぜならそれは、ヴァーグナー信奉者の追従じみたレトリックへの傾斜をさらに強め、ドイツ国民に、「偉大で勇敢なドイツ文化の不屈の闘士リヒャルト・ヴァーグナー」[31]をより深く理解することを求めていたのだから。ヴァーグナーは、壮大な四部作オペラ『ニーベルングの指輪』完成よりもずっと以前に、当時の観念を越えた大オペラハウスの建設を考えていた。場所はバイエルンの都市バイロイトで、そこならばユダヤ人によって汚されておらず、純粋なドイツ文化が何の支障もなく栄えることができると考えたのだ。そこにはドイツ音楽界の俊英が寄り集うだろう、そしてそこでのみ、ヴァーグナーは正しく理解されるだろう。一八七二年、ヴァーグナーが起工式に出席するとき、ニーチェは彼の馬車に同乗してその地を訪れた。

そのころまでには、ニーチェの《モグラに似た》文献学への熱意は、もともとあまり強くはなかったのだが、衰えはじめていた。一八七一年、彼は哲学教授のポストを得ようとした。彼の思想がますます哲学にむかっていたからであるが、これは却下された。そこで彼には説得するに足るだけの名声が必要になった。こうして、学者のための学校という考えが生まれてきた。それは理想的な集団居住地であり、彼の言葉を使えば、「文化的宗派」で、目的を同じくする人々が高尚な知的問題について意見を交わすことができ、また、「われわれが互いに愛し合い、働き、楽しむ」共同体である。[32]要するにトリプシェンの規模をもっと大きくし、もっとアカデミックにしたようなものだった。ニーチェはエリーザベトに、この空想の実現者になってくれるように頼んだ。虚栄心をくすぐられてエリーザベトは承知した。その後まもなくこの計画は、ニーチェの健康の悪化により棚上げとなったが、エリーザベトの記憶のなかでは生きつづけた。

第一回バイロイト音楽祭は一八七六年八月十三日に予定されていた。兄も妹も、ヴァーグナーの最高の偉業の盛大な幕開けに出席することにした。エリーザベトはヴァーグナーのすべてにたいしてますます熱中するようになっていたが、ニーチェのほうはしだいに幻滅しはじめていた。その年の四月、彼は四冊目の著書、『反時代的考察——バイロイトにおけるリヒャルト・ヴァーグナー』を出版していた。かつての傾倒ぶりはこの本からも十分うかがわれるが、もはやニーチェの本当の気持ちとは一致しなくなってきているように思われる。ヴァーグナーへの愛がニーチェの人生を支配するものではなくなったのは、いったいいつのことなのか、それを正確につきとめることはほとんど不可能である。一八七四年六月、ニーチェはバイロイトで、ピアノの上にブラームスの楽譜を（おそらく故意に）置き忘れた。ヴァーグナーは激怒した。だれの作品であれ、自分以外の人間の音楽を演奏することは、とくにバイロイトでは、無礼なことだと思っていたのだ。こうして二人の友人のあいだで醜い一幕が演じられた。確かなのは、バイロイト音楽祭が始まるころには、ニーチェはヴァーグナーの全オーケストラのなかでの第二バイオリン奏者的存在であることに不満を感じるようになっていた、ということだ。健康状態もきわめて悪かった。また、このような大掛かりな準備作業には当然つきものの技術的な問題が生じて、第一回目の上演は台なしだった。つまり、ロンドンで莫大な費用をかけて作られたジークフリートの竜が首なしで登場したのだ。首の部分は誤ってバイロイトではなくベイルートへ送られてしまったのだった。幕を開けるタイミングも合わなかった、さらには、バイエルンの小さな町にあふれるほどの人がやって来たため、食料品が底をつくありさまだった。

ニーチェはこの音楽祭全体に激しい嫌悪感を抱いていた。耐え難い頭痛に打ちのめされていたせいもあるが、同時に、ヴァーグナーの夢が突然ひどく安っぽいものに見えてしまったためでもあっただろう。

ヴァーグナーはもったいぶって歩きまわり、自分を取り囲む人々のお追従を聞いて喜んでいた。のちにニーチェは書いている。「まさに身の毛もよだつ人間たちの集まりだ！　……出来損ないは一人とて欠けてはいない。反ユダヤ主義者さえもだ。――哀れなヴァーグナー！　何という境遇に陥ってしまったことか！　ブタに囲まれている方がまだしもだったのに！　ドイツ人のあいだにいるとは！」[33] バイロイトは、ニーチェがのちにヴァーグナーの《芝居がかった自己欺瞞》と呼ぶものを垣間見させた。今や彼の目は苦痛によって澄み、ヴァーグナーがはっきりと見えるようになったのだった。少なくとものちの回想のなかで、彼ははっきりと見ている。立ち直るために、ニーチェは友人のパウル・レーとともにベーメン（ボヘミア）の森へ逃げる。パウル・レーは有能で皮肉屋の心理学者で、バーゼルでのニーチェの講義に出席したこともあった。ニーチェの新しい友人がそのうえユダヤ人だということは、バイロイトでは知られずに終わるはずもなかった。

ニーチェが、バイロイトはヨーロッパ中の無為のろくでなしどもで溢れていると見たのにたいして、エリーザベトは、自分の社会的地位が上がり、今では目の前に広大な世界が開かれていることしか見ていなかった。のちには、兄と同じように自分も「俗物や家庭の主婦[34]」が集まった音楽祭には失望した、と言い張る。しかし、本当はこの音楽祭に胸を躍らせていたのだ。ヴァーグナーの親友の妹として、彼女はヴァーグナーの住居ヴァーンフリートを訪問することを許されていた。そこへ行った彼女が「大広間をのぞいて見ると、そこには少なくとも四〇人ほどの楽長、若い音楽家、文筆家たちがヴァーグナーとの面会を待っていた。……私がその数分間に見たのは、関心をひくような芸術家風の頭、繊細で聡明そうな顔であった。年配の人々は低く抑えたような声で語り、若い人々は美しい畏敬の表情で耳を傾けていた。先生《マイスター》を待っていたこの少数の一群の人々の上には、生真面目で厳粛で畏敬に満ちた気分が支配していた。」[35]彼女は『ラインの黄金』の国王のための特別演奏会に出席する特権をあたえられた。彼女はヴァーグナー家の人々のご機嫌をとった。そして、見苦しくない青年たちを含めた多くのヴァーグナー崇拝者たちが、彼女のご機嫌をとった。そのなかの一人が、三二歳のハンサムな狂信的人種主義者、ベルンハルト・フェルスターだった。

ニーチェをバイロイトから追い立てるのに手を貸した反ユダヤ主義と露骨な国粋主義こそ、まさしくフェルスターをこの地に引きつけたものだった。ベルリンの学校教師で、生まれついての教育者であるフェルスターは、ヴァーグナーを囲む人々の輪の周辺にいて、さまざまな反ユダヤ主義の冒険的な企てにたいして巨匠の援助をとりつけようと、数年にわたってくりかえし試みていた。ヴァーグナーは、この点は褒めるべきだが、この男を無視するよう最善を尽くしていた。フェルスターがエリーザベトに熱心に近づいた理由が、これでわかるだろう。バイロイトに受けいれてもらうためのパスポートとして利用しようとしたのだ。彼はエリーザベトと早く結婚しようなどとはしなかった。しかし彼女にむかって、兄上の著書、『バイロイトにおけるリヒャルト・ヴァーグナー』を読みました、たいへんすばらしい本です、と言っているのだ。

ヴァーグナーはさておき、この二人には共通するところがたくさんあった。フェルスターもプロテスタントの牧師の子供だった。夫に先立たれた彼の母親はナウムブルクに住んでおり、活動圏がニーチェ夫人と同じだった。バイロイト音楽祭の翌年の一月、フェルスター家の母と息子がエリーザベトとその母をナウムブルクの家に訪問した。フェルスターはこのときもニーチェの著作への熱狂ぶりを示した。二人は熱心にドイツ人の魂の復活とユダヤ人について語り合った。フェルスターは、ユダヤ人はドイツを破壊しつつあると言った。「私たちと同じ言葉を話す人の言うことに耳を傾けるのは本当に楽しいことでした」[36]と、エリーザベトは兄に宛てて書いている。フェルスターの言葉とは、反ユダヤ主義的な怒りとヴァーグナー信奉者の気取りとを混ぜ合わせたものだったが、ニーチェの言葉とこれほど遠く掛け離れたものはない。両者ともドイツ文化の復興を夢見ていたが、フェルスターが目指していたのは人種差別主義によるものであり、ニーチェは文化を通して実現しようとしていた。ニーチェはすでに、フェルスターの兄でこれまたよく知られた反ユダヤ主義者のパウルと会ったことがあり、心底嫌っていた。したがって、もう一人のフェルスターと知り合いになるつもりなど毛頭なかった。実際、この二人はおよそ一〇年後にはじめて、しかも一度だけ会うことになる。その間に、フェルスターはエリーザベトに一連の証明不可能ではあるが確実なこと——それは目新しくて刺激的だった——を、あるイデオロギーを吹きこんだ。そしてエリーザベトは二度とそのイデオロギーから離れることはなかった。

フェルスターは普仏戦争に出征し、鉄十字勲章を授けられた。ベルリンに戻るとすぐに教職についた。しかし、自分はもっと立派なことをするよう運命によって定められていると信じており、ユダヤ人と戦っている自分の個人的な戦争のなかにある精神がヴァーグナーのうちにも見いだされる、と考えた。

一八七八年、ニーチェは『人間的な、あまりに人間的な』の第一部を書いた。これはヴァーグナーとの決定的な断絶を表わすものだった。事実、その調子は公然たる反ヴァーグナーで貫かれていた。ヴァーグナーにも手紙を添えて一部送ったが、その手紙が、かつては霊感の源だった人に宛てた最後のものとなった。なぜニーチェはヴァーグナーに背を向けたのか。この問いにたいする答えは、だれがたずねているかによって、少なくとも部分的には違ってくる。ヴァーグナー崇拝者にとっては、ニーチェの態度は「一パイントしか入らないポットが、二パイント入れてくれないと言って拗《す》ねて毒づいている」[37]ようなものであり、ニーチェ哲学の信奉者から見れば、決別はヴァーグナーの尊大さにニーチェが幻滅した結果であり、彼自身の思想が独立を果たしたあかしである。実際、ニーチェ自身そうした印象をあたえようとしていたし、エリーザベトも兄の伝記のなかで、ヴァーグナーの非凡な才能を強調しつつも、そうした印象を忠実に再現している。たしかに、一つにはニーチェのなかで幻滅が膨れ上がっていったことが原因だった。バイロイトが象徴するようになっていったもの、すなわち、ヴァーグナーにおける帝国ドイツ的な要素、もったいぶった虚栄心、国粋主義と露骨な人種差別の理論にたいする幻滅である。もっと特定していえば、ニーチェは『パルジファル』の偽善的なキリスト教の調子を嫌ったのだ。しかし、この訣別は知的なものであると同時に感情的なものでもあった。おそらく、これほど途方もない二つの自我は、あのように限定された文化空間のなかでは共存できなかったというだけのことであろう。どちらも、現実のものであろうと想像上のものであろうと、相手の欠点を許すことができなかったのだ。しかし、ニーチェはけっしてヴァーグナーの音楽を愛することをやめなかった。一方ヴァーグナーは、死ぬまでかつての弟子のことを、侮辱された親のような憤懣《ふんまん》やるかたない口調で語っていた。

コージマ・ヴァーグナーは、ニーチェが反抗するようになったことの意味を深く追求しようとはしなかった。彼女は、『人間的な、あまりに人間的な』の無礼な内容はユダヤ人パウル・レーのせいだとした。「とうとうイスラエル人がレー博士の姿を借りて介入してきました。とても人当たりがよく、とても冷静で、それと同時にニーチェに夢中で彼の言いなりになっていますが、じつは裏で彼を出し抜いているのです。これはユダヤとドイツの関係の縮図です。(38)」エリーザベトはコージマの下した判断に同意した。とくに今ではフェルスターの反ユダヤ主義にすっかり改宗していたからである。この本の吐き気を催させる皮肉な調子の責任は無神論者レーにあるのだ。しかし、彼女を何よりも動揺させたのは、この本が仕掛けた公然たる反キリスト教的な論争であり、その刊行がバイロイトでの彼女の評判に影響を及ぼしかねないということだった。彼女の心配はあたっていた。ニーチェの名はヴァーグナーの周辺ではもはやだれひとり口にせず、『人間的な、あまりに人間的な』は事実上禁書扱いだった。自分の活動の公式機関紙『バイロイター・ブレッター〔バイロイト新聞〕』に、ヴァーグナーはニーチェを呪う記事を書いた。そのなかで彼は、「人間的なものであれ非人間的なものであれ、何にでもけちをつける[39]」教授たちに嘲笑を浴びせている。すべてを支配しようとするその傲慢さで、彼はのちにこんな結論を出す。ニーチェの反抗の原因はただ一つ、彼が狂っていたからだ。——ヴァーグナー崇拝者のなかには今日でもそうした見解をもっている人がいる——。ヴァーグナーは求められもしないのにニーチェの主治医に手紙を書いて、かつての友人の病気はマスターベーションのやりすぎが原因だと思われる、と伝えた。

　こうした論争からくる緊張がニーチェの健康に影響をあたえたことは間違いない。病状は悪化し、ついに一八七九年五月にはバーゼル大学を辞職する。以後彼は知的放浪者の生活を送り、至福の恍惚と深い憂鬱のあいだを往復しながら、ヨーロッパ中をさまよい歩いた。恍惚のうちにあるときは、新しいコロンブスとなって思想の新世界を発見し、憂鬱にとらえられてしまうと、みずからの死を切望した。エリーザベトは、兄のヴァーグナーにたいする反抗をたいそう不快に思っていたが、見捨てはしなかった。スイスまで兄を迎えに行き、苦痛によって今では兄だとわからないほどに変わってしまったその姿を目にして、彼女は恐怖感に襲われる。その年のクリスマスの時期には、ニーチェはほとんど死にかけていた。

　ニーチェがヴァーグナー崇拝から遠ざかっていったのにたいして、エリーザベトの新しい友人フェルスターは、精力的にその逆の道をたどろうとしていた。一八八〇年十一月八日、ベルリンの酒場で志を同じくする仲間たちと延々と話し合ったあと、おおやけの場で騒ぎをひき起こした。午後四時半、シャルロッテン通りの鉄道馬車のなかで反ユダヤ感情を爆発させたのだ。乗客のなかからユダヤ人らしい人物を選び出し、怪しげなイディッシュ語〔東欧のユダヤ人の話す言葉で、中世ドイツ語とヘブライ語から発展した〕でユダヤ人の図々しさをののしり、ユダヤ人の新聞を罵倒し、自分の友人で元牧師の有名なユダヤ人迫害者アドルフ・シュテッカーを褒め称えた。乗客の反応は思わしくなかった。フェルスターもそれに気がついたが、話題を変えたり（あるいはそのまま口をつぐんだり）すれば臆病者に見られかねないと考えた。ついにユダヤ人の実業家を先頭に、数人の乗客がフェルスターとその友人を力づくで引きずり降ろし、舗道で激しい口論がはじまった。実業家は、二人を扇動の罪で訴えると言って、名前を書きとめだした。「だがおまえはただのユダヤ人じゃないか」と、フェルスターの友人が言った。その瞬間、実業家はその男の顔を殴り、帽子をふっ飛ばした。こうして喧嘩になり、通りがかりの警官がやってくるまでつづいた。フェルスターはかなりひどく殴られており、警察へ連行された。事件の顛末《てんまつ》を話すとき、フェルスターは、自分の父親はアーリア人だといい、彼を告発する相手についてこれにまさる説明はないということをほのめかした。彼の考えでは、自分のしたことの弁明はそれで十分だった。

この事件の知らせはバイロイトまで届き、コージマは日記にこう書いた。「フェルスター氏がイスラエルの子孫たちに手荒な扱いを受けたことを聞くと、Rは言った、《ドイツ人は批判する者を殴ったことは一度もない。それなのにユダヤ人はドイツ人を殴るのだ。》」(40) ベルリンは《最新のユダヤ人スキャンダル》で騒々しかった。フェルスターは《不穏当で名誉を傷つける行為》を咎《とが》められ、九〇マルクの罰金を課せられた。しかし、これはむしろ彼のユダヤ人憎しという感情に拍車をかける結果となり、人種差別主義者たちのあいだでの彼の株は一挙にはね上がった。彼はその評判の余勢を駆って、同じように頑迷なベルリンの仲間数人といっしょに、反ユダヤ嘆願書をビスマルクに提出する準備にとりかかった。この嘆願書は、ユダヤ人の入国を一時禁止すること、ユダヤ人を株式取引から締め出すこと、新聞・出版の世界や経済界における彼らの活動を制限すること、国勢調査を行なってユダヤ人の数を明らかにすることを要求しようというものであった。

一八七〇年代後半から一八八〇年代にかけてのドイツには、反ユダヤ主義がはびこるのに絶好の条件が揃《そろ》っていた。そして、経済危機が反教権主義と結びついて、しだいにフェルスターの聴衆の数をふやしていった。フェルスターは自分を知識人だと考えていたが、いつでもヴァーグナーがその時々に取り上げたはやりの主張を忠実になぞっているだけの、取るに足りない人間だった。それで、予防接種や〔実験動物の〕生体解剖に反対し、同種療法や菜食主義や大地の神聖視を支持した。こうした考えの多くは、のちにナチズムのもっと奇怪な信条のうちにふたたび現われることになるものである。フェルスターはまた、芸術理論や国民教育やオペラについて、長ったらしくて内容のない論文を書き、そのうちの少なからぬものが『バイロイター・ブレッター』に掲載された。しかし、彼の冗漫な宣言や主張は、結局のところ一つの中心的な信念から出発している。ユダヤ人は不正な資本主義的商業活動を行なうことによって、一致団結してドイツ文化を破壊しようとたくらんでいる、というのがその信念である。ヴァーグナーの反ユダヤ的な評論、『音楽におけるユダヤ人たち』を真似て、フェルスターは『現代のユダヤ民族とドイツの芸術』というくどくどしい論文を書いた。その際、脅威にさらされているドイツの芸術を象徴するものとして、デューラーの版画『騎士と死と悪魔』——ニーチェがヴァーグナーに贈ったのと同じ作品——が使われている。その論文の結びには、武器を取れという呼びかけの言葉と、協力を拒む人々への不吉な脅し文句が掲げてある。「これらのユダヤ人と黄金の子牛礼拝〔黄金の子牛はイスラエルの民が崇拝した偶像〕を排除するか、負けて、負けるのが当然の人間になり下がるか、道は二つに一つだ。だれであれ、ドイツ文化に醜悪な黄金を塗りたくることを許す者は、祖国を売り渡し、もっとも高貴なドイツの民を裏切ることになる……東ゴート族の古い法典によれば、祖国を裏切った人間はみな裸の木に吊るされるのだ。[41]」それにたいして、「真のドイツ人は戦士で思索家で詩人であり、[42]あらゆる自然の産物のなかでもっとも嘆かわしいものを、これまでともに生きてきたユダヤ人という人間を、それ自身の空無のうちに死に至らしめるのだ。[43]」

嘆願書をヴァーグナーに支持してもらおうとして、フェルスターはあらゆる努力を重ねたが、この作曲家も頑固だった。彼はどんな嘆願書にもサインしようとはしなかった。ましてこのような、「馬鹿げた卑屈な文句とびくびくしながら書き記された問題[44]」が詰まっている嘆願書となればなおさらだった。ヴァーグナーはコージマに言った。「不誠実で了見が狭く、美辞麗句をならべたてる人間が、それでも熱心なファンだというので、手紙を書くよう強いられるが、どんなに私はそういったかかわり合いに迷惑していることか。[45]」フェルスターは、しかし、エリーザベト・ニーチェはきわめて積極的に自分を支援してくれる味方だということを悟った。エリーザベトはナウムブルクの町を歩きまわり、熱心に反ユダヤ主義運動のための署名を集めた。この嘆願書には最終的に二六万七〇〇〇人が署名し、一八八一年四月十三日、馬車を仕立てて ものものしく首相官邸に運ばれた。ビスマルクは用心おこたりなくこれを無視したが、フェルスターはあきらめなかった。彼はそれに先立って、一八八一年三月のドイツ人民党の創立に際して、この嘆願書の内容を公表していた。この党ははっきりと反ユダヤ主義を標榜しており、その最初の集会には六〇〇〇人が集まった。

フェルスターが有名になっていく一方で、若くしてバーゼル大学を辞した文献学教授ニーチェは、世に埋もれて放浪していた。湯治場から山の頂へ、ソレントからストレーサやヴェネツィア、マリーエンバート、メッシーナ、ジェノヴァへと、失った健康を取り戻そうとして、また自分は頭のなかに革命的な哲学の種子をもっているのだというしだいに強固になっていく確信に、あるいは苦しめられ、あるいは元気づけられながら、さすらいつづけた。たいていは一人だったが、ときにはパウル・レーがいっしょで、ペーター・ガストが同行することもあった。ガストは才能のない作曲家だったが、バーゼル時代からの誠実な友人だった。ニーチェはエンガディーン山地の高いところにある小さな町ジールス・マリーアでいくらかの平安を見いだした。澄みきった空気のなかを何時間も散歩したおかげで元気になったのだ。孤独が霊感をあたえ、ときにはまた突発的な寂寥《せきりょう》感へと追いこんだ。たいていは暖房もない部屋で、何日もドライフルーツだけを食べて過ごすこともあった。

やがてニーチェは、ビゼーのオペラ『カルメン』にいくらか慰められるのを覚えた。最初に聴いたのは一八八一年十一月だったが、このオペラは、彼が今ではヴァーグナーの華麗な尊大さと見なすものにたいする優れた解毒剤となった。「『カルメン』は現代最高のオペラだと考えているほどです。(46)」翌年ジェノヴァで、レーといっしょに『椿姫』に出演しているサラ・ベルナールを観たが、彼女が舞台上でひどく興奮してしまったために、上演は中止された。ベルナールにはコージマ・ヴァーグナーを思わせるところがあった。ニーチェは今では三七歳になっていたが、女性を愛したことは一度もなかった。

ニーチェはときおり結婚したいという気持ちを打ち明けた。壁紙を変えてはどうかというのと少しも変わらない調子で。しかし、平気で人を傷つけるその著作の無頓着さは、彼が本当に愛情を必要としていたこと、そして女性を恐れていたことと、明らかに矛盾している。「真の男が求めるものは二つある。

危険と遊びだ。それで真の男は女性を求めるのだ、もっとも危険な遊びの道具として。」[47]ニーチェ自身の感情的未熟さは注目に値する。一八七六年にジュネーヴで、二三歳の上品で美しいオランダ人女性マチルデ・トラムペダッハと知り合った。二人は詩について議論した。紹介されてから五日後に彼は求婚する、それも手紙で。丁重ながらきっぱりと断わられる。どうやらニーチェには、子供のころの世話を焼きすぎる女性たちの影響で、女は装飾品であり、聡明な女は脅威だという考えがあったらしい。後年、彼は、「男には戦いのための教育を受けさせるべきで、女には戦士の回復のための教育を受けさせるべきだ」[48]と書いている。女性は愛をあたえ、家を守るのがつとめだというのだ。そしてそれまで、エリーザベトはその両方の役割をいつでも喜んで果たしていた。ニーチェが、聡明で美しく、抜け目のないところもある女性、そして彼の身のまわりの面倒をみると言い出す危険など絶対にない女性に出会ったのは、パウル・レーを通してのことだった。そして、またたく間にその女性に恋をしてしまった。

ルー・サロメはロシアのユグノー派の将軍の娘で、バルト地方のドイツ人の血を引いていた。一九歳のとき、チューリヒで勉強するために母親とともにザンクトペテルブルクを離れた。ニーチェが一八八二年に初めて会ったとき、彼女は二一歳で、一六歳年下だったが、年齢よりもはるかに大人だった。十九世紀のもっとも輝かしく、時代の先端をいく女性になること、それがルーという女性のさだめだった。知性や芸術に秀でた男たちが、彼女に会うと数時間で結婚を申し込むようになり、彼女のほうは断わり方がじょうずになっていった。何年ものちに、ついにそのうちの一人で、フリードリヒ・カール・アンドレアスというかなり変人のオリエント文学の教授との結婚を承知した。そして結局はリルケの愛人になった。パウル・レーが彼女に会ったのは、ローマのマルヴィーダ・フォン・マイゼンブークの家だった。マルヴィーダは、解放された考え方と莫大な財産をもつかなり年輩の女性で、芸術家や作家、とくに独立した女性を育てるのが自分の使命だと考えていた。レーはほとんど即座にルーに求婚した。彼女は断わったが、その代わりに《兄と妹》としていっしょに暮らしましょう、もっと年長の男性を一人加えて、と提案した。これは革命的な考えで、当時の道徳からはまったく受けいれられないものだった。レーはすぐさま承知して、ニーチェを仲間に入れようと言った。ニーチェとルーはサン・ピエトロ寺院で会った。彼女の回想によれば、ニーチェの最初の言葉は、「どういう星の巡り合わせで私たちの軌道はこうして交わることになったのでしょう(49)」だった。数日後、この挨拶の言葉だけではとてもそんな真似ができるはずはないのだが、ニーチェのためにレーが代わって結婚を申し込み、そして断わられる。少したってニーチェは、今度は自分で、もう一度求婚してみるが、答えは同じだった。

三人は、いっしょに生活して研究に従事する、セックス抜きの重婚生活《メナージュ・ア・トロワ》という考えについて、相談をつづけた。もっとも、二人の男はどちらも彼女を口説き落とす希望は捨てていなかった。のちにルーはジークムント・フロイトの親しい友人になり、同時に独力で優れた心理学者となるのだが、フロイトならずとも、彼らが《聖三位一体》と呼んだこの異常な計画がひどい喧嘩騒ぎで終わることになるだろうということは、容易に想像がつく。三人組はその年のうちに再会することを決めた。しかし、別れる前に三人の同盟を記念して写真を撮ってもらおう、ということになった。スイス人の写真家ジュール・ボネが選ばれ、ニーチェがポーズを決めた。できあがった写真は滑稽で、性の地雷原といったおもむきがある。

ニーチェとレーが縄で小さな荷車につながれている。ルー・サロメは荷車の上に膝をついてすわり、小さな鞭を振りまわしている。ニーチェの表情は穏やかだが、レーはきまり悪そうで、ルーはといえば悪魔的だ。ナウムブルクへもどると、ニーチェは家族にルーのことを話したが、可能性を秘めた弟子だとしか言わなかった。自分が彼女に抱いている感情や自分たちの計画の詳細を、母親や妹にすべて明かしてしまわないよう用心していたのだ。もし明かしていたら、エリーザベトは、その夏『パルジファル』の初演が行われることになっていたバイロイトへルーを同伴することに、けっして同意しなかっただろう。ニーチェ兄妹とルーの三人は、音楽祭が終わったあとチューリンゲンの森のなかにあるタウテンブルクで落ち合って、しばらくいっしょに過ごす計画を立てた。ニーチェの敵対行為はすでにだれもが知るところとなっていたので、彼はバイロイトでは《好ましからざる人物》だった。事実、ヴァーグナーはニーチェの名前を耳にすると、怒って部屋を飛び出してしまった。それでもエリーザベトは出席の決心を変えず、この若いロシア人の女性を連れていくことに同意した。二人の性格はほとんどすべての点で違っていたが、ルーとエリーザベトの最初の出会いは十分に好意的なものだった。ライプツィヒからバイロイトまでの旅が終わるころには、二人はお互いに親しい間柄の言葉づかいになっていた。

バイロイトに到着すると、ルーは六年前のエリーザベトをもしのぐほどもてはやされた。ヴァーグナーやコージマにも引き合わされ、男たちは老いも若きも彼女のまわりに群らがったのだ。そして彼女は、裕福なロシア人デザイナーでヴァーグナーの新しいお気に入りである、パウル・フォン・ジューコフスキー伯爵ととりわけ親しくなった。二人はいつも連れ立って現れたので、こんな噂まで流れた。つまり、新しいドレスをじかに彼女のからだに合わせてデザインできるように、若い伯爵はルーを説き伏せて着ていたドレスを脱がせた、というのだった。おそらくこれは真実ではないだろうが、ルーならそのくらいのことは平気だっただろう。また、若い伯爵とルーの恋愛遊戯じみた友情には皮肉な一面もあった。というのは、ニーチェと違って、ジューコフスキーは死ぬまで忠実なヴァーグナーの信奉者だったのだ。エリーザベトはこうしたことに憤慨したが、ただの小娘に惜しみなく好意が寄せられるのを見て、ひどく嫉妬していたことはほぼ間違いない。そのルーが、兄とそのユダヤ人の友人が荷車につながれているグロテスクな写真を見せまわっていることを知ると、エリーザベトの怒りはいっそう激しくなった。しかし、それがついに爆発するのは、あの不道徳な計画を知ったときだった。ニーチェが立てた、パリでルーとレーといっしょに暮らすという計画で、マルヴィーダ・フォン・マイゼンブークもそうした計画があることを確認した。

ナウムブルクにもどってから、エリーザベトはニーチェに、ルーについて思っていることを洗いざらいぶちまけた。ニーチェは初めは腹を立てたが、そのうちにうろたえた。やがてルーに手紙を書き、タウテンブルクで落ち合うのは中止だと告げ、しかしそのあとでは調子を和らげ、とにかく来てくれるように頼んだ。ルーとエリーザベトが、タウテンブルクにむかう前にイェーナで再会すると、罵り合いがはじまった。エリーザベトは威張りくさって説教しようとし、ルーは攻撃的な自己防衛でそれに応じた。「一晩中おなじ部屋にいたってこれっぽっちも興奮なんかしなかったわ。最初に私たちの研究の計画を汚したのは、あなたの兄さんなのよ、まったく卑しい意図からね。(50)」「私があんたの兄さんに関心があるとか、愛しているとか思ったら大間違いよ」とルーは叫んだ。

エリーザベトはこの種の会話に慣れていなかった。そして、もっと以前かも知れないが、遅くともこのときに、兄はこんなロシア人のあばずれといっしょにいないほうがいいという結論に達したものと思われる。これまでだれも自分に異議を唱えたことはないし、兄のことをこんなふうに言った人もいない。彼女は最近のニーチェの哲学の冒瀆《ぼうとく》的な調子を嫌っていたが、そこに書かれていた、「自分の行く手にあるものを何でも踏みつけにする過激な自己中心主義、道徳にたいするまったくの無関心(51)」を体現していたのがルーだった。もともとタウテンブルクでの一か月は、ニーチェの病んだ心とからだを休めるはずだったが、ひどい緊張の連続になってしまった。エリーザベトはすぐに泣きだし、ルーは疲れきっていてよそよそしかった（実際しばらく病気で寝込んでいた）。ニーチェはルーにむかって、あるときは立ち去るように頼み（ルーは承知しなかった）、またあるときは愛を告白しようとした。エリーザベトのほうも予定の日が来ても家に帰ろうとはしなかった、打ちひしがれており、自分の取り乱したところを母親には見せたくないというのが理由だった。ニーチェが状況を説明すると、母親のフランツィスカはエリーザベトの味方をして、息子には「父さんの墓を汚すつもりか(52)」と言った。ニーチェも腹を立て、憤慨したまま立ち去った。

「ナウムブルクの道徳は私を咎《とが》め立てする(53)」、と彼は書いている。これは控え目な表現だ。やがてエリーザベトはルー・サロメを中傷する女一人《ワン・ウーマン・キャンペーン》の運動をはじめた。彼女は、実際はその正反対だったのだが、ルーが兄を誘惑しようとしていると確信していた。そこでニーチェの友人や知人に宛てて、ルーの罪をならべたてた手紙を送りつけた。「サロメ嬢に警告します」と、金切り声を挙げている、「もしもレーと二人で、あるいは母親やほかの身元正しい付き添いなしの一人きりで、あえてフリッツにふたたび会おうとするなら、そしてその存在によって哀れなフリッツの評判を台なしにしようとするなら……いいえ、これ以上はもう何も言いません。(54)」

彼女は《これ以上》言った、ルーという「低俗で皮相的で残酷で汚れた娘(54)」について。それもちょっとやそっとではない。ルーを、不道徳な女性としてロシアへ送還させようとまでしている。しかし、そのころにはすでに三位一体は崩壊しつつあった。三角関係そのものの嫉妬の重さが原因である。三人は十月にライプツィヒで再会した。どうやらニーチェは自分でも、この協定からはみ出してきており、ルーにはもう手が届かないことを、しだいに納得しはじめていたらしい。

親友と、自分が望んだ女性、そして今は妹の辛辣《しんらつ》な道徳的攻撃の的になっている女性とに見捨てられ、彼はイタリアへ逃げる。そしてルーとレーに、苦痛と傷ついた自尊心と孤独についての長い非難に満ちた告白を書き送った。「私は頭痛に苦しむ半狂人、孤独のあまり気が触れたのだ。[55]」自殺をほのめかして脅迫もしている。「ある種の狂気とともに、この夏の屈辱的で身をさいなむ思い出にも苦しめられています。……ときおり考えます……この孤独と諦念を極限まで推し進め、そして……。[56]」まもなく非難は怒りに変わり、彼はルーを「干からびて薄汚れ、悪臭のする、いつわりの乳房をもった猿[57]」と呼ぶ。哲学的な著作においても同様で、女嫌いのイメージに新たな激しさが加わる。「そしてこの雌犬は、ひとかけらの肉が拒まれたときには、なんとしおらしく、ひとかけらの精神をねだるすべを心得ていること か。[58]」おそらくあの異様な写真のことを思い出してのことであろう、のちにこう書く。「女性を訪問するんだって。鞭をお忘れなく。[59]」かつてはもっとも親しい友人だったパウル・レーも、今ではこんなふうに言われる。「卑劣で中傷好きで嘘つきの悪人だ、……まるで私が何を求めているのか自分でもわからない狂人であるかのように、図々しくも私の知性を侮辱する言葉を吐いたのだ。[60]」やがて睡眠薬の抱水クロラールを大量に服用するようになる。「私は自分自身の情熱によって車裂きの刑にあっているのだ、ほかには例がないほどむごたらしく。[61]」

彼が今では「道徳で膨れ上がった[62]」と形容する妹との関係も、ずたずたになっていた。彼は言う、「妹の声を聞くのも苦痛だ[63]」。二人は徐々に和解していったが、エリーザベトが自分の個人的な問題に不当に立ち入ったことを、ニーチェはけっして許さなかった。妹の干渉によって愛される機会がぶち壊されたと考えていたのだが、それももっともなことであろう。それはたしかに彼女の意図だったのだから。「もう一年ものあいだ、妹はまずい時に話しかけ、まずい時に黙りこむことによって、私を欺いて私のいちばん大切な自己＝征服を奪い取ってきた。結局私は妹の非情な復讐願望の犠牲者なのだ。[64]」一八八四年五月には、「復讐に燃える反ユダヤ主義の鵞鳥と和解することなど論外だ[65]」と書いている。エリーザベトが自分のしたことでほんの少しでも良心が咎めたかどうか、疑わしい。彼女は結局のところ、自分で非の打ちどころがないと思った道徳的な態度をとったのだから。エリーザベトは、すべての道徳的態度は、それが自分の態度であるかぎりは非難の余地はないと考えていた。兄の憎しみを買ったことは残念だと思ったが、そんなことよりも、自分の人生に登場した別の男性に急激に心を奪われるようになっていた。

反ユダヤ主義の英雄《ジークフリート》として成功を収めようというベルンハルト・フェルスターの目論見は行き詰まっていた。新しい党と《ドイツ七人衆》——彼もメンバーに加わっていた反ユダヤ主義のグループ——は、リベラル派の新聞によってそのあり方を攻撃されていた。人種的憎悪に煽《あお》られた、群衆の扇動をこととする日和見主義者の寄り集まりだ、と。フェルスターは自分の反ユダヤ嘆願書を、「ドイツ国民の良心が発する、助けをもとめる叫び」と呼び、「のちの世代は、なぜ国家の指導者たちが長くこれに気づかなかったなどということが起こりえたのか、理解に苦しむだろう[66]」と書いているが、気づかなかったのではなく、無視したのである。人種差別の活動、とりわけ生徒たちをしきりに扇動したために、フェルスターは一連の取り調べを受け、一八八二年の終わりには教員を辞職しなければならなくなった。ある新聞は簡潔に述べている。「社会の一部の人々に戦いを仕掛けた凶暴性のために、これ以上彼に他人の教育をゆだねることは不可能になった[67]。」

エリーザベトはバイロイト音楽祭で再会したフェルスターとますます親しくなっていった。癇癪《かんしゃく》持ちの兄とは違って、そこにいたのは行動的で自分と同じ考え方の男だった。彼女は書いている。「彼の心は、私たちの国を再生させようとするヴァーグナーの努力にたいする高貴な熱狂に満ちみちています。私たちは大いに語り合いました、人間の憐れみの感情や英雄的な没我について、キリスト教や菜食主義、アーリア主義や南国の植民地について……。[68]」この最後の話題、フェルスターが最近熱中している南国の植民地は、いつものことであるが、ヴァーグナーのきわめて非道徳的な著作の受け売りだった。ヴァーグナーは一八八〇年出版の『宗教と芸術』のなかで、一八七一年のユダヤ人解放を非難し、高貴な人種と高貴ならざる人種との混交が人類最高の特質を損ないつつあるという信念を、今一度くり返して述べていたのだった。チュートン人種の純粋さを保つことによってのみ、「人種的な感情の真の復活」は成しとげられる、というのだ。さらに、「人類の堕落は自然（すなわち菜食主義の）食品を疎《うと》んじたところから生じてきた[69]」と述べられているが、当のヴァーグナーは、短期間たわむれに菜食主義に親しんだニーチェをかつては激しく非難していたのだ。ヴァーグナーの解決法は単純だ。「地球上のすべての人間に食料を供給するのに十分なほど桁はずれに肥沃なあの地域、南アメリカ大陸がそうだといわれているが、そこにわれわれがこうした人々を合理的に移住させるのを阻むことのできるものなど、はたして存在するだろうか。」南アメリカに植民地を建設することにはもう一つ、《イギリスの商人》が新たな植民地を獲得するのを妨害するという利点もあるだろう。フェルスターはこの思いつきにとびついた。これは、ヴァーグナー信奉者としての気概を示すためにも、ユダヤ人の有害な影響を逃れるためにも絶好の機会だ。それに彼は失職中であった。「嘆願書とともに国民的な反ユダヤ運動が巻き起こり、今も進行している[70]」と彼は書いているが、これは真実とは少し異なっている。つまり、フェルスターとその同志は、反ユダヤ主義という疫病の最初の隆盛期を代表してはいるが、国民全体が人種的嫌悪に沸きたつ日はまだもう少し先のことだった。フェルスターは、田舎でこそ不満をもったビール臭い国粋主義者たちにテーブルをたたいて支持されたものの、首都の政治の世界ではさほど真剣に受けとめられてはいなかったのだ。

このころ不況のどん底に落ちこんでいたドイツは、植民地熱にうかされていた。希望を失い、たいていは貧困に苦しむ何千何万という人々が移住を希望したために、さまざまな移民協会が各地に次々と生まれた。一八八〇年代前半までに数十万人のドイツ人が南アメリカ行きの船に乗った。行き先は大半がブラジルかアルゼンチンだった。フェルスターはヴァーグナーの無分別な思いつきを受けいれ、入念に練り上げた。たんに南アメリカに植民地を建設しようというだけでなく、新しい父祖の地を、つまりユダヤ人の悪影響によって《継父の地》となってしまった古いドイツの鏡像を作り上げようとしたのだ。

その植民地は南アメリカにおける帝国全体の核となるだろう。フェルスターはナウムブルクの銀行家E・キュルビッツやケムニッツの工場主マックス・シューベルトといった熱烈な支援者を見つけた。二人とも彼と同じ考えの持ち主だった。ヴァーグナーはたしかにこうしたアイデアを思いついたかもしれないが、それを実践する人間として、フェルスターを想定していなかったことは間違いない。しかし、『バイロイター・ブレッター』とその編集者ハンス・パウル・フォン・ヴォルツォーゲン男爵は、フェルスターの《ユダヤ人の汚れを知らない国》という主張を熱心に支持した。フェルスターはいくつかの理由からパラグアイを選んだ。悲惨な血みどろの戦争で、この国は人口が激減していた。モルゲンシュテルン・ド・ヴィスネル大佐を長とするパラグアイ政府の移民局は、非常に有利な条件で土地を譲渡してくれそうだった。すでに何人かのドイツ人がこの国を旅して、その魅力を熱っぽく書いていた。また、アスンシオンの近く、サン・ベルナルディノにはすでにドイツ人の開拓地があって、成功を収めていた。

さらに、ドイツが海外に帝国を建設する可能性に目覚めるにつれて、植民地化できそうな地域が少なくなってきていた。とくにフェルスターの思惑に適した地域はそうだった。北アメリカは真のドイツ精神を広めるためには不利な土地だ、と彼は考えた。またロシアは「すでにユダヤ人と虚無主義者によって組織的に破壊されつつある」[71]。パラグアイはほとんど唯一の残された場所だったのである。

一八八三年一月、適当な用地を見つけるためにフェルスターはドイツを発ったが、乗船間際に、自分の計画がうまく宣伝されていることを確認した。というのも、この事業の噂はイギリスにまで届き、タイムズ紙がフェルスターを《全ドイツを代表するユダヤ人迫害者》と呼び、彼の出発を、《現代のピルグリム・ファーザーズ〔一六二〇年にメイフラワー号でアメリカに渡ったイギリスの清教徒たち〕の喜劇》と表現したのである[72]。

フェルスター博士（ドイツの反ユダヤ運動の首謀者の一人）は、恩知らずな国から憤然と立ち上がり、数は少ないが忠実な支持者の一団とともにベルリンを発って……パラグアイへむかう船に乗り込んだ。彼らはその地で、いまだアブラハムの子孫によって汚されていない新しいドイツを建設しようというのだ。彼の国にはあまりにも多くの同類がいるが、フェルスター博士も一つの考えに凝り固まった人物で、この場合その考えとは、ユダヤ人のためのドイツではなく、ドイツ人のためのドイツを、というものだ。この考えが母国では実現できないことを悟ったために、彼に似た何人かの献身的な人々とともに「実際はフェルスターは一人で出かけた」、はるか遠い国へと船出したのである。そこに、シナゴーグは禁止され、証券取引所は世に知られないようにした、新しいドイツを築くために。

フェルスターはこの記事を読み、友人に書き送った。「せいぜい馬鹿にしていればいいさ。こっちには自分のやりたいことはわかっている[73]。」

こんな虚勢を張ってはいたが、フェルスターは、ほとんどの人種差別主義者がそうであるように、頼りにならない男だった。ニーチェが、短いあいだではあったが、その想像力の壮大さとその音楽の力強さのためにヴァーグナーを信奉したのにたいして、フェルスターのほうは自分の力不足を補ってくれるものとして、バイロイトにひかれていたように思われる。要するにバイロイトにはあらゆる人間に居場所があったのだ。哲学者や美学者だけではなく、殺し屋や暴れ者にも。フェルスターは著書の売行が思わしくなかったことをユダヤ人のせいにした。ユダヤ人どもはドイツの芸術や道徳を堕落させているばかりか、その悪意に満ちた陰謀の一環として、出版界や報道、教育の世界まで支配しつつある、というわけだ。ユダヤ人が彼を苦しめているのだった。小さな紙片に手の込んだ渦巻きのような筆跡で、彼はベルリン大学におけるユダヤ人の割合を書きとめている。「法学部六〇％、医学部一〇〇％、「などなど」」彼はエリーザベトと同じくルター派の教えを熱心に守っていた。そしてマルティン・ルターが書いた次の言葉に、自分の一生の仕事を見いだしていた。「キリスト教徒よ、おぼえておくのだ、悪魔を除けば、本物のユダヤ人ほど残酷で悪辣で暴力的な敵はいないことを。」しかし、フェルスターはこれをさらに発展させて独自の結論に達していた。つまり、キリストはユダヤ人だったはずはない、なぜなら、神の子だったのだから。事実そのもの《イプソ・ファクト》により、神は非ユダヤ人なり、というわけだ。

フェルスターは政治的に世間知らずだったのと同様に、感情面でも未熟だったように思われる。エリーザベトにむかって、自分はふたたび恋愛ができるとは思えない、と言ったことがある。七年越しの間柄だった女性に裏切られて、心が傷ついたからだというのだ。しかしエリーザベトは、解釈上の問題に自分の行く手を阻まれて納得するような女性ではなかった。それに、フェルスターの言ったことは単なる言い訳にすぎなかったようだ。エリーザベトはフェルスターのうちに白い騎士〔政治改革者〕を見つけたと思った。彼の考えは当世風で大胆なまでに単純であり、兄の哲学では当時もその後もとてもこうはいかないと思ったほど、よく理解することができた。「フリッツの考え方が私にはしだいになじめなくなりました」と、彼女は母親に宛てて書いている。「フリッツがフェルスターと同じ考えをもってくれたらと願うその理由が、わかっていただけますか。フェルスターには理想があります。その理想にむかって邁進《まいしん》すれば、そしてそれが達成されたなら、人々はもっと立派に、また幸せになるのです。愚かな人々のあいだに彼が巻き起こしている騒ぎを、私は笑っています。[74]」しかし、エリーザベトは愛と支配を同一視しており、ある程度まで、彼女の感情はとてつもなく大きな野望のなすがままになっていた。エリーザベトにとって、コージマ・ヴァーグナーは役割のモデル以上の存在であり、ドイツの女性が到達すべき姿の象徴だった。なぜなら、コージマは天賦の才をもった男を見つけだし、その運命を全うする手助けをしたからである。エリーザベトは、自分もまたそうした男を見つけたと信じていた。「いつの日か、フェルスターは最高のドイツ人の一人として、そして国民の恩人として、称賛されることでしょう[75]」と彼女は言った。それが正しいことはのちに判明する。彼女はフェルスターの考えを純粋にすばらしいと思っていた。しかし、彼の弱点にもおそらく気がついていた。というのも、兄を支配することはけっしてできなかったが、フェルスターは支配することができたからだ。

一八八三年の初めにハンブルクを発つ直前、フェルスターは一通の電報を受け取った。そこにはこうあった。「ヴァーグナーより一言挨拶を。君の《夢》に祝辞を贈る。よい旅を。[76]」ヴァーグナーはフェルスターが最近刊行した大袈裟なパンフレット、『パルジファルの夢』を引き合いに出していたのだった。

これは師がそのもっとも熱烈な弟子を積極的に認めた最初で最後だった。フェルスターは大喜びだったが、もしもその数日後、ヴァーグナー家の人々が朝食の席で彼の移民計画について話すのを聞いたら、かなり不愉快な思いをしたことだろう。コージマ・ヴァーグナーは書いている。内容には事実と合致していないところもあるが。「噂ではたくさんの人が行くそうだ。息子を彼に預ける親もいるらしい。Rは大して信用はできないと言って、ひどく心配している。[77]」おそらくリヒャルト・ヴァーグナーは、フェルスターのパラグアイ計画を思い止どまらせることのできるこの世でただ一人の人間だった。しかし、それから四日後、ヴァーグナーはこの世を去った。

　その知らせを、フェルスターはアスンシオンに到着して初めて聞いた。彼は仲間に書き送っている。「ヴァーグナーが涅槃《ニルヴァーナ》に行ってしまったことを知り、神の雷《いかづち》に撃たれる思いだ……しかし、あの方の華麗な生涯のなかでも、もっとも偉大な、もっとも創造力にあふれた時期を、われわれがともに生きてこられたことは、慰めになる……考えてみても、あの方ほど優れた人物、あの方ほどお世話になった人は、ほかには見当たらない。当地での小生の困難な仕事を、あの方の理念への奉仕として捧げるつもりだ。[78]」五〇〇〇マイル彼方でニーチェは、自分がかつて愛し、そしてのちに激しく反抗した人物が亡くなったという知らせに、動揺すると同時にほっとしてもいた。彼は言った、六年間も「この上なく崇敬する人」の敵でいるのはつらいことだった[79]、と。何日か寝込んだあと、コージマに宛てて手紙を書いた。「今日、私は奥様を、はるか遠くからではありますが、かつていつもそうしていたように、見つめています――私の心がもっとも尊敬する女性として。[80]」

　その年、ニーチェは『ツァラトゥストラはこう語った』の最初の部分を書いた。彼の黙示録的な哲学のきびしくも輝かしい総括である。ここでニーチェは初めて超人という考えを導入した。道徳の終末を乗り越え、ルサンチマンに打ち勝つことによって喜びをおぼえる、来たるべき世界の人物である。霊感をあたえることを意図した概念であるが、間違った人間の手に渡れば邪悪な意味をもつようになってしまうものである。ニーチェは信じていた、『ツァラトゥストラ』の完成とともに完璧なドイツ語が達成され、同時に、世界を変えることもできる哲学が実現されるだろうと。「私の息子ツァラトゥストラが君たちの前に、私の内部で起こっていることをさらけ出したかもしれない。もしも私が成しとげたいと願っていることをすべて成しとげたら、私はこの先幾千年にもわたって私の名のもとにもっとも貴い誓いが立てられることを知りつつ、死ぬことになるでしょう。[81]」しかし世界は聞く耳をもたなかった。それどころか、つとめて彼を無視しているようにすら思われた。

一時的に兄と和解していたエリーザベトは、当初この本に熱狂した——ひょっとすると彼女は、超人の概念を完全に取り違えた最初の人物というありがたくない名誉まであたえられるかもしれない。彼女はフェルスターにも一部送ると約束した。あの人はすでに超人の高みへの第一歩を踏み出した、と彼女は考えていた。しかし、なごやかな雰囲気は長くはつづかなかった。ニーチェは今でも、ルー事件でエリーザベトが果たした役割のために、心の平静を取りもどしてはおらず、九月に母と妹といっしょに一週間ほど過ごすと、激しい口論が始まった。エリーザベトはフェルスターへの手紙でこう言っている。「兄の目指すところは私とは違います。兄の哲学全体が私の気質に合いません……。[82]」まったくそのとおりで、今や彼らの不一致の源は、エリーザベトが兄の哲学を認めないことにあるというよりも、ニーチェが妹の哲学を、彼女が最近フェルスターと同盟を結んでいることからもどんなものであるかは明らかだとして、軽蔑していることにあったのだ。フェルスターを知的にも政治的にも非難されて当然だと見なしていることを、ニーチェは隠そうとはしなかった。妹の求婚者にはどんな男もつらくあたるのがつねで、ニーチェの感想にはいくらか感情的なところがある。しかし、彼が反対したのは本質的にイデオロギーの問題だった。

ニーチェは一八八七年版の『華やぐ知慧』で、自分がもっとも軽蔑する種類の人間を描いている。それはベルンハルト・フェルスターの性格描写にほかならず、おそらく最初からそのつもりだったのだろう。

ここにひとりの出来損ないがいる。自分の精神を楽しむことができるほどの精神はもち合わせてはいないが、そのことを知るだけの教養は備えている。退屈し、うんざりしている自己軽蔑者だ……本当のところは自分の存在を恥じており――たぶんかれはそのうえいくつかの小さな悪徳をも備えているだろう――しかも他方では、自分には不相応な書物により、あるいは自分の消化しうる以上に精神的な交際によって、いよいよ悪く自己を甘やかし、虚栄的で興奮しやすくならざるをえない人間なのだ。このように完全に毒された人間……は、ついには復讐が、復讐への意志が、習慣的となった状態に陥るのである。[83]

ニーチェにとりわけ身の毛がよだつ思いをさせたのは、フェルスターの国粋主義の喧伝や露骨な反ユダヤ主義であるが、これらは、姻戚関係のために彼自身の評判をも脅かした。彼は書く、「この罰当たりな反ユダヤ主義が私と妹の本質的な断絶の原因である」[84]。ニーチェは、あれほど有能な植民地開拓者を生み出したイギリス人がローストビーフを好んだのと対照的に、菜食主義のためにフェルスターは陰気で抑鬱的な人間になったのだと信じていた。そしてフェルスターのいうアーリア人の純血についてはナンセンスだと思っていた。「《ドイツの国民性》への熱狂など、私には無縁だ」と彼は断言する。「ましてや、この《誉れ高い》人種の純血を保ちたいなどとはなおさら思ってはいない。それどころか、その反対だ……。[85]」そして最後に俗物性から、二〇家族の農民と同じ水準で生活を営むなどという考えにはまったく興味がもてなかった。娘の嫁ぐ姿をぜひとも見たがっていたフランツィスカ・ニーチェですら、髭面の煽動家とその突飛な計画には重大な危惧《きぐ》を抱いていた。

しかし、エリーザベトの心は決まっていた。入植地を見つけるために、フェルスターは二年間にわたってパラグアイを（たいていは一人で）歩きまわったが、その間、彼女は定期的に手紙を書いた。彼女は告げている、やがてあなたの旗のもとに開拓者たちが群がり集まることでしょう、あなた自身のために大きな家を建てるべきです、この計画はきっと成功します。彼女は召使を雇うようにといって金まで送っている。フェルスターが自分で身のまわりのことをしなければならないのを心配したからだ。フェルスターのように弱い男は、このような圧迫を受けるとあとはもう何でも言いなりだった。自分はエリーザベトを愛していると思いこみ、ドイツに帰って君と結婚すると告げた。それから、栄《は》えある移民団の共同指導者となって、いっしょにパラグアイへの航海に乗り出すのだ。エリーザベトは大喜びだった。ただ兄とその衰えつつある健康のことが気がかりではあったが。「兄を置いていくのは正しいことでしょうか。ここに残って兄の世話をするのが、私の義務ではないでしょうか。[86]」

フェルスターは一八八五年三月にドイツにもどり、五月二十二日にナウムブルクでエリーザベトと結婚した。この日はヴァーグナーの誕生日で、ニーチェへの嫌がらせのためにわざわざ選んだのかもしれない。フェルスターは書いている、この日が「生まれながらの本性のみならず、リヒャルト・ヴァーグナーの精神を共有していることによっても相親しい二人の心を結び合わせんことを」[87]。ニーチェは花嫁を花婿に引き渡す役目を拒否し、式に出席することさえ断わって、代わりにリドへ遊びにいってしまった。それでも贈り物だけは送った。エリーザベトがとくに希望したもので、もちろんデューラーの版画『騎士と死と悪魔』である。デューラーの優れた作品のなかでもおそらくもっとも力強いものだ。もっともこの状況ではややグロテスクな感じはする。この夫婦が、自分たちを勇敢なアーリア人にしてキリスト教徒である騎士に、そしてユダヤ人の陰謀を死と悪魔に見立てていたことは間違いない。ニーチェは憂鬱そうに、そしておそらく本心からではなしに、二人の結婚がこの絵よりも幸せであることを願っている、と告げた。その後、同じ月のうちに、彼は母親に手紙を書いている。「私のものの考え方からして、あのような煽動家と親しくつき合うなんてことはとてもできません。むこうもどうやら同じ気持ちのようです[88]。」

エリーザベトとフェルスターは国中をまわり、ヴァーグナー協会の人々にむかって、またビヤホールや移民協会で、パラグアイについて講演し、彼らの入植地のためにアーリア人の信徒を集めようとした。要するに、ニーチェの言葉を借りれば、「反ユダヤ主義とパラグアイという二頭の馬」にまたがっていたのだ[89]。反応は期待していたほど熱狂的ではなかったが、それでもしだいに移住希望者が彼らのまわりに集まった。貧困に苦しむ人々、人種差別主義者、そして単に騙《だま》されやすいだけの人々だった。夫婦は共同でフェルスターの『ラプラタ川上流のドイツ植民地』を出版した。ニーチェが、ただの旅行記が自分の著作よりも注目を集めるとはと、苛立たしく思ったことはほぼ間違いない。本の扉にフェルスターの写真を載せるなど、うぬぼれもいいところだ、とニーチェは思い、エリーザベトにもそう言った。この哲学者は、懇願されたにもかかわらず、妹の計画に参加することを断固として拒絶し、いくつも理由を挙げた。気候になじめない、大きな図書館がない、船に酔うだろう、それにとにかく体調がすぐれないのだ、と彼は言った。事実、気候は殺人的で、図書館など一つもなく、健康状態は彼が思っている以上に悪かった。しかし、計画を阻止することはもはやできなかったので、反対をとなえる声の調子を下げるよう努力していたように思われる。新たに義理の弟になった男と会うことさえ承知した。こうして彼らは、ニーチェの四一回目の誕生日にナウムブルクで顔を合わせたが、それが最初で最後だった。エリーザベトはのちに回想録のなかで、二人は性を話題にして、偉大な男はいかに肉体的な慰めを必要としないかということについて話していた、と言っている。「夫は言った、［男爵ハインリヒ・フォン・］シュタイン〔一八五七―八七、哲学者でヴァーグナー家ならびにニーチェと交際があった〕が、大都市の青年たちといっしょにいるととても孤立感をおぼえると言って、自分にこぼしていた。連中ときたら、性の問題以外には何も悩みはなく、吐き気がするような異常な性欲を健康な状態だといって誇示する始末なのだ。兄も、シュタインからおなじような愚痴を聞いたことがあると言った。……『私たちは似ているかもしれない』と兄が言った、『少なくとも私たちは自分の意識を支配しており、性の問題よりも大切な問題を知っているからだ[90]』。」〔文中の《私たち》はシュタインとニーチェをさす〕これは男性同士のある種の連帯感というべきものであろう。ただフェルスターが新婚だということを考えると、いささか場違いな感じはする。会ったあと、ニーチェはほどほどに新しい親族を認めた。あの男の性格には気高いところがある、と彼は言った。衝動的ではあるが行動の人であり、方向は間違っているが真面目な人間だ。彼は内心ひそかに、妹と義弟は植民地開拓者の器だろうかと自問した。

二月二十五日、エリーザベト、フェルスター、そしてアーリア人開拓団の一行は、ハンブルクで蒸気船ウルグアイ号に乗り込んだ。フェルスターが短い演説をした。「私の友人や仲間は今はわずかだ、しかし、まもなくほかの人々がわれわれのあとに続くことであろう[91]。」やがて船は港の外へ出ていった。

別れに際して、夫婦は贈り物としてニーチェに《愛をこめてBとEを偲ばれんことを》という命令形の言葉を刻んだ指輪を送った。エリーザベトにたいするニーチェの気持ちは今も愛憎半ばしており、フェルスターについては、間違っても愛をこめて偲ぶことはなかった。フェルスターが行ってしまって嬉しい、と彼は言った。そして、国中の反ユダヤ煽動者がみんな同じようにしてくれればいいのに、と思っていた。しかし、妹が去ってしまったことはショックだった。言葉にならないほど彼を怒らせもしたが、いつでもほかのどんな女性よりも彼を愛してくれていたからだ。妹〔正確には母親と妹〕に宛てた手紙に彼は書いている。「あなたたちのフリッツは今どんなに寂しがっていることか。というのも、ここ数年で友人を一人残らず失ってしまったからだ。……このフリッツはパラグアイよりも遠く、いっそう訪ねるすべもない見知らぬ国で暮らしているのだ。[92]」また、友人への手紙ではこう言っている。「私は妹を失ってしまいました……死んだためではありませんが、それと同じくらい取り戻しようのない別れによってです。夫といっしょに植民地開拓のために南アメリカへむかっているところなのです。成功する可能性は大いにあるのですが、うまくいけばいくほど妹たちはあの遠い世界から離れなくなってしまうというわけです。[結局のところ、妹を失ったという感情をいちばん抱かせるのは、パラグアイなんかではありません。]私の義弟が命を賭けている考えが、私にはパラグアイよりももっと遠いものなのです。[93]」

　出発前の最後の手紙で、ニーチェは妹に、見捨てないでくれと懇願している。「おまえをすぐにもまた連れ戻すことができるなら、持っているものを何でも送るだろう。[94]」

第六章　ラマの国のエリーザベト

移住者たちを見送るためにハンブルクの埠頭《ふとう》に集まったひとかたまりの人々にむかって、フェルスターは出発の演説をしたが、そのなかで、パラグアイに行くのは「植民地を建設するための土地の購入を一部は完了させ、一部は準備するためである(1)」と述べている。厳密に言っても、彼は正直に話していた。なぜなら、フェルスターたちによるパラグアイの植民地計画の第一にして究極の、そして最大の問題は、ベルンハルト・フェルスターもエリーザベト・フェルスターも土地なるものをまったく持っていないことにあったからである。

植民地建設のために選ばれていたのは、アスンシオンの北一五〇マイルほどのところにある、およそ六〇〇平方キロメートルの土地だった。土地の人々はそのあたりのことをカンポ・カサッシアと呼び、かつてはまばらであれ人も住んでいた。しかし、今では戦争のためにほとんど無人地帯になっていた。フェルスターによれば、三分の二は森林だが、三分の一は肥沃な農地だということだった。カンポ・カサッシアの大部分はシリリョ・ソラリンデという金持ちで派手好きなパラグアイ人の所有地だったらしい。そしてこの男が提示した売却価格は一七万五〇〇〇マルクという法外なものだった。これはフェルスターやエリーザベトが集めることのできる額をはるかに越えていた。交渉には何か月もかかり、その間、彼らがドイツから連れてきた農民一四家族は、アスンシオンで足止めをくらった。やがてフェルスター夫妻は、フェルスターとソラリンデとパラグアイ政府の三者のあいだでの土地取引の合意にこぎつけることができた。政府がソラリンデに八万マルク支払う、ソラリンデはフェルスターに四万エーカー譲り渡す、その代わりフェルスターは政府に手付金として二〇〇〇マルク払わなければならない、というものだった。単純な話で、フェルスターの目から見ると、すばらしい取引だった。しかし、パラグアイの取引がみなそうであるように、隠された落とし穴があった。二年以内に少なくともドイツ人が一四〇家族この土地に入植しなければならない、さもないと入植者から集めた金は全額払い戻さねばならず、土地は没収、という条件がついていたのだ。いったん植民地が建設されれば、人々は大挙してやって来ると確信していたフェルスターは、喜んでサインし、それがために命を売り渡すことになった。それが十一月二十三日のことで、移住者たちが上陸してから丸八か月たっていた。フェルスターは、法的所有権はまだパラグアイ政府にあるというのに、土地を切り売りしはじめた。つねづね彼は、ユダヤ人は信用販売を利用して誠実なドイツ人を騙し、所有してもいないものを売りつけると言って非難していたが、今はまさにそれを自分がやりはじめたのだ。

さらに多くの現金を集めるために、フェルスターとエリーザベトはヨーロッパにいる友人や親戚に寄付あるいは借金を頼むことにした。援助者の一人にユリウス・ツィリアクスという人物がいた。熱心なヴァーグナー信奉者のドイツ人で、フェルスターはすでにバイロイトで知り合っていた。今はロンドンに住んでおり、職業は薬剤師、「外科用の機械や器具、ガラス製品、菓子類、医薬品、医学書、店舗用装飾品など、薬局にあるすべての品物」を商って生計を立てていた。ロシターの毛生え薬の独占販売者として、また、『サナダムシ診断の一助としての腹部鍛練』だの『尾骨神経節の機械的刺激』といったベストセラーの本の著者として、なかなかの金持ちだったらしい。ともあれフェルスターに金を送る際にはたいへん気前がよかった。「しばらくお借りしたままでいなくてはなりませんが、二、三年のうちにはお返しできると思います」とフェルスターは書いている。[2] しかし、まったく返さなかった。新ゲルマーニアへのそのほかの寄付者は、フェルスターの四人の兄弟、フランツィスカ・ニーチェ、ナウムブルクのエリーザベトの女友達二人、それにもうかなり年配の彼女の子守、アルヴィーネまで含まれていた。近親者のなかでかたくなに植民地への投資を拒んだのは、フリードリヒ・ニーチェただ一人だった。夫婦がパラグアイへ発つ前、彼は妹の《すてきな提案》にたいして、おもしろがってお金を寄付すると答えていた。「そうすることで、もしもおまえの夫の考えを、怠け者でもはや絶望的な兄や善良なヨーロッパ人や反・反ユダヤ主義者たちのよい考えに変えさせることができるなら。[3]」妹が、土地の一部はお兄さんの名前にちなんで、フリードリヒスハイン〔フリードリヒの聖なる森の意〕と名づけましょうと提案すると、それよりもラマラント〔ラマの国〕とするほうがいい、と答えた。

パラグアイに着いたあとも、エリーザベトは兄の財産をほんの少しでもせびり取ろうと、さらに口説きつづけた。繰り返される要求に、ニーチェは気が咎めた、というよりもむしろ、断わるたびに気が咎める思いをさせられることに腹を立てた。エリーザベトのほうは、反ユダヤ主義についての兄の見解を知って、今度は植民地の人種差別主義の調子を落とそうと努めた。しかし、むろん兄は納得しなかった。六月に妹宛に書いている。

> 新ゲルマーニアは反ユダヤ主義ではないとおまえは言うが、私にははっきりとわかっているのだ、信用のおける仲間だけにひそかに送付されている『会報』を見ても、この植民地計画が明らかに反ユダヤ主義の性格を帯びていることが。(わが義弟がおまえにそれを読ませていないといいのだ

が！ それはますます不愉快なものになってきている。）……おお、私のラマよ、どうしておまえはこんな災難に見舞われたのだろう……なぜなら、私の知っているかわいい妹なら、自分の計画を見捨てるくらいなら、死を選ぶだろうから。しかし、そうであってこそニーチェ家の人間だ！(4)

ニーチェはバーゼル大学の年金のことも心配していた。つまり、もしも南アメリカに土地をもっていることがわかったら、《計算高く狡猾な》大学当局が年金を差し止めてしまうのではないかと考えたのである。そこで、妹への手紙にバーゼル時代からの友人フランツ・オーバーベックの忠告を引き合いに出した。旧友はこの計画そのものを危険な賭けだと見なしていた。エリーザベトはひどく腹を立て、たちまち本性をあらわした。無神論者で教会史学者だが生まれはプロテスタントであるオーバーベックを、じつはユダヤ人なのだときめつけ、その人種がすべてを物語っていると言ってのけたのだ。あとで母親に宛ててこう書いている。「オーバーベックはユダヤ人だそうです。これは多くのことを意味しています。私はこの話を信じます。(5)」

エリーザベトがアスンシオンにとどまって、しみったれだ、ユダヤ人の意向を聞かなければ何も決断できない、と言って兄をこきおろしているあいだに、フェルスターと移住者の先発隊は北にむかって出発し、森を切り開いて町へ通じる道をつくっていた。その道はのちにフェルスターレーデと命名されることになる。一八八七年は一年中、エリーザベト邸の工事が行なわれた。彼女は初めから大きな家をもつことを夢見ていた。「考えてみてください、何てすてきな響きでしょう」と、フェルスターへの手紙に書いた、「フェルスターホーフのフェルスター(6)」。

エリーザベトが思い描いていたような規模の建物を建設するのはたいへんなことだった。フェルスターにはそれが重荷になっていった。彼は（まだ四三歳だったのだが）ツィリアクスにこう書いている。「私はどんどんと老けていきます。それにとても疲れています。家が完成してしまえば、私たちの仕事がいつまでもつづけられることが確実になります。そうしたら私も休むことができるだろうと思っています。(7)」抜群の回復力をもつエリーザベトにも緊張と気候が影響をおよぼしつつあった。「結婚してからほんの二、三年なのに、一〇歳も年を取ってしまいました」と母親に言っている。「その間に白髪にならなかったら、これからさき一生白髪にはならずにすんだでしょうに。(8)」エリーザベトはホームシックに苦しみ、フェルスターはいったん不機嫌になるとふさぎ込むばかりだった。「いらいらしたベルンハルトが私たちのリッセン(9)〔エリーザベトの愛称〕につらく当たっていなければいいけれど」と、フランツィスカ・ニーチェは息子に書き送った。しかしフェルスターたちは、たとえそうしたいと思っても、ドイツへもどることはできなかっただろう。出発前にフェルスターは、政府の大臣の一人がユダヤ人の血を引いていると、公然と非難していたらしく、不在《イン・アブセンシア》のまま告訴されていた。フランツィスカは知らせてやった、ベルンハルトがもしもドイツに足を踏み入れたら、おそらく逮捕されるでしょう。

一八八八年三月、入植地で盛大な落成式が執り行なわれ、フェルスター夫妻はついに念願の屋敷を手に入れた。これがきっかけとなって、エリーザベトは人間も文体も尊大になっていく。彼女は母親にこんな大仰《おおぎょう》な手紙を書いている。

> 農家の前を通ると、どこでも晴れ着姿の人々が待っていて、私に贈り物の花や葉巻を差し出したり、私の祝福を受けさせようと、赤ん坊を手渡したりしました。そこに突然、八人の立派な騎手が現われました。私たちを迎えにきた新ゲルマーニアの人たちです。エルク氏やそのほかのリーダー格の

移住者たちがいます。ベルン〔ベルンハルトの短縮形〕のお気に入りの馬を黒や白や赤のバラの花飾りで美しく飾りたてて引いてきておりましたので、彼はすぐにまたがりました。これは最初の歓迎会で、私たちはまだ自分の国に入ってはいませんでした。行列はぜひともごらんに入れたかったです。先頭は四輪馬車、つづいて騎乗の人、そのあとが人々の長い行列です。さて、いよいよ私たちの土地の境を流れるアグアラヤ＝ウミに到着しました。大砲の礼砲による出迎えこそありませんでしたが、私たちが近づくと陽気な銃声が響き渡り、かわいらしい小さな馬車がやって来ました。緑のあずまやのようにシュロの葉で飾られ、小さな赤い玉座が載せてあるのです。なにもかもうっとりするようでした。ここで私はエルク夫人を抱き締め、エルク氏は厳粛な歓迎の言葉を述べました。私がここにきたのは初めてだったからです。それから行列はアグアラヤ＝グアスの港へと移動しました。ここは植民地の商業の中心地で、店と移民ハウスがあります。

　そこには最初の凱旋門が建っていて、公式の歓迎会が行なわれました。心地よい日蔭になっている広場の中央にすわると、とてもきれいな三人の少女が現われました。いちばん年かさの子は一五歳くらいで、もうレディーといってもいいほどです。この少女は絵のようにかわいらしく、植民地でいちばんの器量よしです。その子は父親が書いたすてきな歓迎の詩を朗読し、花をくれました。それから朝食で、みんなおいしいワインやヒメウイキョウをたくさんいただきました。

じつは、移住者の一人が酔っ払って川に落ちて溺れ死んでいる。パラグアイ人たちはその船着き場に非情にもカウという名前をつけた。グアラニー語で呑《の》んだくれという意味である。エリーザベトはその出来事を省略しているが、息つく暇もあたえない描写はさらにつづく。

呼び集められていた移住者の妻たちがコーヒーをいれ、私たち新ゲルマーニア人たちは美しい木蔭に寄り添ってすわりました……だれもがみな率直で誠実なドイツ人の顔をしています。やがて、とても働き者で有能な移住者、エンツヴァイラー氏が歓迎のスピーチをして、グラスを上げ、「植民地の母万歳」と叫びました。私はもううれしくて……。《ドイツ、世界に冠たるドイツ》の歌〔国歌《ドイツ》〕に送られて、私たちは家にむかいました。(10)

このあと、いくつもの凱旋門や花や荘厳な神への祈り、彼女の幸運を神に感謝する言葉、そして彼女の家の使用人――二〇人の従僕と料理人と召使――とつづいている。エリーザベトのみごとな誇張の能力と、この計画にたいする母親のためらいを一掃したいという無理もない思いはさておき、一つだけ確かなことがある。四二歳にしてエリーザベトはついに、自分の力で、一目おかれる人間になった、ということである。勇敢な開拓者の妻であり広大な邸宅の女主人、アーリア人植民地の母、そして未来の新ゲルマーニアの女王になったのだ。ちなみに、こうした表現はみんな彼女自身が使ったものである。

ヨーロッパに話をもどせば、ニーチェはドイツについて、その新しいほうにせよ古いほうにせよ、自分が感じていることをまったく隠すことなく語っていた。「私は今日のドイツにはもはや何の敬意も払わない……それは《ドイツ精神》のかつて存在したもっとも愚劣で、堕落した、偽りの形態だ。(11)」そして、これまで以上に強く心に決めていた、妹による「この反ユダヤ的事業とは、たとえどんな関わりであれ(12)」もちたくない、義弟のナウムブルク銀行の膨れ上がっていく借越金を肩代わりするなど論外である、と。彼はくりかえし妹に書き送った、たとえ一〇頭の馬を連れてきたところで、自分をパラグアイへ引っ張っていくことはできない、と。そして悲しげにつけ加えた。「本当のところ、私はすでにある種の移民なのだ、私には私のグラン・チャコがある……。[13]」彼は自分自身の心の荒地がふたたび迫ってくるのを感じていた。

彼は妹への手紙で、反ユダヤ主義者はみんなまとめてパラグアイへ送り出したらどうだろうと言い、自分がこの計画への投資を拒む理由を大まかに説明した。「私の立場は経済的に不安定であり、おまえの立場は不明確だ。しかし何よりも、おまえの計画が反ユダヤ主義的なものであるかぎり、私とおまえの希望と利害関係が一致することはないだろう。もしフェルスター博士の事業が成功すれば、おまえのために喜ぶだろうし、私が拒絶する運動の勝利であることは、できるかぎり無視するだろう。もし失敗したら、反ユダヤ主義の計画が潰《つい》えたことを喜ぶだろう……。[14]」それにもかかわらず、自分の大物ぶりを記したエリーザベトの大袈裟な手紙のことを聞くと、強い印象を受け、友人にむかって、エリーザベトの家があの国の社会的中心になったこと、自分の親族が今や小さな公国領に相当する土地をもつ、パラグアイ有数の地主であることを自慢した。そして妹には、おまえの受けた歓迎は聖職者にふさわしいものだと言った。ニーチェの口から聞くと、いくぶん皮肉な褒《ほ》め言葉である。

ニーチェは気前よく出してやる余裕がなくもなかった。彼もまた急に有名になっていたからである。一八八八年の初頭、デンマークの著名な学者ゲオルク・ブランデスから手紙が届いた。ニーチェの著作の《貴族的な過激主義》を称える内容だった。ニーチェはたいそう喜び、返事に「これまでに読んだ私に関する批評のなかでもっとも洞察力豊か」であると書いた。[15]じつのところ、それはこの何年ものあいだで唯一の批評でもあった。バイロイトと決別したのちに、生涯でもっとも重要な著作が生まれていた。『曙光』『華やぐ知恵』『ツァラトゥストラ』『善悪の彼岸』そして『道徳の系譜』。これらの著作はほとんど、あるいはまったく注目されなかった。なかには、彼が自費出版したのでようやく世に出たものもあった。しかし、ブランデスがコペンハーゲンでニーチェについての講義をはじめると、この四三歳の哲学者のうちに新たな自信があふれてきた。その自信は、病気の重圧のもとで精神が崩壊しようとしているときに、驚くべき倨傲《きょごう》と幸福感と、一時的ではあるが目に見えてよくなった健康とが組み合わさって現われたものだった。彼は友人たちに打ち明けている。「ここだけの話だが……私がこの時代随一の哲学者であること、いやおそらくそれ以上で、二つの一千年を結ぶ懸け橋であり、鍵を握っており、破滅の運命を背負っている人間であることは、不思議ではない。(16)」エリーザベトへの手紙には「今や相当の有名人となったおまえの兄」と書かれている。(17)

エリーザベトはいつものように、たちまち兄の鼻っ柱をへし折ってしまった。「私としては、できることなら兄さんの使徒は、ブランデス氏ではなくほかの人ならよかったのにと思います。あの人はあまりに多くの鍋を覗《のぞ》きこみ、あまりにたくさんの皿から食べてきています……私は兄さんのために申し上げずにはいられません。個人的に会うことは避け、当たり障《さわ》りのない手紙のやりとりにしてください。けっして親しくお付合いなさいませんように。(18)」ブランデスはもちろんユダヤ人であった。ニーチェは激怒した。またもやエリーザベトは、もっとも輝かしい勝利の瞬間に意気阻喪《そそう》させようとしている。彼は妹への絶縁状をしたためたが、投函はしなかった。「もう訣別すべき時がきた。これまでおまえが私に言ったひと言ひと言が、今では一〇倍も鋭くこの胸を刺す……。おまえには全然わかっていないのだ、自分が何千年来の問題の決定を秘めた男とその運命のもっとも近い肉親だということが――まったくこの言葉通りの意味で、私は人間の未来をこの手に握っているのだ。(19)」

エリーザベトは兄の誇大妄想に付合っている暇はなかった。自分自身の誇大妄想で手一杯だったのだ。

彼女とフェルスターは植民地のめざましい進展に関する報告を次々と送りつけて、ドイツを攻めたてていた。薄いヴェールのかかった彼らの誇大広告は、ハンス・フォン・ヴォルツォーゲンの『バイロイター・ブレッター』や、そのほかさまざまな植民地新聞に迎え入れられた。フェルスターは書いている。「われわれは民族の再生を夢見ている……原生林に斧の音がこだまするとき、耕作のための肥沃な土地をもとめて、額に汗して藪を開墾するとき、よどんだ水を流すための溝を掘るときに。こうした営みはバイロイトの聖なる丘からはどんなに遠く離れているように見えることだろう。しかし、われわれは心のなかで感じている、こうした仕事こそが、まさにわれわれをリヒャルト・ヴァーグナーの精神の後継者たらしめるものであることを[20]。」エリーザベトの声明文はこれよりもっと多彩な響きに満ちている。「新ゲルマーニアのある日曜日」と題した一文が一八八八年の終わりに『バイロイター・ブレッター』に掲載されている。

夕食後、私たちは庭に腰を下ろし、遠くを見つめていました……そこにあるのは、川の両岸を照らす夕日に赤く染まった野原、あちこちで牛がのどかに鳴いている。何と平和で幸福な光景なのでしょう。異国を感じさせるものなど一つもありません。そう、何もかも馴染《なじ》み深いものばかり……親愛なるバイロイトの友人たちよ、謎の答は見つかったでしょうか。植民地建設の唯一の実りある精神はバイロイトから生まれ出たことをご存じでしょうか……しかし今度は、やわらかな宵の風にのって、別な音が聞こえてきます。ドイツ人の男たちの歌声が、少し離れた庭から私たちのところまで響いてきたのです。ジャングルの木々も、梢《こずえ》をわたるこの新しくて聞き慣れない音にさぞかし驚いていることでしょう。このあたりは二〇年ものあいだ、深い静寂につつまれていたのですから。

「どうやらエリーザベトは、インディアンは生物学的に劣っているばかりでなく、口もきけないと思っていたらしい。」でも今は、まったく新しい生活がこうしてあるのです。その歌は「なじかは知らねど心わびて」で、ドイツ人がとてもうれしいときにうたう歌です。遠くのほうで、彼らは愛と誇りと憧れを抱いてうたっています、星がきらめく南国の夜空にむかって、ジャングルの神秘の闇のなかへと。「ドイツ、世界に冠たるドイツ。」[21]

エリーザベトもフェルスターも、入植者を川から植民地まで運んでくれるヘルマン号の第一回目の航行が大成功を収めたとか、新ゲルマーニアと外の世界とを結ぶ鉄道がまもなく敷かれるはずだといったことを語っている。ここは、純朴なパラグアイの召使たちが白人の言いつけに従うために次々とやって来るところ、食べ物が木から降ってくるところ、そして、父祖の地での生活の経済的な浮き沈みにうんざりしたドイツ人たちが「健康的な気候と安価な食料、快適な環境」を手に入れることのできるところなのだ。[22]

これはもちろん空想以外の何ものでもない。気候はたいてい焼けつくように暑く、その暑さは不規則な、それでいて猛烈な雨によってしか、やわらぐことはない。その雨は動物を溺れさせ、柵を壊し、藁葺きの屋根をしみ通ってしたたり落ち、よそへ出かけることはまったく不可能になる。土砂降りの雨はマラリヤを運ぶ太った蚊の大群を連れてくる。穴を掘るスナバエ、ピカはつねに脅威だ。これは足に穴をあけ、治療せずに放置すれば傷口はすぐに腐ってしまう。土壌は粘土のように粘りつき、ほとんど耕すこともできず、作物は育たない。一口の食べ物も戦い取らなければならなかった。

フェルスターは主張した、植民地の建物は、フェルスターレーデの小さな町を除いて、最低一マイルの間隔をおいて建てるべきだ、家庭的なドイツの美徳をそれぞれに育むためにはそのほうがいい、と。その結果、みんなが孤独のために意気消沈して打ちひしがれ、その状態はフェルスターの横柄な態度によってさらに悪化した。彼は植民地のなかで白い馬を乗りまわし、自分と出会ったらほかの入植者は馬から降りるよう要求した。ドイツ人の労働者が「心わびて」とうたうのは、それだけの理由があってのことだったのだ。パラグアイ到着から二年たっても、多くの人はまだ掘っ建て小屋同然の、泥レンガがふやけて悪臭を放つ、非衛生的な共同住宅に住んでいた。ただ一つ完成している家は、エリーザベトご自慢のフェルスターホーフだけだった。最初のうち、移住者たちはシエスタを無視して一日中働いた。しかし、消耗性の熱射病で倒れる人が出はじめるとまもなく、何世紀にもわたって仕上げられてきたこのパラグアイの習慣をとりいれるようになった。午後、太陽が頭上にあるあいだはずっと眠るという習慣だ。道路は未完成のまま放置された。働ける時間はすべて、赤い土をなんとかなだめて作物を取り上げたり、わずかな家畜を太らせたりすることに費やされたからだ。激しい雨が頻繁に降るにもかかわらず、きれいな水は不足していた。水脈に達するには一〇〇フィートも掘らなければならず、そうやってつくった井戸もたちまち干上がってしまう。エリーザベトは、パラグアイ人の召使は子供のように従順だと言っているが、多くの入植者は、怠け者で言うことを聞かない連中だと思った。人種間の争いがもち上がり、エリーザベトは「できることならイデオロギーの問題に時間を使いたい(23)」と思いつつも、その仲裁をしなければならなかった。

彼女は、不満が渦巻きはじめていることは十分承知していたが、さしあたりは新たに高貴な人物を獲得したことで満足していた。メクレンブルクの貴族、フォン・マルツァン一家が、次々と繰りひろげられる宣伝に応じて計画への参加に同意したので、彼女は大喜びだったのだ。ヘルマン・フォン・マルツァン男爵は有名なアフリカ探検家で、植民地協会の名士だったから、家族を説き伏せてパラグアイに来ることになったのは注目に値する大成功だった。エリーザベトは、新ゲルマーニアの農民たちの出自については、兄と同様に疑念がないわけではなかった。だがマルツァン家の人々となら、自分の大きな家のベランダでティー・パーティーを開くことも、朝のコーヒーをいただくこともできる。ここはアグアラヤ＝ウミ河畔のナウムブルクになるのだ。

一八八七年の初め、フェルスター夫妻はオズボーン将軍と会った。かつてのアルゼンチン駐在アメリカ大使であり、企業家で楽観主義者だった。彼は、ラプラタ川の河口からボリビア、ペルーを通ってパナマへ通じる鉄道の建設のことで、パラグアイ政府と交渉していた。将軍は夫妻に請け合った、もし鉄道ができることになりましたら、新ゲルマーニアのなかを横切るか、またはすぐ近くを通ることになるでしょう。別れ際に、礼儀正しい将軍は、いつの日か列車で《新ゲルマーニアの小さな女王》をお訪ねできることを心から願っています、と言った[24]。エリーザベトはこの称号がとても気に入り、それまで以上に女王のような態度をとるようになった。晩年になってからも、彼女は新ゲルマーニアのことをいつも、私の《公国》と呼んでいた。また、彼女の夫のほうも、もっと大きく、もっと実現不可能な夢をもっていた。ニーチェが伝えているように、自分はこの国の政治にとても強い影響力をもつようになったので、パラグアイの次期大統領になるかもしれない、と考えるようになったのだ。ニーチェはこの報告につづけて、「フェルスターと私にとって、お互いを敵扱いしないことがどれほど努力を要するか、考えてみてほしい」とつけ加えている[25]。母国でのフェルスターの評判も、植民地生活のでっち上げの描写が功を奏して、上昇しつつあるようだった。一八八八年十月、彼の主張によれば、植民地にはパン屋、靴屋、三人の大工、二人の鍛冶屋、それに製材所所有者がいた。チャンスはまだあると彼は言った。洋服屋、皮なめし職人、配管工、ビール醸造業者、葉巻製造業者なら歓迎だ。学校は建設中で、牧師を呼ぶための基金の計画も進んでいる。フェルスターの鮮かな描写に魅了されてやって来て、すでにウルグアイ号で来ていた一四家族に合流したドイツ人もいくらかはいたが、実際にはこの地を去っていった人々も少なくない。フェルスターは、「ここがどんなところか、理解していない移住者もいた(26)」ことを、用心深く認めている。理解していなかったのは、彼が言わなかったからだ。彼は読者に保証している、移住者はほとんどドイツ人で、その大部分はプロテスタントだと。一八八八年末までには、移住者は定員に達するはずである。「ここを拠点にして、真のドイツ的方法でいったんスタートしたなら、われわれはこの恵まれた気候のなかで、東西南北あらゆる方角に何百マイルも植民地を拡大するつもりである、われわれが選んだ予言的な名称を正当化するためにも(27)。」

最初の二年間で四〇家族が新ゲルマーニアへむけて旅立った。そのうち四分の一は一八八八年七月までに断念し、一〇〇の分譲地のうち七〇が売れ残った。土地の権利を手に入れるためには、一年以内にどうしても一一〇家族を入植させなければならなかった。フェルスターは一八八八年九月二十四日に、自分が——パラグアイの次期大統領として——その後任になりたがっていた大統領ベルナルディノ・カバレロ将軍に、援助をもとめる手紙を書いた。進歩的な思想の擁護者としての大統領の名声を精一杯褒め称え、植民地事業の進捗《しんちょく》の証拠をいくつも挙げたうえで、彼はこう認めている。「植民地の運営は少々困難な状況にあります。と申しますのも、見積もりよりも多くの費用がかかったからです。このような大規模で重要な仕事をなしとげるのにどれだけの費用がかかるか、前もって正確にはじき出すことはむろん不可能です。そして、サン・ベルナルディノでの経験からいたしましても、新しい植民地の場合には費用が高くつくことは明白であります(28)。」そして彼は言う、新しい入植者に必要な経費としてすでに何千ペソも使ってきた。また、「ヨーロッパでパラグアイの植民地への支持を集めるための宣伝をする」のに、さらにペソが必要だ。[29]しかし彼は楽観的な調子を保っている。「こういう次第ではありますが、私の植民地は順調にいっており、私のつぎこんだ労力と費用がいずれもどってくることに、疑問の余地はありません……指導の確かな植民地はいい商売になるのが常でありまして、このような事業に費やされた資本は、三年目を過ぎればかなりの利益を生みます。この利益をほかの人々にも共有していただくために、十分な資本をもった協会もしくは会社を設立し、事業の基盤拡大を考えております。……すでにアスンシオン在住の有力者数人に申し入れましたが、その方々はこの事業に参加し利益を分け合う旨、確言されております。将軍閣下、以上のような理由から、あえてご助言を乞い、この投機的事業へのご参加をお願いする次第であります。[30]」この手紙の返事はもらえなかったようである。

エリーザベトは、たとえ状況の危機的なことを悟っていたとしても、それを口にはしなかった。フェルスターは明らかに悟っていた。彼は、だれでも去っていく人には土地代金を返すこと、さらに改良工事を行なっていればその保証金も出すことを約束していた。資本といえば最初の入植者から集めた資金だけだった（それもすでに使い果たしていた）ので、残された手立ては借金だけだった。彼はますます多くの時間をアスンシオンで過ごすようになった。そして、出資者を探しまわったり、もっと資金を手に入れるために、熱にうかされたようにドイツに手紙を書いたりした。手紙の宛先としては、ケムニッツ植民地協会の運営にあたっており、最初からフェルスターの支援者だったマックス・シューベルトがとくに目立った。

一八八八年、フェルスターの強敵が現われた。小柄であまり人好きのしないユリウス・クリングバイルである。のちにエリーザベトはこの男を、「不愉快なただの利己主義者」、誘拐もしかねない男、嘘つき、密輸業者、おそらくは私の植民地を破壊するためにイエズス会が送り込んだ精神異常者といって非難することになる。(31) クリングバイルはもちろんそんな人間ではなく、実際は、ドイツの農家に生まれ、仕立て屋になってアントワープに住んでいた勉強好きな男にすぎなかった。パラグアイにやって来たのは健康によいと思ったからだった。広告用のパンフレットに載ったフェルスターのパラグアイ紹介を読み、同じく反ユダヤ主義者だったために、とくにその考えに魅了された。そして三月に妻と一〇人の仲間を連れてやってきた。分譲地の一つを購入するための手付金はすでに払ってあった。クリングバイルは単純な人間だったかもしれないが、自分がほかのすべての入植者と同様に、大がかりなペテンの犠牲になったのだと悟るまでに、時間はかからなかった。

挨拶のためにフェルスターホーフを訪れると、高価な家具を備えた広い客間に通された。快適な生活を送るために必要なものは何ひとつ欠けてはいなかった。大きなソファー、すわり心地のよい椅子、ピアノ、石の床、カーテンのついたドア。壁にはフェルスターお気に入りのゲーテのモットーが金文字で書かれている。「いかなる暴力にも屈せず、みずからを守り通すのだ。」夕食のとき、質素とは名ばかりのフェルスター夫妻は、ずらりと揃えた上等のワインやたくさんのリキュールを出してくれた。クリングバイルは以前フェルスターの写真を見たことがあったので、善意と英雄的な理想にあふれた活動家に会えることを期待していた。彼がそこに見たのは剥《む》き出しの神経の繊維を束ねただけの人間だった。じっとすわっていることができず、あちこち動きまわり、めったにしゃべらず、しゃべっても単音節の言葉だけだった。写真から力強くにらみつけていた目はたえずおどおどと震え、人の目をまっすぐ見ることなどまったくできない。この人はすっかり精神がおかしくなってしまったらしい、だが狡猾なところもある、とクリングバイルは思った。これがあのように精神を高揚させる本を書き、故国ドイツであれほどの名声をほしいままにしている男と同一人物だなどということがありうるだろうか。しかし、フェルスターが臆病と野心の痛ましい混合物だとしたら、その妻はもっとひどかった。野心的なところは同じだったが、そのエネルギーが桁はずれだった。クリングバイルはのちに回顧して、彼女は称賛すべき人になっただろう、もしもその英雄的な才能をあのような邪悪な目的に使わなかったら、と言っている。エリーザベトが夫を支配している様子は、見るのも不愉快なものだった。夫のほうは、植民地の将来についてまったく何の考えももっていないらしく、最初から最後まで妻の言うことを聞いているだけだった。彼女は二人を代表して女王のような話し方をし、共同社会の新ゲルマーニアを《私たちの》公国とまで言った。高価で優美な服に身を包んだ小柄な女性だったが、手と口と足を同時に動かしながら、部屋中をぐるぐるまわってしゃべりまくるところは、見ていておかしいほどだった。彼女は何度も話題を金に引き戻し、植民地の成功を自慢し、分譲地がどんどん売れているようなふりをした。

その夜クリングバイルとその妻は、フェルスター夫人の際限のない、大部分は無意味なおしゃべりにへとへとになるとともに、激しい怒りをおぼえながらベッドに入った。二人は悟った、ここで一旗揚げるなんて、とてもできないことだと。それでも、もしかすると新ゲルマーニアで慎ましい生活を楽しむことはできるかもしれない、たとえフェルスターその人は期待はずれだとしても。フェルスターは気の毒なくらいだ——あのひどい女といっしょでは、なんとみじめな人生を送らなければならないことか。しかし、憐れみはすぐに軽蔑に変わった。フェルスター夫妻は完璧に補い合っており、妻の虚勢が夫の弱さの埋め合わせをしているのだった。経営上の仕事はエリーザベトが一手に引き受け、入植者たちを脅したりおだてたりして、服従させていた。一方フェルスターはアスンシオンに出かけ、さらに多くのだまされやすい人間をかき集めて補充しようと、植民地新聞に載せる長い嘘っぱちのリポートを書くだけで、ほかには何もしていなかった。それから数か月で、クリングバイルはしだいにこのペテンの規模を知った。フェルスター夫妻は大邸宅で暮らしているのに、入植者たちはみじめな小屋に住み、ドイツの最下層の農民よりももっとひどい、異様な食べ物で飢えをしのいでいた。菜食主義者のクリングバイルは、果物と野菜が豊かにみのる美しい土地というフェルスターの説明によって、この植民地に引きつけられたのだ。それが、フェルスター夫妻は今では肉を食べていることを知って、衝撃を受けた。フェルスターは、「新ゲルマーニアの人々は、病気をひき起こす忌まわしい肉食にふけることはない……」と言っていたのに。彼の言葉を信じ、食物上の主義を守ろうとした不幸な入植者たちは、とうもろこしと米と豆で生き延びていた。牛乳とチーズも売ってはいたが、値段は法外で、植民地唯一の店に行かなければ買えなかった――その店はもちろんフェルスターが所有していた。実際、あらゆる種類の取引が創始者とその妻に独占されていた。資本主義的な《ユダヤの習慣》がこの共同社会に忍びこむことを防ぐためである。そして入植者たちは全員、植民地の境界線内ではけっして商業行為はしませんという契約書にサインしなければならなかった。クリングバイルは気候のことがとても不満だった。約束されていたのとはまったく違い、いつも暑く、とても湿気が多かった。雨が降ると、何週間にもわたって、働くことも開拓地の外に出ることもできなくなるのだった。

　フェルスターはフランス語とギリシア語が話せると公言していたが、どちらもできなかった。また、パラグアイ女性の《目を見張るほどの勤勉さ》(32)に関しても、嘘をついていた。仕事はみんな男がする、とクリングバイルはこぼしている。料理、洗濯までそうなのだ。そして女はといえば、からだも洗わず、葉巻を吸い、からだについたシラミを食べながら、ごろごろしているだけだ。まるでそれを証明しようとするかのように、フェルスター夫人がクリングバイルの妻に、家事を手伝ってくれと言ったことがあった。クリングバイルは断わった。大所帯で、料理をする女手は一つしかなく、私たちも妻が必要なのです。するとフェルスター夫人はひどく腹を立て、新しく来た連中は役に立たないと文句を言った。クリングバイルは激怒した。

小柄なアントワープの仕立て屋は、彼自身も激しやすい性格ではあったが、植民地の自称女王とほんの数か月で最終的な衝突をする。彼は出かけていって、住まいの状態について不満をならべ、出ていく決意を伝えた。エリーザベトは逆上し、腹立ちのあまり涙を流して、植民地のやっかいごとはみんなクリングバイルがひき起こしたものだと言って責めた。「嘘はもうたくさんだ。(33)」そう答えると、クリングバイルはふたたび馬にまたがって、みじめな丸太小屋へもどった。そしてその日のうちに、わずかばかりの荷物をまとめて植民地をあとにし、二度ともどらなかった。

クリングバイルの怒りは帰国の旅のあいだもおさまらず、ドイツに着くと、憤懣《ふんまん》をぶちまけ、フェルスターのいかがわしい活動を列挙して、一六〇ページの本を書き上げた。そこでは、立派な文章ではないことを詫びながら、自分の本意はフェルスターのような詐欺師同然の扇動家にたぶらかされないよう警鐘を鳴らすことにある、彼は愛国者を装っているが、ただの悪党で、貧しい人間を食いものにしている人間にすぎない、ときめつけた。「ベルンハルト・フェルスターを信用しすぎたのだ、と言って咎《とが》める人もいるが、彼のパラグアイの植民地の宣伝が、私を悲惨な目に遭わせたのだ(34)」と彼は書いている。「私がなめた経験、およびパラグアイへ移住したほかのドイツ人がなめてきた経験は、あまりに悲しく、またあまりに理不尽なため、良心にしたがってありのままの真実を伝えなければならない、と感じたのである。(35)」結論としてクリングバイルは、ほかのどんな国の人でもあのようにひどい土地を植民地にしようなどとは考えもしないだろう、政府はただちに介入すべきである、と述べている。

ユリウス・クリングバイルが書いた『ベルンハルト・フェルスターの植民地・新ゲルマーニアの真相を暴く』は、一八八九年の暮れにライプツィヒで出版された。この本は、これまでパラグアイのジャングルのまんなかで、なすすべもなく途方にくれている少数のドイツ人農民だけが知っていたことを、ドイツのすべての人々にあからさまに教えたのだ。つまり、新しいアーリア人の共和国はまがいものであり、フェルスター夫妻は尊大なペテン師だということを。たいへんな騒ぎが巻き起こった。

ニーチェはすでにそれ以前に、いくらか嬉しそうに、オーバーベックに宛てて書いている。「パラグアイは考えられないくらいひどい状態だ。あちらへ誘い出されたドイツ人たちは反抗し、金を返せと要求している——しかし、金などありはしない。すでに暴力沙汰も起きた。私は最悪の事態を恐れている。」[36]アーリア人のチャンピオンと見なされるどころか、自由主義の新聞紙上で大犯罪者と罵られているという知らせは、エリーザベトとベルンハルトそれぞれに異なった影響をおよぼした。エリーザベトのほうは、そんなとんでもない本は読むつもりはないと言ってただちに攻撃に移り、まだ彼女を受け入れていた『バイロイター・ブレッター』紙上でクリングバイルを非難した。そして、夫がかつて属していた反ユダヤ同盟を、褒めそやしたかと思うと、次には援助が足りないと言って批判するのだった。

おお、反ユダヤ主義者のみなさん、恥知らずにもあなた方のもっとも理想的な指導者の一人を見捨てることが、あなた方の誠実さですか、勇敢さですか……反ユダヤ主義にはとりわけ明確な一面があります。真のドイツ人の特性を深め、高貴にしたいという衝動です。それは観念的な、そして経済的な意味で、真のドイツらしさを堅固なものにする社会を創造あるいは再生したい、そしてそれを外国の影響から守りたい、という衝動に駆り立てられたものです……私の夫は今ここで、何のために奮闘しているのでしょう。真のドイツらしさのためではないのでしょうか。そしてその目的は。古いドイツに代わる新しいドイツの地を創造することではないのでしょうか。……どうか反ユダヤ主義に、行動を通して証明させてください、ここ新ゲルマーニアで、真のドイツの伝統によって、何かを創造しようとしているのだということを。(37)

新ゲルマーニアの状況は急速に改善されつつある、と彼女は主張する。鉄道がまもなく建設されることは間違いなく、蒸気船《ヘルマン号》は植民地の門を外の世界にむかって開くもので、「ドイツの旗を新しい領土に運ぼう」としている。(38)（彼女は《ヘルマン号》が、定期運行する商業用の船としては小さすぎるので売り払うほかないこと、別の高価な船《エスペランサ号》は大きすぎて、そもそもアグアラヤ＝ウミを遡ることができないことには、口をつぐんでいた。）

数人の《忠実な》入植者たちが、説得されて、いやおそらくは脅迫されて、植民地創設者を応援する手紙を書いた。ベルンハルト・フェルスターは誠実で信頼できる人です、また、エリーザベトはクリスマスに子供たちのためにケーキを焼いてくれます、と彼らは書いている。創設者に代わってクリングバイルを攻撃する者もいた。あの男は粗悪な木の彫刻をインディアンに売りつけて金をしぼり取ったことがあります。彼は怠け者です。蒸留酒製造用の器具の税金を払わずに税関を通ろうとしました。彼はカトリック信者、いや悪くするとイエズス会の一員です。しかし、クリングバイルの非難とならべてみると、この反撃はいかにも弱い。そして、けっして啓発的とはいえない騒ぎ全体が、植民地とドイツの双方において悪影響を及ぼしつつあった。それまで毅然としていたケムニッツ植民地協会のマックス・シューベルトが、フェルスターの誠実さを疑いはじめたのだ。彼は、植民地のために寄せられた基金を、事情がはっきりするまでドイツにとどめておく、と脅しをかけた。あの信義に厚いツィリアクスまでもが送金を中止したらしい。そののち彼が植民地を助けるためにしたことといえば、フェルスターはチョコレートを製造してロンドンに輸出するか、パラグアイの手工芸品をサウスケンジントン博物館に売ったらよかろう、という助言を寄せたことだけだった。フェルスターのほうは、すでにパラグアイの銀行からの借金の利子返済で首がまわらないほどで、そのうえ《ヘルマン号》で背負いこんだ負債を返済するための方策を探しているところだった。

フェルスターは、容赦なくクリングバイルを攻撃し、自分の汚名をそそぐために当局の調査を要求したものの、もともときわめて順調なときでも心理的にもろい人間だったため、しだいに参っていった。もはや新ゲルマーニアで過ごすことはほとんどなくなり、アスンシオンのすぐ近くにあるドイツ人の移住地サン・ベルナルディノのホテル・デル・ラーゴの常連になった。そして神経とそこから来るひどい頭痛を鎮めようと、したたかに酒を飲むようになった。その一方で、以前にもまして死に物狂いで嘆願書を書き、ドイツへ送るのだった。

今や一人で植民地を運営することになったエリーザベトは、何マイルか下流の真新しいホテルの快適な部屋に閉じこもり、ひどくなるばかりの憂鬱症で衰弱していた夫に、激励の手紙を送った。「親愛なるベルン、あなたの意気消沈が気がかりです。どうか気持ちを落ち着かせてください。たしかに状況は不安定ですが、マックス・シューベルトがそれほど不誠実な人だとは思えません……もしも彼らが名誉を重んじる人たちならば、すべてはうまくゆき、心配の種などなくなるのです……今や多くの問題が決定的な段階にさしかかりつつあります。クリングバイルの本も、ケムニッツの件もそうです。でも事態は好転するでしょう[39]。」こうした悩みに加え、エリーザベトは重い眼の感染症にかかっていた。また四月には、パラグアイでは年中行事のような革命騒ぎが起こり、近くのサン・ペドロで戦闘があった。しかし彼女は、パラグアイ人にドイツ人の集団を襲う勇気などあるものですかと言って、取り合わなかった。そして二人の政府軍の将校が、反乱軍を追討するために軍隊が新ゲルマーニアを通ることを許可してほしいと頼みにきたときも、軽くあしらった。この植民地はドイツの旗に守られているのです、と彼女は言った。そして将校たちが、ビスマルクのことなら聞いたことがあると言うと、彼女は得意になった。とにかく彼女の不屈の精神は注目に値するだろう。それも、五〇〇〇マイル彼方のイタリアで起こったもう一つの悲しい知らせが、その少し前に届いていたことを思えば、なおのことである。

ニーチェの気分の変化は、エリーザベトがいなくなってからというもの、いっそう極端になっていた。ときには、少年のころから気づいていたあの椅子のうしろの黒い影がますます長くなっていくことを知って、たまらなく死にたくなるのだった。「私には破局が用意されつつある。その名を知っているが、口には出したくない。」(40) それでも彼は口に出した。しかしそれは、ヴァーグナー家への紛れもない呪詛《じゅそ》の言葉だった。『ヴァーグナーの場合』(41)（一八八八年）のなかで、かつて敬愛していた男とのあらゆる結びつきを捨て、彼を《私の病気の一つ》と呼び、その信奉者は「道徳や宗教といった馬鹿げたことを窒息するまで何度も何度も反芻《はんすう》しているのだ」(42)と言っている。退廃と堕落の研究の書である『偶像の黄昏』（一八八九年）では、「ドイツ人に欠けているもの」が考察されている。彼は書いている。「ドイツ人――かつては思索者の民と呼ばれた。今日そもそも思索ということをまだしているだろうか。近ごろでは、ドイツ人は精神にうんざりしている……政治が本当に精神的な事柄にたいするすべての真剣な気持ちを飲み込んでしまった。――『ドイツ、世界に冠たるドイツ』、これはドイツ哲学の終焉ではあるまいか、と私は恐れている……ほかのどこにも、ヨーロッパの二大麻薬、つまりアルコールとキリスト教が、これほど悪徳として乱用されているところはない。ところが最近、さらに三つ目が加わった。それ一つで繊細で大胆な魂の動きを完全に封じてしまうことのできるもの、すなわち音楽である。塞がれているとともに塞ぐわれわれのドイツ音楽。――ドイツ人の知性のなかには、どれほどたくさんの不快な重苦しさ、無気力、湿っぽさ、そしてナイトガウン、はたまたどれほどたくさんのビールが、詰まっていることか！」(43)

一八八八年が終わりに近づくころ、たまたまトリノに住んでいたニーチェの精神は最強音《テンポ・フォルティシモ》に達し、心はついに病気に押さえこまれて、もはや逃れるすべはなかった。通りを歩けば、一〇歳も若返ったように感じ、人々が畏怖の念をもって自分を見つめているような気がした。そして夜は下宿で、何時間もピアノを弾きつづけるのだった。たいていはヴァーグナーだった。四四歳の誕生日から、『この人を見よ』の執筆にとりかかった。沸き立つような壮大な理念と自己賛美にあふれた自伝である。「なぜ私は一個の運命であるのか」という章では、神の死の結果が、世界がキリスト教道徳の不法な拘束から解放された結果が、ぞっとするほどあからさまに呈示されている。「真実が数千年にわたる嘘と戦いはじめた以上、これからわれわれは震撼に襲われ、だれも夢想だにしなかったほどの地震の痙攣、山や谷の移動を経験するだろう。」(44)ニーチェはアウグスト・ストリンドベリと文通するようになる。年老いたスウェーデン人とまだ若いドイツの哲学者は、相前後して狂気に陥った。

その年のクリスマスには、彼の得意な気分は最高潮に達していた。「あと二か月もすれば、私はこの世で最高の名士になっているだろう」と彼は書いている。(45)健康状態はすばらしく、食欲も十分にあり、名声はもはや揺らぐことはない。彼の本が、スカンジナヴィアの数人の知識人を除けば、まだだれにも読まれていないというのなら、それはほかの人々（とりわけドイツの人々）の愚かさと彼自身の偉大さのあかしだ。ニーチェは突然自分に政治的な力があると思うようになり、反ドイツ感情は頂点に達する。「私は王子たちにローマで会議を開くよう命じた」と、ストリンドベリ宛に書いている。[46]「若い皇帝がだれかに撃ち殺されるのが私の望みなのです。」そしてニーチェ・カエサルと署名した。それに答えて、ストリンドベリは、「私は狂いたい、狂いたい」と書き、こう結ぶ。「ともあれ、狂うのは喜ばしいことなのだ。」[47]

一月三日、ニーチェはいつものようにトリノの街を散歩していた。カルロ・アルベルトの街角で、御者が老いた馬を乱暴に打ちすえているところに出くわした。ニーチェは馬の首にしがみつき、泣きながら地面に倒れてしまった。人だかりがして、そのなかにいた家主が下宿に連れ帰った。やがて意識はもどったが、精神が正常にかえることはなかった。彼は、憤怒に満ち混乱した狂気の手紙を、イタリア王やバチカンやさまざまな友人に書いた。みずからディオニュソス、あるいは《責め苛まれる者》と署名し、帝国やドイツや反ユダヤ主義をののしった。「今まさにわが王国を手中に収めました。これから教皇を投獄し、ヴィルヘルムやビスマルクやシュテッカー（フェルスターの友人）を銃殺にしてやります。」[48]別な手紙で、彼はついにコージマ・ヴァーグナーへの愛を告白し、彼女に《アリアドネ》と呼びかける。[49]オーヴァーベックは、「ちょうどこれから反ユダヤ主義者を残らず撃ち殺させるところだ」という手紙を受け取ると、[50]友人を見つけて家に連れ帰るためにトリノに急行した。

エリーザベトが兄の昏倒の知らせを聞いて動転したのももっともで、帰国して兄の看病をすべきではないかと考えた。しかし、妹として心配するとともに、自分自身と兄との関係を今一度でっちあげる長い道程に足を踏み出した。彼女は、「兄はわたしにやさしい言葉しかかけたことはなかった」[51]ということに決めてしまった。兄を、ユダヤ人との付合いを好む気難しいやっかい者ではなく、もう一度子供のころの偶像的な存在に引き戻すことにしたのだ。こうして神話作りが始まった。

フェルスターは自分自身の問題で頭がいっぱいだったので、自分も好意をもっておらず、むこうも徹底的に自分を嫌っている義兄のことは、それほど気にかけなかった。「ベルンハルトは私の嘆きにほんのこれっぽっちも思いやりをみせてくれません」と、エリーザベトは母親に訴えている[52]。そして、自分は今でも良い妻であることを強調しつつ、夫は考えられないくらい自分勝手で、私が手助けしなかったら夫の植民地計画はとっくの昔に失敗していただろう、と決めつけている。お金さえあればすぐにでもパラグアイにおさらばするのに。二人の結婚には、愛などたいしてなかったのである。いくつか共通の信念はあった。神、ヴァーグナー、ドイツ、それに反ユダヤ主義。しかし、そのほかにもっといろいろなものを共有するためには、二人ともあまりにも自己中心的すぎた。フェルスターのほうは、バイロイトの親密な人々の輪のなかへ入るためのパスポートとして、エリーザベトを利用した。そしておそらく、彼女のなかに自分よりもはるかに強靭な性格を見て取ったのだ。エリーザベトのほうは、成功への道は自分の馬車にしかるべき男をつなぎ、その男に牽《ひ》かれて栄光へむかうことによって開けるものだと信じていた。当時の時代背景を考えれば、彼女の考えは正しかったかもしれない。しかし、彼女が選んだのは、まさしく彼女を鏡に映して反転させたような男だった。フェルスターが彼女の人生に登場したのは、ちょうど兄が彼女の期待をあからさまに裏切ったそのときだった。エリーザベトはパラグアイでの最初の三年間のいつかある時期に、夫もまた自分を失望させつつあることに気づいたにちがいない。しかし彼女の資質には、頑固さや忍耐強さのほかに、渝《か》わらない心をも認めるべきであろう。彼女はけっしてへこたれなかった。

五月二十二日の結婚記念日の直前、彼女はフェルスターに手紙を書いた。彼はまだホテル・デル・ラーゴでうちしおれており、六週間におよぶ酒宴も終わりに近づきつつあった。「クリングバイルのひどい本のことはご心配にはおよびません。私は読みません。私はこんなことちっとも気にしていません。もしあなたがおいやなら、私は読みません。私はこんなことちっとも気にしていません。私たちのフリッツが元気になってくれさえすれば、お返しにこの種の本を百冊でも書いてくれるでしょう。毎晩とても寂しい思いをしています。すぐにもどってきて下さったらいいのに……すべてよくなります……結婚記念日を遠く離れて過ごさなければならないのは悲しいことです。[53]」ひょっとするとフェルスターは、この手紙を読まなかったかもしれない。六月二日、彼はもう一度エリーザベトに自己憐憫《れんびん》たっぷりの手紙を書いた。そのなかで彼は、「私は苦しんでいる」と泣き言をいっている。「いつになったら事態は改善されるのだろう。[54]」翌朝、ホテル・デル・ラーゴのメイドが気になって部屋に行ってみると、フェルスターは死んで横たわっていた。

エリーザベトはサン・ベルナルディノに駆けつけた。取り乱してはいたものの、行動は迅速で、パラグアイ人の医者を説き伏せて、彼女自身の診断をそのまま確認する死亡証明書にサインさせた。つまり、四六歳になる彼女の夫は、敵対者の中傷とみずから選んだ義務ゆえの試練がもたらした神経性発作で死んだ、というものだ。のちに彼女は、ベルンハルトが死ぬ前の数時間を再現してみせ、彼がいつもあこがれていたヴァーグナーの英雄たちと同じように、人々のために犠牲となって死んだことを証明しようとした。彼女はこう言っている。死の前夜、スペイン人の福音派の司祭がフェルスターと話をしていた。そのうちに夫は、「意識が朦朧《もうろう》とする、気分が悪いと言って、突然ソファーから立ち上がり、こう言った、《神経性の熱が出てきたような気がする》。そしてベッドのそばの椅子にすわり、片手を頭のうしろに当て、もう一方の手で胸を押さえた。やがて熱の発作は治まったらしく、横になって眠った……しかし、六月三日、病人の容態は著しく悪化し、致命的な発作が起こった。この発作は可能なかぎり速やかに医師によって確認された。(55)」サン・ベルナルディノ移住地の代表のシェーラー氏という人物が、「不実な友人と敵の陰謀が、ご主人の心臓に穴を開けたのでしょう(56)」と言うと、エリーザベトはそのとおりだと答えた。高潔なフェルスターはキリスト教の教えをよりどころとして生きてきたのに、まわりに見いだしたのは疑念や嫌疑や人間の邪《よこしま》な心ばかりでしたから。「この一つの発見――すべての希望や、自分の理想が実現する見込みとは正反対の発見――が、この勇敢な男の心臓をいためつけ、有望できわめて意義深い人生に早すぎる終焉《しゅうえん》をもたらしたのだ。(57)」

エリーザベトが知らなかったこと、あるいは知っていても無視することに決めていたことがある。それは彼女の夫が死の前夜、マックス・シューベルトに手紙を書いていたことだ。シューベルトの不可解な行動が私を破産に追い込んだ、と彼は言っている。「最後のお願い」として、彼は植民地協会の会長に、新ゲルマーニアを見捨てないでくれと懇願している。それを書いたときの彼の手は明らかに震えていた。「私のからだと心は、まもなく耐え難い重荷から解放されるだろうと思われる段階にまで達しました……私がスタートさせた、ご援助をお願いする価値のあるこの事業は、たぶん私がいないほうがうまくいくことでしょう。(58)」手紙に封をしたあと、フェルスターはストリキニーネとモルヒネの死のカクテルをあおいだ。エリーザベトは、ベッド脇で見つかったその毒の瓶を、ずっとする形見として手元に置いていたが、のちに、入植者の一人シャガ氏にそれを見せるという間違いを犯した。エリーザベトの言う《神経性の病気による死》が嘘だという証拠はほかにもある。フェルスターは、少し前のことになるが、アスンシオンのドイツ人医師イェンシュ博士にこう打ち明けていたのだ。「植民地事業が失敗したら、私と妻は毒をあおるだけです。(59)」彼はこの脅し文句を半分だけ実行したことになる。彼の自殺ノートがはっきりと示しているように、悔恨や罪の認識が自殺に駆りたてたのではない。それは五七年後にヘルマン・ゲーリングが、疚《やま》しさから青酸カプセルを嚙んだのではないのと同じだ。どちらも自分が間違っていたことを認めてはいない。しかし、負けたということは認めたのだ。

一八八一年、フェルスターは『現代ユダヤ民族とドイツ芸術の関係』のなかで、デューラーの『騎士と死と悪魔』について書いている。「この画家は、自分の目的を達成するということに関して、われわれに疑いを抱かせない……死の時が訪れたならば、栄光に包まれて高貴に従うであろう。哲学的な静けさは、どんなにひどい断末魔の苦しみにあっても彼を離れることはないだろう。[60]」フェルスターは自分の最期が栄光に包まれたものとなることを信じていたのであろう。彼はサン・ベルナルディノとイパカライ湖の青い静かな水面を見渡すドイツ人共同墓地に葬られた。ホテルのドイツ人経営者は、フェルスターが飲んだ莫大な額にのぼる酒の代金として、新ゲルマーニアのいくばくかの土地を受け取ることをしぶしぶながら承知した。

オスカー・エルク率いる植民地の《忠臣たち》は、エリーザベトに悔《くや》みの手紙を書いた。フェルスターは、と彼らは言っている、「われわれを新しい家に導いてくれただけではなく、どんなときも心暖かい友人であり助言者でした。われわれ末尾に署名する者たちは、奥様に心からのお悔みを申し上げます。御夫君の人格の高潔さとここで実現された理想の偉大さは、故人の気高い魂が何世代にもわたって崇められることを証するものです。願わくば全能の神が奥様に、諦念をもってこの喪失に耐えるべき特別な力をおあたえくださいますように[61]」。五三名の署名がなされていたが、それは植民地の住民の半分にも満たない数だった。

ヴァーグナー崇拝者のハンス・パウル・フォン・ヴォルツォーゲンは、故人となったヴァルハラ〔ドイツの偉人廟〕の英雄フェルスターに詩を捧げ、『バイロイター・ブレッター』に掲載した。その詩の結びはこうなっている。

ドイツ人の力が奪われたとて、
その人を敗北者と呼ぶことなかれ
異国の青い穹窿《きゅうりゅう》のもと
翼折れし鷲一羽
静かな墓の前で
ドイツ人の献身をのみ嘆くがよい
ヴァルハラは喜びが支配するところなれば(62)

ヴォルツォーゲンはまた、フェルスターの遺体を新ゲルマーニアに運ぶこと、彼の気高い理想の象徴として記念碑を建てることを提唱している。そしてそれよりももっと早急に、ベルンハルト・フェルスター基金に寄付するよう読者に呼びかけている。「入植者たちが財力がなくても植民地に住むことができるように」、また「フェルスターレーデにささやかなキリスト教の教会を建てるために」。ヴォルツォーゲンの寄付集めの能力はその詩作の能力と同じ程度だった。三年間で集まったのは合計三六・三〇マルクだったのだ。鋤《すき》を半ダース買うには十分足りたことだろう。

ヴォルツォーゲンの賛辞は、ヴァーグナー崇拝者にして偉大な殉教者の未亡人というエリーザベトのバイロイトでの評判を高め——彼女が黒服で後半生を送ることによって、そのイメージは助長された。

しかしその一方、彼女の経済的立場はほとんど改善されなかった。エリーザベトは、夫の遺産には払わなければならない負債があるということを認めていた。しかし、夫は植民地を「すばらしい状態」(63)で残してくれた、と主張した。実際はその正反対で、彼女は勇敢にも債権者と戦ってこれを退けたり、誹謗《ひぼう》者を訴えたりした。とはいえ、もはやそれ以上金を集めることはまったくできなかった。クリングバイルの《真相を暴く》はまだ記憶に生々しかった。もっとも献身的な入植者たちのあいだですら、四年もたつのにいまだに土地の法的所有権を手にすることができない、という不満がつのりはじめていた。

一八九〇年、植民地事業は急遽結成された実業家の団体に買い上げられた。二人のドイツ人、それにイタリア人、スペイン人、イギリス人、デンマーク人が各一人で構成されるパラグアイ新ゲルマーニア植民地会社《ソシエダド・コロニサドラ・ヌエバ・ヘルマニア・エン・エル・パラグアイ》という法人である。エリーザベトにすれば、これは一時的な方策であり、植民地が非ドイツ人に永久に管理されるなど、考えるだけでも我慢がならなかった。新ゲルマーニアは私のもの、取り戻すのに十分なお金を工面するのはたんなる時間の問題だわ。その年の終わり、彼女はドイツにむかって出発した。自分の訴えのもとに結集するよう、祖国の人々を説得するのが目的だった。植民地を救い、入植者たちの精神的安寧のために早急に必要とされている教会を建て、夫の汚名をそそぐのだ。彼女は不在中の管理責任者として、オスカー・エルクを指名した。

エリーザベトが帰国しなければならないという気持ちになったのは、新ゲルマーニアは生き延びなければならないというほとんど病的ともいえる思い込みに、もう一つの妄想が結びついた結果だった。兄にまつわる知らせは、ただならぬ様子だった。エリーザベトが、専門知識などまったくないにもかかわらず、自分は医学に精通していると考えていたのは、見過ごすことのできない過ちの一つだった。つまり彼女は、ニーチェが塩化物中毒にかかっていると確信していたのだ。そして、その中毒は壮年期以降ずっと飲んでいた睡眠薬のせいだと考えた。兄の健康が損なわれたのは一八八四年にあるオランダ人からもらったジャワの麻薬のせいでもある、と彼女は断定している。さらにずっとあとになって、ニーチェの昏倒についてもっと奇想天外な説明を考え出す。彼女は言っている、だれかがニーチェに、彼女の夫が『ツァラトゥストラ』の中傷記事を書き、それが反ユダヤ主義の新聞に載っているという匿名の手紙を書いたのだ、と。そして、ニーチェからの手紙が亡き夫の身のまわりの品のなかから見つかったというのだ。そのなかで兄は、「自分のもっとも忠実な信奉者である妹を連れ去り、堕落させたと言って、私の夫を激しく非難して」いた。(64) 彼女の主張するところでは、その手紙はこんな脅し文句で結んであった。「苦痛をやわらげるために次から次へと睡眠薬を飲んだが、それでもまだ眠れない。今日は正気を失うほどの量を飲んでみるつもりだ。」この（いまだに発見されておらず、最初から存在しなかったことがほぼ確実な）手紙によって、結果としてエリーザベトの診断は裏づけられ、エリーザベト自身が、責任はまったくないが、ニーチェの苦難の中心的な要因ということになった。兄の精神の危機に関する彼女の説明は、自分の夫のためにすでにでっち上げていた英雄的な最期を、そのままなぞったものだった。つまり、敵の陰謀によって心の葛藤へと追い込まれた孤独な人、というものである。のちに彼女は、「その手紙全体から、兄の痛めつけられた魂の最後の叫びが聞こえてくるようだった」(65) と書いている。「弓は真っ二つに折れ、英雄はくずおれた——一八八八年の最後の数日間、麻痺性の発作が私たちの愛する人を突如として襲い、あの比類ない頭脳を二度と役立たなくしてしまった。」

トリノでの劇的な昏倒からまもなく、ニーチェは、ニーチェ家のあるナウムブルクからさほど遠くないイェーナの精神病院に連れて来られた。彼は貴族のような足取りで元気よく入っていき、びっくりしている看護人たちに、豪勢なお出迎えありがとうと言い、妻のコージマ・ヴァーグナーが私をここに連れてきてくれたのだ、と言った。

母親は家で看病するほうを望んだが、彼の容態は常時監視していなければ何が起こるかわからないほどだった。たいていは口をきかず、今や伸びて大きくなり、右側は白いものが混じってきた口髭の蔭で、じっと考えこんでいた。しかしそのうちに、急に大声で悲嘆の言葉をわめきはじめ、それはやがて怒りに変わり、ときには暴力をふるうようになるのだった。母親にはいちばん進んだ治療を受けさせるだけの金はなかった。ニーチェは《麻痺性の精神障害》にかかっていると診断され、《第二級患者》として登録された。[66] ニーチェは人間の品位を傷つけるような患者用の帽子をかぶらされ、自分を皇帝とかカンバーランド公爵と呼んだ。窓を叩きこわし、頭痛を訴え、看護人をビスマルクだと言ってその罪を責めるのだった。

もっと平静なときには、ピアノを弾くか、部屋の隅で涙にくれてうずくまっていた。「私は愚かだから死んでいる、私は死んでいるから愚かだ」[67]と、何度となく繰り返して言うこともあった。狂人特有の呪文だ。果てしなくつづく意味のないおしゃべり、ときにはそれが一晩中つづいた。こうした状態にあるときに、『妹と私』を書いたとされているのだ。たまに正常だと思われるときもあった――少なくとも二人の友人が、彼の狂気は仮病だと信じていたほどだ――、しかし、彼の記憶は一八八八年でぷっつりと途切れていた。この二年間のことは何も覚えていないのだ。

母親が案じながら何度も問いただした結果、一四か月後に病院当局は、彼には回復の見込みがないことを正式に認めた。一八九〇年五月、ニーチェは退院を許され、母親といっしょにナウムブルクに帰った。前より落ち着いてきたように見えたが、まだ何をするかわからなかった。家に帰ってからまもないころ、道のまんなかで服を脱いでいるところを警官に制止されるということが起こった。その後はごく稀にしか外出しなくなり、外出するときは必ず母親がついていた。

一八九〇年のクリスマスの直前、エリーザベトの乗った列車が着いたとき、ニーチェはナウムブルクの駅で待っていた。母親の腕にしっかりとつかまり、「プロイセンの兵隊のように(68)」背筋をぴんと伸ばして立っていた。ニーチェが母親の言うとおりにしているのは、おそらく生まれてはじめてのことだった。彼はたしかに妹のことがわかり、彼女が『ツァラトゥストラ』の何節かを読んで聞かせると、満足そうな様子をみせた。しかし、エリーザベトにまつわる苦い思い出が狂気というフィルターを通って染みでてくるようだった。彼の筆跡は今ではほとんど判読できないが、いくぶん論理的な走り書きもいくつか残っており、そこには妹への紛れもない敵意が読み取られる。彼女の自己満足の性癖を痛ましくもなぞったところがその証拠となっている。そうした断片の一つは次のように読むことができる。「植民地の母として、私にはあの国のためにすべきことがまだたくさんある。私が信じられないほどやさしいことが、フリッツには何より嬉しい。私は夫の仕事を見捨てようとしているのだろうか。(69)」夫を見捨てるどころか、エリーザベトは彼を殉教者に仕立て上げるのに懸命だった。

彼女はちょうど五か月で『ベルンハルト・フェルスターの植民地・パラグアイの新ゲルマーニア』を編集して一冊の本にまとめ、一八九一年の春に出版した。この本には、設立以来植民地で書かれた、もしくは植民地に関して書かれた新聞記事や論評が含まれていた。その取捨選択にはとくに気をつかい、できあがった本がさまざまな目的を果たすよう工夫されていた。とりわけ重要な目的は、植民地を維持するために、そして大いに必要とされている教会を建てるために、基金への協力を呼びかけることだった。この本はまた、クリングバイルの告発に反論し、フェルスターを(したがってそれに関連してエリーザベト自身を）まばゆい光のうちに描き出している。フェルスターは「ヴァルハラにふさわしい、戦う英雄であり、その顔のイメージには本当のイエス・キリストと真のゲルマン人種とが一つに溶け合っている。彼はドイツ人の精神を信じて異国の地に斃《たお》れたのだ(70)」。エリーザベトは彼の評判を自由主義の（とはつまりユダヤ人の）ジャーナリストの中傷から守るために戦う《失意の女性》だった。エリーザベトは用心深く反ユダヤ主義の調子を落としていた。一時的ではあるが、この主義がやや時代の風潮と合わなくなってきていたのだ。自分の夫は晩年には人種差別主義を捨てていた、とまで主張したほどだった。これが真実でないことは明らかである。

何とかしてさらに多くの入植者を誘い出そうとして、エリーザベトは楽しそうにかつての作り話を繰り返す。「パラグアイの気候は、私には天国のようです。今回ドイツにきて、こちらの天気にはうんざりしています。(71)」あちらの食べ物はすばらしく、かつ安価で（「ヤシの実の芯はロブスターのような味がする」）、入植者たちはみんな一様に健康で幸福である。死んだ人たちがいることは事実だ。しかし、いずれにせよそのほとんどは酔っ払いだったのだ。彼女は野生動物の危険も一笑に付して、こう言っている。実際もう蛇は見られないし、蚊もほとんど害はない、もっとも危険なのは、「植民地のタイガーで、新しい移住民の小屋に入りこんで、うなり声を挙げ、鼻を鳴らしてはかわいそうな人々を怯《おび》えさせる。ところがいつでも、よく見ればじつはただのおとなしい雄牛なのだ。(72)」実際のところ、パラグアイについて言っておかなければならない最悪のことは、暑さのためにクリームがうまく固まらないということである。それと、きれいに磨いた室内用便器をいくつか持っていくのが好ましい。なぜなら、「あちらではトイレや慣習的なしきたりにあまり注意を払わない(73)」からである。ともあれ、これは彼女が書いたもっとも突飛な作文である。

さまざまな嘘やでっちあげを詰め込んだこの本が、彼女が残してきたもっと不幸な入植者たちにどのように受け止められるか、エリーザベトでもわからないはずはなかった。その入植者たちの多くは、彼女がもどってくることを少しも喜ばなかった。おそらくそれで彼女はパラグアイへの再渡航を六か月も遅らせたのだ。しかし別の理由もあった。

ニーチェが倒れたとき、彼の著作を知っていたのは、一握りの友人やゲオルク・ブランデスのような先見の明のある知識人だけだった。正常なときのニーチェは自分自身と著作を売り出すために多大な努力を払ったが、すべて失敗に終わっていた。しかし、正常ではなくなると、広く一般の注目を浴びるようになった。ニーチェは書いている、「生きる意味、生きる権利が失われてからも、卑怯にも医者と薬にたよってただ生きつづけることは、社会の激しい侮蔑を呼び起こして当然の行為だ(74)」。ニーチェの場合、社会はその正反対のことをしたのだった。新聞にもこのナウムブルクの狂気の哲学者に関する記事が載るようになった。エリーザベトがひどく腹を立てたことには、ルー・(今はアンドレアス・)サロメまでもが、かつて知り合いだった偉大な人物について、その思い出を活字で発表しはじめた。皮肉なことに、ニーチェの精神異常にたいするこうした覗き見的な好奇心によってはじめて、世間は彼の著作に広い関心をもつようになったのだ。ニーチェの友人たちが心配したとおり、エリーザベトはみずから介入することを決心した。法的にはそんなことをする権利はなかったのであるが。

ニーチェは膨大な未発表原稿を残していた。何箱ものノートや走り書き、アフォリズム、ほかの本からせっせと書き写した引用、格言、思いつきや意見などだ。それが彼の書く方法だったのだ。思いつきが具体化するたびに、健康維持のために、ひっきりなしにばらばらの紙になぐり書きするのである。ニーチェの遺稿《ナハラス》、つまり刊行されていない彼の著述の遺産は、深遠と凡庸、貴重なものと無意味なものからなっている。保存しておこうという意図や後の著作に入れる意図がはっきりしているものもあれば、とっくに投げ捨ててしまってもよかったものもある。また、印刷に付されるばかりの完成した著作もいくつかあった。

ニーチェ著作集の編集にたいするエリーザベトの最初の介入は、『ツァラトゥストラ・第四部』の出版を差し止めようとしたことだった。神を冒瀆している部分があるというのがその理由だった。彼女は母親に、自分たちが冒瀆禁止法によって告訴されるおそれがあると言った。実際は、おそらくこの本の語っていることが気に入らなかっただけなのだ。結局彼女は譲歩した。しかし、これは示唆に富む出来事である。ただし、もっと洞察力のあるニーチェの友人たちにとっては不愉快な出来事だった。一八九二年七月、とうとうパラグアイへ発つときがきたが、その前に彼女はニーチェの著作集の廉価版を刊行する手筈をととのえていた。その後たくさん出版されたものの最初の版である。ニーチェの誠実な友人で、ただ一人、手に負えない彼の手書き原稿を読むことができるペーター・ガストに、遺稿《ナハラス》の編纂がゆだねられ、フランツィスカが彼の肉体の遺物の面倒をみた。しかし、エリーザベトがこのときすでにその両方を自分の管理下に置くつもりになっていたことは明らかである。

一八九二年八月にエリーザベトは新ゲルマーニアにもどり、オスカー・エルクをはじめとする支持者たちの熱烈な歓迎を受けた。彼女はいい知らせをもってきた。プロイセン最高宗教会議が牧師の派遣を承諾したのだ。二年先までの給料も含めて、費用は全部負担してくれるということだった。また、彼女の決定に従って、この土地で消費するサトウキビの酒を造るために、蒸溜施設を設けることになった。エリーザベトは途中のどこかでアルコールへの嫌悪を忘れてしまっていたのだ。彼女の帰還を不吉な予兆だと考えた人たちもいた。入植者のゲオルゲ・シュトレックフスは、エリーザベトがもどってから数か月後に、ケムニッツ植民地協会のマックス・シューベルト宛に手紙を書いた。「ドイツがほとんど誇大妄想にまで達してしまったフェルスター夫人の病気を治してくれたとは思えません。それどころか、あの人は以前にも増して独裁的で、人々を欺いています……それに、カーニャの蒸溜施設が新ゲルマーニアに恩恵をもたらすとはとても思えないのです。(75)」この指摘は、共同社会の重要な一員であるフリッツ・ノイマンという男からのもっと敵意を含んだ報告によって補強された。ノイマンは言っている。水道もなければ道路もありません。ジャングルのなかに住もうとした人々は、自然の力によって追い出され、崩れた小屋も放棄された農園もすでに下生えによって覆いつくされてしまっています。フェルスターの事業は完全な失敗でした。そもそもここに人々を連れてきたことからして罪深いことですが、さらにそのあとにつづくようにほかの人々を説得したことは犯罪です。フェルスターがあれほど愛したゲーテの訓戒の言葉、《みずからを守り通すのだ》は、彼の自殺のあとでは虚《うつ》ろに響きます。今ではすべての移住者がそのことに十分気づいています。

幻滅感が広がり、エリーザベトがジャングルはすでに征服したと主張しつづける一方で、去っていく移住者の数は増すばかりだった。ある人はこう書いている。「もし来年までにここのどうしようもない状況が少しも改善されなかったら、別のところに移ることを考えねばならないでしょう。どこへ行ったらいいのかわかりませんが。世界は広いというのに、神も見放したらしいこの地に何年もとどまるのは、気違い沙汰というものでしょう。もしも今自分を犠牲にしたら、どうしてもっと早く立ち去らなかったのかと、あとになって後悔するだけです。金さえあれば今日にでも出ていきたいのです。でもそれが、たくさんの人々をここにみじめに縛りつけている鎖なのです。(76)」エリーザベトはいつものとおり容赦なく、反ノイマンのキャンペーンに乗り出した。しかし今回は勝ち目のない戦いだった。マックス・シューベルトはひきつづいてケムニッツ植民地協会の会長をしており、今や両陣営からひっきりなしに手紙を受け取っていた。一八九二年七月十八日、別な入植者のヴァルター・グリッツァがとりわけ事態を憂慮させる手紙を送ってよこした。「お受け取りになる都合のよい内容の手紙は全部でっちあげです」と彼は書いていた。「自分の運命に満足している入植者は一人としておりません。といって、だれがそれを責められましょう。ここでの生活は悲惨なものなのですから。[77]」では、あの手紙はいったいだれがでっちあげているのか。疑惑は当然ながら、エリーザベトとその手先であるオスカー・エルクにむけられる。

パウル・ウルリッヒスという人望のある入植者によって、とどめの一撃が加えられた。エリーザベトはすでに彼のことを活字で中傷していた。マックス・シューベルトはウルリッヒスの反論を植民地協会の会報に載せた。その語調が強烈なことを詫びて、「今は微妙な感情ではなく、真実こそが私たちの行動の指針となるのだ」と弁明し、こう結んでいる。「新ゲルマーニアを少しでも改善するための第一条件は、フェルスター夫人の追放である。[78]」つねに一歩先をいくエリーザベトは、すでに手を引く決心をしていた。そして慎重に計画を立て、無残な大敗北を面目を潰さない退却へと変えることをもくろんだ。相変わらず鈍重で言いなりのフランツィスカ・ニーチェは、ニーチェの病気がいっそう悪くなったのですぐに戻ってきてほしいという電報を打つことを承知した。エリーザベトはただちに家と土地を売り払い、パラグアイに永遠の別れを告げた。怒りに燃えた入植者の一団が、リンチもしかねない雰囲気ですぐにあとを追ってきたが、彼女は歩いて新ゲルマーニアを出ていった――彼女は走らなかった。

一八九三年八月、彼女はアスンシオンを船で発った。この町は、その間に数年たっていたが、ほとんど変わっていなかった。ただし、ロペス大統領が着手した大統領宮殿には、今や最後の仕上げが施されていた。ほんの数週間の違いで、エリーザベトはゴンザレス大統領による大落成式と、パラグアイの国家プロジェクトが一般に公開されるのを、見逃すことになった。ずっとあとになって、植民地への彼女の別れの挨拶が発表された。掲載されたのはもちろん『バイロイター・ブレッター』である。彼女はパラグアイでの歳月をふり返り、経済的援助の最後のお願いをする。そして、ドイツの植民地会社、ヘルマン社が新ゲルマーニア植民地協会から土地を買い取ることに同意してくれたことをお知らせできてうれしい、と言った。あのままでは純粋なドイツ的特徴を維持することはとうてい期待できませんでした。あの会社はほとんど外国人ばかりで構成されていたのですから。彼女は言っている、自分は、今は亡き愛する人が着手した仕事を完成させるために最善をつくした、「でも、一人の女のか弱い力がいかにちっぽけなものであることか」、「世論を惑わす、信用のおけない人たち」との戦いにおいては。ヘルマン社は、植民地にとってきわめて重要なドイツ的特性を維持してくれるという点で、信頼することができる。そして有害分子が排除された今、あの開拓地はより幸福な道を歩むことができるのだ。エリーザベトは支援者たちに呼びかける、植民地がいつまでも変わることなくドイツ人の手にあるようにするため、株券を購入しようと。自分がこのようなことをする動機は、夫の理想と養子に出した植民地とにたいする純粋な愛であり、「もはや世話をすることはできないが、子供が本当にやさしい人の手にあることを切に願う母の愛なのです……私はこれをもって植民地の問題を離れなければなりません。」呼びかけは次の言葉で終わっている。「現在は別な一生の仕事が私の時間とエネルギーのすべてを要求しています。たった一人の愛する兄、哲学者ニーチェの世話をすることです。兄の著作を守り、その人生と思想を記述しなければなりません。」(79)

この記事は一八九五年一月に書かれ、署名はエリーザベト・フェルスター゠ニーチェとなっている。

エリーザベトにはいくつもの名前があった。子供のころはリスベット、リッヒェン、あるいはラマ。パラグアイと『バイロイター・ブレッター』紙上ではいつもエリ・フェルスターの名でとおっていた。兄はその名前のことでからかったことがある。「親愛なるラマよ」と彼は一八八五年に書いている、「私はこの名前でおまえを呼ぶ権利があると思っている。おまえの夫は別の名前（ヘブライ語の名前）でおまえを呼んでいるのだから。年季の入った反ユダヤ主義者にしてはまったく奇跡だ。エリとは《私の神》という意味だ。おそらく特別な場合には《私の女神》という意味にもなるだろう。[80]」ここにいたって彼女は裁判所の指示を仰いで名前を変え、ニーチェの名前を、彼がその見解や人柄を軽蔑していた男の名前に結びつけてしまった。こうしてフェルスターの名前をニーチェの名前に接ぎ木してしまうと、今度はその思想についても、同じことをしようとしていた。

第七章　権力への意志

エリーザベトがパラグアイから二度目の、そして最後の里帰りをすると、兄は前よりも柔順になっており、発病した最初のころのように激しく怒りだすことも少なくなっていた。今ではあまり口をきかず、何時間もずっと静かにすわって宙を見つめていた。しかし、あくびの発作を起こしがちで、話す能力が低下しはじめた。「うまくしゃべれないんだ」と彼はよくつぶやいた。[1] 忍び寄る麻痺が右半身を覆いだした。エリーザベトはまさにこの痛ましい姿を崇拝の中心に据えようとしたのだった。今世紀前半のドイツは、こうした企てには最適の温床だった。それにはニーチェにも責任の一端がある。感情的で神話的な言葉づかいと残酷なイメージ、強さの崇敬のせいだ。おそらくエリーザベトがいなくてもニーチェ崇拝はあっただろう。しかし、彼女の傑出した宣伝能力なくしては、あれほど大衆的にも、またいかがわしくもならなかっただろう。

エリーザベトは巧妙な操作や不正な操作をする際に、どの程度冷笑的《シニカル》だったのだろうか。実際はちっともシニカルではなく、ただ単に、自分の望むものと本当に真実であるものとを区別することができなかっただけなのだ。いったんニーチェを（まずその著作を、それから彼自身を）支配下においてしまえば、彼女自身の姿勢が彼の姿勢の上に影を落とすのは避けられないことだったが、それについて、エリーザベトには何も不都合なことはなかった。彼女自身が上告の最終審だったからだ。もしも事実が彼女の解釈と一致しないとしたら、変えるべきなのは事実のほうであって、彼女の意見ではなかった。エリーザベトの気持ちはよく変わったが、意見はけっして変えなかった。ニーチェはかつてこう書いた。「信念は真実にとって嘘よりも危険な敵であろう……私のいう嘘とは、見えるものを見たがらないこと、見えるとおりに見ようとしないことだ。」エリーザベトはそれを嘘とは言わない。信念をもつ勇気があると言うのだ。しかし、ニーチェ自身が指摘しているように、信念をもつ勇気があるというのは、「広く流布している誤りだ。それはむしろ信念を攻撃する勇気があるということにほかならない」(2)。おそらくまだパラグアイにいたときに、エリーザベトは信念をもったのだ、自分には兄を有名にすることができるという信念を。それも兄が挫折《ざせつ》したところから引き継ぐかたちで。彼女は兄を神話、大義、象徴（これらの言葉が暗示する醜悪なニュアンスも残らず含めて）に変えようと決心した。それは夫を相手に試み、失敗したのと同じことだったが、今度の仕事は、その神話の中心がもはや異議を唱えるような状態にはなかったために容易になった。エリーザベトは、自分がほかのだれよりも、おそらくは兄自身よりも兄のことがよくわかっていると、心から信じていた。病気の一進一退の合い間に、ときおり正常に戻るのではないかと思われることもあったのだが、もしもそうなっていたら、おそらく彼女は兄にも直接そう言っただろう。パラグアイから帰った直後に、彼女はペーター・ガストがニーチェの伝記を書こうとしていることを知った。彼女の反応は有無を言わさぬものだった。「兄の生涯は私が書きます」と、彼女はそっけなく言った、「私ほどふさわしい人間はいません。(3)」

兄によって金儲《もう》けができるということが、著作集の廉価版の売れ行きからわかった。そこでエリーザベトは、パラグアイで入植者を相手にしていたときと同じ横柄なやり方で、ニーチェの友人や同僚の組織化に着手した。彼女はペーター・ガストに、ニーチェの著作集の編集はつづけてもよいが、何をするにもかかならず自分の許可を得るようにという注意をあたえた。厳密にいえばこれは馬鹿げていた。昏倒以来の法定後見人であるフランツィスカ・ニーチェが、著作権の相続人だったからである。エリーザベトはニーチェが書いたありとあらゆるものを集めはじめた。ニーチェが著作にふけったジールス・マリーアの仮寓の家主は、走り書きは捨ててくれと頼まれていたにもかかわらず、ニーチェの部屋に散らばっていた紙片を集めて保存しており、人から請われれば記念にやったりしていた。エリーザベトはそれをすべて返すよう要求した。また、ニーチェの友人や文通相手に手紙を書き、ニーチェ資料館に収蔵したいから手紙を送ってくれと頼んだ。応じた人もいたが、コージマ・ヴァーグナーのように拒否した人もいる。コージマは即座にニーチェの手紙を、一通だけ残してあとは全部破いてしまった。そのために、ニーチェが正常なときに直接彼女に愛を告白したかどうか、永遠にわからなくなってしまった。

集められたニーチェの著作は、ナウムブルク、ヴァインガルテン一八番地の家の二階に収められた。その家は今やニーチェ資料館と名づけられ、レターヘッドの入った便箋まで作られた。正式の開館は一八九四年二月二日だった。エリーザベトはこの資料館に、兄のゆかりの品や彼が書いたもので見つかったものを片っ端から詰めこんだ。こうして彼女は、フランツィスカには病人の面倒をみる役目をあたえ、自分は彼の名声を高めるための面倒をみる役目を引き受けたのだった。

ガストはまもなく新しい編集者フリッツ・ケーゲルと交代させられた。ケーゲルは若くてハンサムで芸術家肌の男だった。エリーザベトは彼に好感を抱いたが、それはすくなからず彼の口のうまさのためだった。初期のニーチェ資料館におけるもう一人の重要な人物が、のちの教育改革家で人智学運動を唱導することになる、ルドルフ・シュタイナーだった。シュタイナーはまだ若かったが、すでにニーチェについての本を一冊書いており、ヴァイマルに設立されたばかりのゲーテ゠シラー資料館で働いていて、その町ではよく知られた知識人だった。エリーザベトは、自分よりずっと年下だが知性においてはずっと上回っている、この二人の青年を非常にかわいがった。一八九六年八月、シュタイナーは彼女にその兄の哲学がもつ意味を教えるという、困難な仕事を引き受けた。しかし、すぐに愛想をつかしてやめてしまった。彼はこう書いている。「フェルスター゠ニーチェ夫人は兄上の学説に関してはまったくの門外漢だ……細かな差異を、いや大ざっぱであれ論理的であれ、差異というものを把握する感覚がいっさい欠けているのだ。あの人の考え方には論理的一貫性がこれっぽっちもない。そして客観性というものについての感覚も持ち合わせていない……どんなときでも自分の言ったことは完全に正しいと思っている。昨日は間違いなく赤かったものが、今日は青かったと確信しているのだ。(4)」しかし、シュタイナーもまた、エリーザベトがニーチェとその著作のまわりに作り出そうとした特異な神話的雰囲気作りに貢献する、という罪を犯している。これは彼の文章だ。「ニーチェがひだのある白い部屋着に身を包んで横たわり、濃い眉の下の深くくぼんだ目を見開いて、バラモンのように凝視し、問いかけるような謎に満ちた顔をして、思索家らしい頭を獅子のように威厳に満ちて傾けるのを見れば、だれしも、この男が死ぬなどということはありえない、この男の目は永遠に人類の上に注がれることだろう、という感じがするのだった。(5)」エリーザベトは、死んでもいないうちからニーチェに不朽の名声をあたえようとした主犯であるが、彼女には喜んで従う共犯者がたくさんいたのだ。

エリーザベトの伝記こそが、ニーチェをたんなる人間的な、あまりにも人間的な人物ではなく、超人らしきものの象徴に変えてしまったのである。哲学者というより、むしろ予言者に仕立てあげたのだ。エリーザベトは一〇年以上の歳月をかけて、全二巻におよぶ兄の生涯の物語を書き上げた。(のちに短縮して二つの作品にまとめられる。『若きニーチェ』と『孤独なニーチェ』である。)伝記を書くに際しては三つの意図があった。兄についてはほとんど神のごときイメージを作り上げること、自分自身については、その唯一の心の友であり支援者というイメージを作ること、そして、兄の哲学にできるかぎり優れた解釈――彼女自身の解釈――を施すことだ。

できあがったのは、やたらと飾りたてた不正確なものだったが、とても評判がよかった。「驚くほど美しく、大きくて表情豊かな目」[6]だの、「きわめて礼儀正しい振舞い」について、事細かな記述がふんだんに織りこまれていた。彼女の主張するところでは、「フリッツにはどこか類稀なところがあることを、幼いときから見て取り、その確信を口にしたたった一人の女の肉親が、妹のこの私なのである。」[7]彼女だけが実体験にもとづいて、兄の生涯と哲学を語ることができるのだ。「兄はどんな友人にも、私に話したほど率直にあるいはこっそりと話したことはなかった。私はいつも疑っていた、兄は心に浮かんだことを、私よりも友人たちにもっと多く語っているのではないかと。［明らかにエリーザベトの言うとおりだ。］ここからいくつもの間違いが起こったのだった。」[8]それを訂正することが自分の義務だ、と彼女は主張する。「攻撃をはねつけ、間違いを取り除き、細大漏《も》らさぬ正確さで事実と兄の生涯の経験を描き出す義務があるのは、だれよりもこの私なのだ。なぜなら、私ほど兄の近くにいたものはいないのだから。」[9]そして、自賛していないときには、兄の称賛の言葉を引用した。「『妹は女性ではない、友人だ』と兄は言ったらしい。――私のとても女らしい恰好と滑稽な対照をなす意見である。」[10]彼女は「役に立ち、信頼でき」、「兄の助手であり、非常時には慰めとなり」[11]、「耳と頭だけでなく、心で聞く」[12]人間だった。

敵意を直接ぶつけるということはなかったにもせよ、かつてしばしば激しく衝突した関係が、相互崇拝という具のたっぷり入ったミネストローネに変えられてしまった。そして彼らの深刻な意見の不一致は、ほとんどが無視されている。「実際、私たちの人生で、互いに思いやりのない言葉を使ったことは一度もない。もし、ときおり気に障ることを書いたとしたら、それは遠く離れているあいだに私たちが他人の悪い影響を受けるようになったせいだ。[13]」たとえば『この人を見よ』には、エリーザベトにたいして極度に敵意をむきだしにしている個所がある。彼女が著者の没後八年間もこの本を出版させなかった理由も、これでほぼ納得がいく。

この伝記は、長く待ちわびていたルー・アンドレアス゠サロメにたいする復讐を果たす機会となった。あの文学かぶれのロシア女は、薄っぺらな成り上がり者で、まったく胸がむかつくやり方で自分を表現する「現代の解放された女性とやらの先触れ[14]」だ。（エリーザベトはイェーナでの激しいやりとりを忘れてはいなかった。）彼女のほうはニーチェと結婚したがっていたが、ニーチェは彼女が「本質的に嫌い[15]」だった。また、パウル・レーはたんなる弱虫で、支配欲の強いサロメの言いなりだった。伝記はまた、パラグアイの植民地での彼女を批判する人々にたいして、第二の防衛線を引くチャンスでもあった。連中は「高尚なものや超人的なものは何でも嫌う、悪意に満ちた小人たち[16]」だ。彼女の夫は、「生まれながらにして社会の指導者にして支配者となるべく運命づけられていた[17]」。彼女は信じていた、「もしフェルスターがあんなに若くして死ぬようなことがなければ、植民地新ゲルマーニアは彼の計画した通りになっていただろう――その傑出した植民地開拓の能力で、ドイツの栄光のために、手に入れたいと願っていたものをすべて手に入れたことだろう[18]」。植民地はいんちきどころか、本当は慈善行為だった。「私たちのところへやって来たのは、ほとんどが貧しい人たちだった。彼らは私たちから贈り物として土地を受け取り、私たちが立て替えた金で暮らしていたのだ。[19]」

ニーチェは彼女の結婚に、最初は疑いをもったが、あとになって認めた。それは、「彼があまりにも優れた心理学者だったので、愛の問題は別にして、私のような行動を熱望する女が、エネルギーを注ぐ領域を必要とすることに、気づかないわけにはいかなかったからだ。[20]」兄と夫のほんの小さな行き違いは、と彼女は言う、「自分がフェルスターと結婚したがっている陰謀好きな若い女がいて、ひそかにニーチェとフェルスターを敵対させることによってその目的を果たそうとしたせいである[21]」。兄が結婚式に出席せず、別れも告げにこなかった理由はただ一つ、「個人的な別れの感傷的な場面が苦手だったからだ[22]」。また、「植民地事業にたいする兄のさまざまな反対意見や懐疑的な意見については、大いに誤解されている[23]」。彼女は、兄は植民地に来ることまで考えていたのだ、と主張する。彼女自身の反ユダヤ主義は、ニーチェのはっきりした反対を考慮して、ぼかされている。そして、この点に関しては夫の意見に賛成できなかった、とまで言い張っている。いずれにせよ彼女は、反ユダヤ主義の政治運動は植民地をまったく支援してくれなかったと、怒りをぶちまけている——あたかもそのせいで植民地の、あるいは彼女の、反ユダヤ主義が弱体化した、と言っているようだ。

彼女は、「自分の意見を差しはさむつもりはまったくない[24]」ことを強調しているが、ニーチェの考えのうちで容認できないと思った部分は、言及を避けるか故意に誤って伝えている。彼女がその思い出を大切にしているというヴァーグナーについては、ニーチェが決別したのはたんに芸術上の意見の相違によるものだとされる。そしてそれだけではなく、「すべての悩みと喜びをともなう友情の物語、陽の当たる楽しい道をしばらくのあいだ肩を並べて歩くことのできた二人の天才の小説[25]」を長々と物語る。ドイツの民族主義にたいする兄の反感については、あっさりと否定した。「人が何と言おうと、兄は祖国ドイツを愛していた。激しい非難の言葉は、深い愛情を秘めた心からの叫びにすぎない。兄はドイツ人の本当のすばらしさを、純正なる文化に満たされ、またそれによって変貌したドイツ人を、見たがっていた……そして、ドイツ人にはそれができるのだ、ドイツ人は勇敢なのだから。[26]」彼女の記憶によると、ニーチェが「『私はドイツ人を愛している』と言うときには、しばしば『ひとしきり本物の愛国心に』ふけっていた[27]」。そして、彼がドイツ人を批判しているように見えるとしたら、それはただドイツ人が彼の非凡な才能を認めることができなかったからに過ぎない。また、『アンチクリスト』の著者が反キリスト教徒ではなかったことも、いうまでもない。「彼はキリスト教創始者への心からの愛を抱いていた。[28]」そして、「穏やかで敬虔なキリスト教徒が本当に好きだった[29]」。そのうえ、「キリスト教がこれまでいつも、そして現在でも、一般大衆の宗教としていかに恩恵を施しているかについて、いつでも忘れずに触れるようにしていた[30]」。これが、『この人を見よ』のなかで次のように述べている男だというのだ。「神という概念は、生命と対照をなす概念として考え出されたものだ。――有害で、毒があり、誹謗《ひぼう》的なあらゆるもの、生命にたいする憎しみのすべてが、一つの恐ろしい統一体に凝縮されたのだ。」

エリーザベトの書いた兄の聖人伝は、（寛大な人なら）作り話として、（現実的な人なら）悪意に満ち、誇張された、利己主義のナンセンス話として、片づけることができるかもしれない、もしもこの本によって、彼女自身のゆがんだフィルターを通してでなければ、実質上ニーチェの生涯に、それればかりかその著作にも、近づくことが不可能になってしまったという事実さえなければ。そして彼女は、自分のしていることをよく承知していた。伝記中おそらくもっとも啓発的な個所で、彼女は思わず尻尾を出してしまっている。彼女は言う、子供のころから「私の生涯でもっとも困難な課題が始まっていた。それは兄が私の本来のタイプだと呼んでいるもの――すなわち《相反するものを有和《ゆうわ》させる》という課題だ[31]」。

兄のこのように美化された神話的イメージを作り上げるのに、エリーザベトは一〇年以上の歳月を要した。一方で彼女は、ニーチェが彼の遺産（「この途方もなく豊かな収蔵品は、私が一人で集めたものだ」[32]の管理者として、また伝記作者として、はっきりと自分を指名したと主張する。そのうえで、全力を挙げて自分が勝手に決めた領分を守ろうとした。ただ一つ問題なのは、母親が生きているあいだはエリーザベトではなく彼女が、法律的にニーチェの著作の管理者であるということだった。フリッツ・ケーゲルの助けを借りて、エリーザベトは資料館の全権を手に入れる計画を立てた。匿名の後援団体がフランツィスカに寄付を申し出る、ただし、ニーチェの財産にまつわる権利をすべてエリーザベトに譲り渡すという条件付きである。激しい言い争いが繰り返され、ときにはエリーザベトがパラグアイからもどって以来、母と娘の関係は悪化していた。エリーザベトが、母にはニーチェの後見人の資格はないと公表するといって脅す場面もあった。そうしてやっと一八九五年十二月に、母親はエリーザベトとその従兄弟のアーダルベルト・エーラーをニーチェの著作の独占管理者とすることに同意した。のちにフランツィスカは、脅迫されてサインしただけで、すぐに後悔したと主張している。また、いつも怪しんでいたとおり、息子の世話にたいして支払われるお金が、寄付ではなく、匿名の人々によって保証されている貸付金にすぎないことに気づいたときには、後悔の念はさらに強まったと。

匿名の後援者の一人に、ハリー・ケスラー伯爵がいた。鷲を思わせる顔立ちで、長いブロンドの口髭をたくわえた、若くて礼儀正しい貴族である。一八九五年十月二十六日、彼はエリーザベトに手紙を書き、自分が携わっている美術雑誌『パン』に何か書いてくれるよう依頼した。このとき以来、彼はエリーザベトの人生に重要な役割をはたすことになった。ケスラーはこの時代の卓越した観察者だった。芸術のパトロン、文学作品の鑑定家、外交官、そして根気強い日記の作者である。裕福なハンブルクの銀行家とアイルランドの名高い美女アリス・リンチ(前出のリンチとは無関係)のあいだに生まれ、イギリスのハロー校とフランスで教育を受けたのち、ニーチェと同じようにボンとライプツィヒの大学に学んだ。多くの人々がそうであったように、彼もエリーザベトのエネルギーと情熱にその兄の著作に劣らぬ抗《あらが》い難い魅力をおぼえたので、往時をしのばせる慇懃《いんぎん》な態度で接し、彼女を喜ばせた。政治的には、二人は正反対といっていいほど掛け離れていた。エリーザベトは熱狂的な保守派の民族主義者であり、君主制を擁護していたのにたいして、ケスラーは左翼思想の持ち主で、アカ伯爵というニックネームをたてまつられていたのだから。少なくとも知り合ってからしばらくは、ケスラーはエリーザベトの忠実な後援者の一人だった。そして彼女はケスラーをこよなく愛し、ニーチェ新聞の編集を引き受けてくれるよう頼んだほどだった。――彼はそれを断わったが、資料館の《芸術関係の助言者》になることは承知した。ケスラーはニーチェ崇拝にコスモポリタンの活力をもたらした。これは今や六〇代に入ったエリーザベトにはとても真似のできないことだった。この若い伯爵は、尋常ではないその人生行路においてあらゆる人と知り合いになった。パリでジョゼフィン・ベーカーが裸で踊るのを見たことがあり（「明らかに彼女は何時間も前からぶっつづけで踊っていた。[33]」）、ユーディ・メニューインのデビュー演奏を聴いた（「まったく驚嘆すべき少年だ。その演奏には天才のインスピレーションと子供の純粋さがある。」）。学校時代、学友たちのために雑誌を作ったが、その学友のなかにウィンストン・チャーチルがいた。また、ヴァージニア・ウルフ、プルースト、ジョージ・バーナード・ショーなど、当時の傑出した知識人や芸術家のほとんどと面識があった。そしてそのすべての人に、繊細で鋭敏な批評眼と当意即妙のウィットをもって相対していたのである。彼はエリーザベト・ニーチェに道義上ならびに経済上の援助を提供する一方で、彼女が兄のまわりに張りめぐらせた似非《えせ》神話の秘教性を見破ることのできた数少ない人々の一人でもあった。彼がはじめて狂気のニーチェを見たときのことを記した日記の文章は、感動的で貴重なものであり、仰々しさや誇張を免れている点で、当時としては出色の記録であろう。

彼はソファーで眠っていた。その巨大な頭を右に傾けて垂れ、胸に沈めていた。まるで重すぎて首では支えきれないかのようだった。額はじつに広い。たてがみのような髪の毛は、ふさふさとして突き出ている口髭と同様に、今でも濃い褐色を保っていた。目の下のうっすらとした暗褐色の隈が、頬に深く食い込んでいる。この死んだような気力のない顔にも、いまだに思考と意志とによって刻み込まれた深い皺をみることができる。しかしその皺は、以前よりもっと和らぎ、消えうせようとしている。この人の表情には果てしない疲労がうかがわれる。その手は青白く、緑と紫の血管が浮き出ており、死体のようにいくらかむくんでいた……激しい雷雨とともにやってきた蒸し暑い風が彼を消耗させ、妹が何度も優しく「兄さん、兄さん」と呼びかけても、目を覚まそうとはしなかった。病人とか狂人というよりも死人のようだ。(34)

この文章は、一八九七年七月にニーチェの肉体が、その名を冠した資料館とともに、ヴァイマルに移されたあとで書かれたものである。その年の四月二十日、フランツィスカ・ニーチェはついに世を去り、彼女が七年間にわたって看病してきた病人はもっぱらエリーザベト一人の監理にゆだねられることになった。エリーザベトは、ナウムブルクは兄の非凡な才能の成果とその遺された肉体をとどめておくべきところではないと判断した。ヴァイマルのほうがずっとふさわしい。古典研究の中心地であり、ゲーテやシラー、リストが世に出た町だ。エリーザベトはニーチェの裕福な友人で崇拝者の一人、メータ・フォン・ザーリスを説得して、資料館にふさわしい用地を購入させた。ヴァイマルを見渡す丘の上に建っているジルバーブリック館が選ばれたことは、ある意味では奇妙なことだった。エリーザベトは、自分に課せられた不幸と同じ名前の場所には当然反対すると思われたからだ〔一六ページ参照〕。たしかにジルバーブリックには、美しい景観という意味もあるのだが。建物自体は大きくて不格好で、あまりにも自然の諸力のなすがままにまかされていたので、地元の人たちはゾンネンシュティッヒ館——日射病館——と呼んでいた。しかし、たしかにいかめしくて豪壮ではあった。一階には厖大な点数にのぼるニーチェの著作が展示された。手紙、日記、写真や絵画の類であるが、ニーチェの生涯だけでなく、パラグアイ時代のエリーザベトにまつわる品々も置かれていた。ベルンハルト・フェルスターの胸像まであったのだ。ニーチェはたいてい階上にいて、人目には触れなかったが、だいじな訪問者には姿を見せることもあった。

　エリーザベトが兄とそのイメージ作りの面倒を引き受ける一方で、フリッツ・ケーゲルは一九〇〇年までに、彼よりも有能な者もそうでない者もいたが、後輩の編集者たちの先頭に立って、ニーチェ著作集第三版の編集作業にとりかかっていた。エリーザベトが著した伝記の評判のせいもあって、著作集の売れ行きは驚くほどよかった。ニーチェの健康が悪化するにつれて、その名声は高まっていったのである。一八九六年、リヒャルト・シュトラウスが『ツァラトゥストラはこう語った』の交響曲による劇的な解釈を完成させ、一八九九年にエリーザベトを訪問した。これは、ニーチェの名声がすでにどれほど確立されていたかを示すものである。全ヨーロッパの卓越した知識人たちがヴァイマル詣でをするようになり、ニーチェの著作は何千何万という人々に読まれた。エリーザベトは驚くほど現代的な商売のテクニックを使っている。一八九八年十月、アルノルト・クラーマーが『椅子にすわる病めるニーチェ』と題する彫像の習作を作り上げた。するとエリーザベトは、即座にさまざまな大きさや値段の複製を注文し、販売しはじめたのである。自分の成功に気をよくしてすでに『アンチクリスト』の出版を認めていたエリーザベトは、ニーチェの未完の著作、『権力への意志――すべての価値の価値転換の試み』を出版する決心をした。そしてそのために彼女は、ニーチェの走り書きを判読できるただ一人の人間、ペーター・ガストに今一度連絡をとり、ヴァイマルに来るよう説得した。

ニーチェは、おそらく幸いなことに、こうしたことをまったく知らなかった。一九〇〇年の初めまでに、彼についての追従的な描写は一段とはなはだしくなっていた。「その存在の荘厳さのなかにある彼、精神の表現の無限に深められた美しさにつつまれた彼を目にして、私はどんな感情をいだいたことか」と、正常なニーチェには一八七六年に一度会っただけの、イザベラ・フォン・ウンゲルン゠シュテルンベルクは歌い上げている。「はるか彼方にさまよいながらも内面を見つめているとおぼしきその深く悲しい星の瞳は、力強い光の効果を生む、心ある人ならとうてい抗うことのできない、磁力をもった知的なアウラを。」[35]ニーチェは箴言《しんげん》のなかで、優れた著作家は「褒《ほ》められるより理解されることを好む」[36]と言っていたが、自分がこれほどまで絶賛されながらほとんど理解されていないことを知ったなら、愕然《がくぜん》としたことだろう。

精神の薄明のなかで偶像となったニーチェに、じつは最期の時が近づいていた。八月二十日、風邪をひき、肺を冒された。そして四日後に病状は急変し、その翌朝、息を引きとった。生がただの呼吸運動以上のものを意味するならば、ニーチェの生は一八八九年にすでに終わっていた。ほかの同時代の報告は、彼は死ぬ前の一〇年間というもの、ただ人間の外形を保持していたにすぎないということで一致しているのにたいして、エリーザベトは、しかし少なくとも自分とは、この時期にも意識のある会話をすることができたと主張している。彼女は述べている。

一八九一年に兄は私に感動的な短い手紙をくれた。そのなかには次の詩が書かれていた。

兄と妹、相想う
その心ほど渝らぬものはなし。
黄金の鎖にもまさる、
ふたりを結ぶ固い絆は。

このような手紙が残っていた形跡はないと、わざわざ述べる必要があるだろうか。ともあれ、エリーザベトの性格の真のありようは、みせかけの謙遜にあふれたある別の追想にひそんでいるようである。「ある日、兄は［ひどく驚いた様子で］私に言った。『妹よ、どうしておまえはこんなに有名なのだ。』この問いはあまりにも滑稽だったので、私は泣き笑いしながら兄を抱き締め、こう言った。『私はちっとも有名なんかじゃないわ。［有名なのは兄さんだけ、兄さんだけよ！］あの方たちは長いこと私と会っていなかったので、それで来てくださるだけなのよ。』それでも兄は頭を振って、何度も何度も言うのだった。『そうか、ラマも有名になったんだ。』」(38)

たしかに、ニーチェが死ぬころには、ラマはとても有名になりつつあった。彼女の語るところによると、ニーチェは彼女の名を口にしながら息を引きとった。「［八月二十五日の］午前の二時ごろ、飲み物をあげ、私の顔が見えるように電気スタンドのシェードをずらしたとき、兄はうれしそうに『エリーザベト』と言った。それで私は危機は過ぎたと思った。［……］しかし兄の尊い顔は徐々に変わっていった。死の影が拡がり、呼吸はますます困難になっていった。［……］そのあと、軽く身震いし、深く息をついた——安らかに、死との闘いもなく、厳粛でもの問いたげな最後の視線を投げて、兄は永遠に目を閉じた。(39)——」

二年ものあいだ、自分がいる場所も、自分がだれなのかもわからず、そして今や自分の名前が世に知れ渡っていることも、母親が死んだことも理解できなかった男が、いまわの際に妹を思い出すなどということがありうるだろうか。エリーザベトはありうると考えたのだ。

葬儀の準備にともなう慌《あわただ》しさのなかで、彼女はニーチェにいつか頼まれていたことをすっかり忘れてしまった。それでも、あとになって思い出して書きとめている。「『リスベート』と兄は厳かに言った。『約束してくれ、私が死んだら、柩《ひつぎ》のまわりに立つのは友人だけにすると。詮索好きな群衆は近づけるな。私の墓の前で、つまり、もはや自分で自分が守れなくなったときに、司祭やほかのだれにも偽りの言葉を述べさせせないようにしてくれ。誠実な無宗教者として墓のなかへ入れてくれ。(40)』」

五六年前に彼が生まれた家の隣にあるレッケンの小さな共同墓地、そこのニーチェの墓の前に集まった人々のなかで、友人だと主張できたのは、今やエリーザベトに雇われる身となったペーター・ガストだけだったであろう。そのほかのほとんどの人はエリーザベトが描いた姿でニーチェを知るようになったにすぎない。つまり、人前に現われない謎の人物、あるいは、バラモンの長衣に身を包んだ物言わぬ生きた霊としてだ。エリーザベトは会葬者の名前を長々と記した一覧表を作り、新聞に発表した。エリーザベトが詮索好きな群衆をどんなに懸命に締め出したか、それを物語るのがこれなのだ。

教会について激しい呪いの言葉を口にしてきた男が、柩を銀の十字架で飾られ、完全なルター派の定めにしたがって埋葬された。「いつの日か《聖者》と呼ばれることをとても恐れている」と、ニーチェは『この人を見よ』のなかで言っている。「聖人にはなりたくない。むしろ道化師になったほうがましだ……ひょっとすると私は道化師なのかもしれない。」[41]「いつの世までも御名の崇められんことを」[42]、ペーター・ガストは墓前でそう唱えた。

ニーチェがレッケンで埋葬されているころ、五〇〇〇マイル彼方のパラグアイ中央部を流れるアグアラヤ＝ウミの土手で、フリッツ・ノイマンは釣りをしながら、ピト＝クエ鳥が滑るような飛び方でジャングルの下生えに出たり入ったりするのをじっと見ていた。この鳥が日が暮れて涼しくなるといつも集まってくる大きな木の下には、背の高いイェルバの木が群生しており、地面にその種を落としていた。

エリーザベトがパラグアイを去ったあとの一〇年間で、新ゲルマーニアは破滅の一歩手前まで来ていた。彼女が立ち去ったことを悲しむ者はいなかったが、植民地のイデオロギーの中心が失われたことは認めないわけにはいかなかった。とどまっていたのは、創設者の理想にもっとも献身的だったエルク一家やシュッテ一家やフィッシャー一家であり、あるいはシューベルト一家やシュヴァイクハルト一家のようにどうしようもなく貧しい人々であり、そしてフリッツ・ノイマンのように決心の固い人々だった。約束されていた牧師は現われず、ヘルマン植民地会社からはもう金は送られてこなかった。船はすでに売り払われており、品物を市場に運ぶには、アンテケラへ通じるジャングルのなかの道を行くしかなかった。思い悩んでみてもはじまらず、自分たちで栽培できるわずかな作物で生き延びていた。ありがたいことに、だれもわずかばかりの土地を取り上げようとはしなかったが、もしも残っていた数人のパラグアイ人が生き延びるための秘訣を教えてくれなかったら、きっとみんな死んでしまっていただろう。

一八八七年に大いなる希望を抱いてやってきたノイマンのような人々の多くは、すでに散り散りになっていた。比較的裕福な人たちは故国ドイツに帰り、そのほかの人々はアルゼンチンの都市コリエンテスやチリやブラジルなど、もっと生活の楽な土地に移った。とどまった人々はエリーザベトが残した大きな家のまわりに集まった。いちばん裕福な家族ですら、今では貧しすぎて、かすかに記憶に残っている故郷へ帰ることなど考えもしなかった。たいていはドイツへの旅どころか、アスンシオンまで行く金すらなかったのだ。とくに貧乏な人たちはジャングルのなかで自力で暮らしを立てていこうとした。彼らは、何かを売りに町へやって来るときを除いて、めったに姿を見せなかった。ぼろぼろの服を着た、絶望した人々。パラグアイ人は彼らのことを、迷い人《ヘンテ・ペルディタ》と呼んだ。

植民地の人口は減少していた。エリーザベトが去ったあとの二年間で、一〇〇人以上がわずかな荷物を荷車に積み、川の下流へとむかった。今ではわずか七〇人しか残っていない。エリーザベトの忠実な副官だったオスカー・エルクですら、植民地を解散したほうがいいのではないかと考えはじめていた。ノイマンは、家族とともにこの地を見捨てるのはあと一年だけ待ってみようと決心していた。間違っていたのだ。適不適を考えず、タバコ、綿、サトウキビ、トウモロコシといった、育てるのがむずかしくて運搬のやっかいな作物を集中的に栽培してしまった。川を使った輸送ができないために、荷車で運ぶほかはない。雨が降ると何週間もかかってしまう。ある年には思いもかけない寒気でコーヒーの木が全滅した。しかしここは、今ではすべてのドイツ人入植者が愛好するようになった、パラグアイのお茶イェルバにはもってこいの土地だった。イェルバはジャングルのなかにも、川の上流のアマムバイ山というところにも、たくさん自生していたが、収穫するのにとても骨が折れた。ジャングルのなかのイェルバの茂っているところをイェルバレスというが、そこに何日も、ときには何週間も行ったきりで、すべて手で摘み取らなければならないのだ。イエズス会の人々はこのお茶の栽培法を知っており、実際大きな茶畑もあったのだが、十八世紀にこの国を立ち退いたときにその秘伝も持ち去られた。インディアンはわざわざこのお茶の木の植え方を学ぶようなことはしなかったので、古くからの採集法にもどっていた。どういうわけか、イェルバの種を植えるだけではうまくいかなかった。どうしても芽を出そうとしないのだ。

鳥たちはイェルバの木のまわりで羽ばたき、飛びまわっていた。ノイマンは釣り針にまた一つ肉片をつけると、川に投げ込んだ。灰色の水が土手をなめるように洗い、彼は考えごとにふけりながらパイプをふかしていた。

ニーチェの死とともに、兄の名を不滅にしようとしていたエリーザベトの計画は新たな勢いを帯びた。彼女はかねてから、ヴァイマルをもう一つのバイロイトに、つまりニーチェ崇拝を核とする文化の中心地にしたいと考えていた。彼女の強い推挙によって、ザクセン゠ヴァイマルのヴィルヘルム大公はハリー・ケスラー伯爵をヴァイマル美術館の館長に、そしてその友人、ベルギー人の建築家でデザイナーのアンリ・ヴァン・デ・ヴェルデをヴァイマル宮廷の美術顧問ならびにヴァイマル美術学校校長に任命した。エリーザベトがアール・ヌーヴォーのドイツ版であるユーゲントシュティールの代表的な芸術家であるヴァン・デ・ヴェルデに、ヴァイマルに腰を落ち着けるよう勧めたのには、もう一つ理由があった。彼が到着するとすぐに、彼女はジルバーブリック館を、兄を中心とする自分の野望にふさわしい規模で改築するよう依頼した。パラグアイのフェルスターホーフは彼女の最初の記念碑ともいうべき建築だった。そして改装なったジルバーブリック館は、エリーザベトが完全にその所有権を手に入れたのは一九〇二年だったが、第二の記念碑であった。

ヴァン・デ・ヴェルデは優れた腕前を発揮した。ごみごみしていた一階は二つの大きなレセプション・ルームに変えられた。マックス・クリンガーが制作し、ケスラー伯爵がその費用を負担した、巨大な大理石のニーチェ像が、部屋のはるか奥のほうからにらみつけていた。その部屋には新たに、ドイツ語でブーヘという、土地のブナ材を使った鏡板がはめ込まれ、窓から陽が差し込むと鮮やかな色艶をみせていた。反対側の隅にはフェルスターの胸像が置かれていた。微妙な曲線を描き、ストロベリーピンクで統一した家具と室内装飾には、エリーザベトがトリプシェンのヴァーグナー家で見て毛嫌いしていた、フランス風の虚飾や「ピンクのサテンと小さなキューピッド」[43]を贅沢に使ったところなどはどこにもなかった。この殉教者の聖堂には、装飾的なところがあってはならなかったのだ。全体的に抑制され、上品で、しかも肝心な点を忘れることがないよう、Nの文字が、入り口のドアの把手や暖炉の一フィート上にある真鍮《しんちゅう》の飾り板にかたどられていた。一九〇三年に完成したヴァン・デ・ヴェルデの仕事ぶりに、エリーザベトは大喜びだった。パウル・キューンはその翌年、ニーチェ資料館は新しい文化の未来の「記念碑にして象徴」であると書いている。こうしてついにエリーザベトは、どんどん増えていく有名人や有力な後援者をますます豪勢にもてなすために、それにふさわしい舞台装置を手に入れたのだった。

新たに確立された名声をエリーザベトといっしょになって喜ぶことのできなかった人物の一人が、まさに彼女自身が手本にした女性だった。ニーチェが亡くなる前ですら、コージマ・ヴァーグナーは娘のダニエラに、一時期子守をしていた女のことをいたずらっぽく書いていた。「エリーザベト・ニーチェが今では召使とお供つきの馬車をもった贅沢な暮らしをしていることを知っていますか。」[44]彼女はニーチェの思想が時とともにもてはやされるようになったことが不愉快で、何もかもそもそもは自分の夫が考え出したことだと言い張った。そして、エリーザベトの野心的な自己宣伝をあざ笑った。「この名声狂いが始まったときから、あの女はすこし頭がおかしくなっていたようです」[45]と、義理の息子であるイギリス生まれの人種理論家ヒューストン・スチュワート・チェンバレンに書き送っている。「彼女が提唱する新しい宗教や哲学のすべてが、その何よりの証拠だと思われるのです。そして、もしも全体が、結果としてそれほどひどく嘆かわしくもなく、恐ろしいほど狂気じみたものでもないとしたら、滑稽だと思わずにはいられないでしょう。目を逸らせて何もかも忘れるのが一番です。」

二〇世紀の初めの数年間、エリーザベトは伝記の最終部分を書くのに忙しかった。そのなかで、偉大な《予言者＝聖人》としてのニーチェのイメージを決定づけるつもりであった。彼女は自分の解釈以外はどんな解釈もいっさい受けつけなかった。ライプツィヒの医師が、ニーチェの狂気は梅毒に感染した結果かもしれないと言いだすと、公然と彼を非難した。イタリアの作家C・A・ベルヌーリが、ニーチェの友人フランツ・オーヴァーベックのもっている手紙（そのなかにはエリーザベトについての考えをあからさまに述べている部分があった）を出版しようとすると、一連の法的措置をとって彼を法廷に引っ張り出し、何年間も争った。

エリーザベトは、兄との関係のイメージを輝かしいものにするのに役立つとみれば、徹底して文書を偽造した。ニーチェがだれかほかの人に宛てた手紙でも、稀にみるような称賛の言葉を見つけると、手紙の冒頭の受取人の名前を自分の名前と差し替え、自分宛ての手紙だったように装ったことも一度ならずあった。また、自分が受け取ったという手紙の《複製》を作り、もとの手紙はパラグアイにいるあいだに文箱のなかから盗まれてしまった、と言い張ったこともある。望み通りの印象をあたえてくれない手紙がどれほど破り捨てられたか、今となっては知る由もない。フリッツ・ケーゲルが彼女のところを辞めるときには、ニーチェが自分について考えていたことを記した手紙のコピーを持ち出すことを恐れて、ケーゲルの相続人にたいして出版を差し止める法的措置をとった。しかし、間違いなくエリーザベトの最大の過ちは『権力への意志』の出版だった。これはニーチェの最高傑作で、最後の昏倒の前に書かれた大いなる《すべての価値の価値転換》だとされているものだ。たしかにニーチェはそのような著作の構想をもっていたが、おそらく断念していた。出版する用意はなく、したがって出版を望んではいなかったのだ。それが完成しているのを見たら、きっと驚いただろう。単純な事実は、ニーチェは『権力への意志』という題名の本は書かなかったということだ。書いたのはエリーザベトである。

エリーザベトがペーター・ガストの助力をえて一九〇一年に『権力への意志・習作と断片』という題で出版した本は、じつのところ、ニーチェ自身が破棄したり別のところで用いたりした哲学的がらくたを寄せ集めたものにほかならなかった。後年には断片がさらに追加されて大部の本になり、予言者もしくは《価値制定者》としてのニーチェの名声を確立するために、表題もいっそうどぎつい『権力への意志――すべての価値の価値転換』に改められた。エリーザベトは、本来ならば関連のない走り書きや手記や箴言を寄せ集め、そこにあるはずのない秩序をもたせて、これがニーチェの代表作だと言い張り、この本にまったく偽りの重要性をもたせた。たとえば、『権力への意志』の第四部は「陶冶と訓育」と呼ばれているが、これは誤解を招く。たしかにニーチェは、数多い草稿の一つでこの題名を使いはしたが、それは放棄されたのだ。実際のところ、彼はここで陶冶についてほんのわずかしか述べておらず、しかもそのことごとくが、控え目にいっても曖昧であり、（フェルスターやエリーザベトや、のちのナチスが考えたような）生物学的陶冶についてはほとんど何も言っていない。それでもなおこの題名が、ニーチェの《主要作品》と喧伝された著作のほぼ四分の一を指すものとして選ばれたのだ。エリーザベトは、編集の許可は検閲することにほかならないと見なす傾向があった。たとえば、ペーター・ガストが『権力への意志』の草稿を編集しているあいだに、彼女はホーエンツォレルン家についてのあからさまな表現を削除するようにと書き送っている。自分がこの王家を大いに敬愛していたからだ。『権力への意志』には醜悪な要素も含まれている。おそらくもっとも有名なのは、ナポレオンに関する部分だ。「革命がナポレオンの登場を可能にした。それで革命は正当化されたのだ。同様の目標に到達するためには、われわれの文明全体の無秩序な崩壊を熱望するほかないであろう。[46]」これがほとんどそのままヒトラーのもとで起こったことを考えるなら、この言葉は不穏な響きを秘めている。ニーチェが全体主義へのこの種の明らかな煽動の文章を書いたことは事実だ。しかし、彼がそれらを破棄したこともまた事実である。エリーザベトは伝記の縮約版第二巻（一九一四年刊行）でこう書くことになる。「兄は権力への意志を自然の法則として熱心に支持していたが、それがこうしてちょうどよいときに世に知られるようになった……私たちは指導者や発見者にはなれない。偉大なタイプの人に《没入》することをどうやら許されている、ということで喜ぶべきである。[47]」これを見れば、『権力への意志』が受け入れられることをエリーザベトがどんなに望んでいたかが明らかである。エリーザベトはニーチェの思想を委ねることのできる「偉大なタイプの人」を待ち望んでいた。

彼女の六〇回目の誕生日はジルバーブリック館で盛大に祝われた。バースデイカードが束になって届き、花や訪問客もやって来た。その年、彼女の肖像画がノルウェーの画家エドヴァルト・ムンクによって描かれ、もう一つの肖像画がハンス・オルデに依頼された。イタリアの民族主義者で詩人のガブリエレ・ダヌンツィオは、ニーチェを称える詩を書き、《北国のアンティゴネ》エリーザベトに捧げた。彼女が礼状を出すと、ダヌンツィオは追従ぶりが鼻につく返事を書いた。

奥様、思いがけないお便り、抑えがたい感激をもって拝読いたしました。《ギリシァ人アンティゴネの悲しい影》が私のもとを訪れ、話しかけてくれたのです。私の頌詩について申しあげれば、どのような称賛の言葉も奥様からのこの贈り物に匹敵するものではありません。

どうか、奥様、この感謝の気持ちをお受け取りください。私の詩は奥様に捧げられたものです、完全に、そして永久に。

これをしたためておりますのはティレニア海の岸辺です〔例えばソレントには長期間滞在し、『人間的な、あまりに人間的な』の想を練るなど、ティレニア海の沿岸はニーチェにとって縁の深い土地である〕。英雄の墳墓のために松の大枝をお送りしたいと思います。

私の称賛と限りない献身には、奥様、誓って嘘偽りはございません。

G D'A(48)

これこそまさにエリーザベトお気に入りの手紙であった。彼女の聖堂を乱雑にする松の木などは欲しくなかったにしても。そしてまさにこういう手紙を書く人物をエリーザベトは好んだ。ダヌンツィオは熱烈な民族主義者であり、その思想はイタリアのファシズムの土台を築く助けとなった。彼女の書いた伝記は好評を博し、彼女の名前は当時の第一級の知識人たちと結びつけられ、ニーチェ著作集の売れ行きも好調だった。

パラグアイでも事態は好転しつつあるようだった。一九〇六年にドイツで、ハインリヒ・フォン・フィッシャー・トルーエンフェルト男爵という人物がパラグアイを回想した一冊の本を出版した。著者は古いタイプの冒険家で、パラグアイの鉄道建設のために独裁者フランシスコ・ソラーノ・ロペスに雇われ、そののち同国の通信体制を受け持った。彼の体験談はおもしろい読み物であった。彼こそが、あの恐ろしい三国同盟戦争のさなかにカラグアタ・パルプから新聞紙を作り出す方法を開発し、パラグアイの人々に戦争の経過を知らせつづけた人物だった。この有益な発見の見返りとして、ロペスは彼を投獄した。しかし、エリーザベトがもっとも関心を寄せたのは、新ゲルマーニアに関する男爵の調査結果だった。そこにはベルンハルト・フェルスターを褒めそやす言葉がたくさん織りこまれていた――「人間の幸福のために夢と理想を追い求め、献身的な誠実さと不屈の努力によってそれを成しとげようと努めた理想主義の天才。」(49)

トルーエンフェルトによると、ブレスラウ出身で新ゲルマーニアに住むフリッツ・ノイマンという名のドイツ人入植者が「六年ないし八年にわたって根気強く実験を繰り返したのちに」(50)、イェルバの種を人工的に発芽させる方法を発見した。事実はこれよりもいくぶん趣《おもむき》に欠ける。ノイマンはある日まったく偶然に、ジャングルの鳥たちが止まる木のそばにはイェルバの大きな群生が見られる傾向がある、ということに気がついた。彼は、鳥の消化のシステムが飲みこんだ種に影響を及ぼして発芽を促進するのではないかと考えた。そこで、酸と木炭を混ぜ合わせたなかにイェルバの種を浸けてみると、同様の成果がみられたのだ。こうして新ゲルマーニアのフリッツ・ノイマンは(イエズス会士を勘定に入れなければ)、短期間ではあったが、世界で最初にして唯一のイェルバ・マテ茶農園主になるという栄光を手にしたのだった。一九〇三年に入植地の共同体は八〇〇〇キログラムのイェルバ、当時の呼び方によればオラ・ベルデ、つまり緑の黄金を生産した。一九〇四年には三万キログラムが川を下ってアスンシオンに運ばれた。そこでは、この新しい《人工の》イェルバは野生のものよりはるかに高い値段で取引された。ノイマンは金持ちになり、植民地のリーダーになった。彼は町から数マイル離れたタカルティに自分の家を建て、窓にはガラスを入れ、本物のピアノを買いこんだ。植民地の住民数は倍増した。ほとんどはイェルバの穫り入れを当てこんだパラグアイの労働者が移り住んだためだったが、新しくやって来たドイツ人入植者もいた。新たな繁栄に引き寄せられたのだ。過去には幻滅した数人の人々の中傷が植民地の発展を遅らせたが、とトルーエンフェルト男爵は言っている、ノイマンが科学的に障害を突破した今となっては、もはや発展を阻むことはできないであろう。「新ゲルマーニアとイェルバは同義語になったのだから。そして将来イェルバの生産が増すにつれて、新ゲルマーニアが発展していくことは確実である。」(51) エリーザベトは喜んだ。六〇歳にしてついに、生涯の二大プロジェクトが実を結んだように思われたからである。

ニーチェの著作の印税は、彼女自身の著書の印税と同じく、資料館につぎ込まれたが、金は入ってくるのと同じ速さで出ていった。弁護士の小軍団と、それを上まわる数のいつも控えている召使たちのために、エリーザベトは始終金に困っており、さらに彼女の豪勢な接待によって事態はいっそう悪くなっていた。一九〇五年、彼女はエルネスト・ティールという四五歳のスエーデンの銀行家から、彼女の伝記を褒めたたえる手紙を受け取った。ティールはニーチェ崇拝の経済的な大黒柱になる運命にあった。しかしながら、非常に裕福で、熱心なニーチェ崇拝者であり、ニーチェの著作の優れた翻訳者であったのに加えて、ティールは正統派のユダヤ人だった。彼から金を受け取る前にエリーザベトがまず最初にとった行動は、ストックホルムで私立探偵を雇い、彼の素性を調べさせることだったが、その理由はおそらくこのあたりにあるのだろう。しかし、とにかく彼女は金を受け取った。——一回目は一九〇七年九月で、三〇万ライヒスマルクだった。彼女の反ユダヤ主義は日和見的なものだったのだ。ティールが資料館に多額の寄付をする用意があることがわかると、エリーザベトは人種的なためらいなど都合よくどこかに押しやってしまった。実際、彼女はティールとその家族に心から好意をもつようになった。金が不足するといつでも彼に頼った。するとティールはそのたびに、文句一ついわずにその豊かなポケットから出してくれるのだった。その後三〇年以上にわたって、ティールは何十万マルクという額の金をあたえ、エリーザベトはそのほとんどを喜々として使った。

エリーザベトという星がどんなに空高くのぼっていたかは、一九〇八年にドイツの大学教授たちが彼女をノーベル文学賞の候補者に推薦したことからもわかる。エリーザベトは合計三度推薦され、このときが最初だったが（あとの二回は一九一五年と一九二三年）、そのつど選に漏《も》れ、不愉快な思いを味わうことになる。しかし、ヴァイマルの資料館がまたたく間にあらゆるドイツの有能な知識人にとっての巡礼の聖地になりつつあるという事実に、気を取り直すことができた。外国の要人たちも、ペルシアの高官までもが（ゾロアスターもしくはツァラトゥストラはペルシア人であると考えて）やって来た。その《臨終の部屋》が往時のまま残されているニーチェに、また、後世のために彼を守り、その伝記のなかで彼に不朽の名声を与えた妹に、敬意を表するためである。

これよりも何年か前に、ニーチェの旧友でみずからエリーザベトの権力への意志の犠牲者となったオーヴァーベックが、彼女の苦心の伝記について書いている。「［エリーザベト・］フェルスター［＝ニーチェ］の本ほど一般読者を欺いているものも珍しい。これを読むと、まるでフェルスター夫人は自分が兄よりもはるかに賢いことを証明したがっているようだ、と思われるときがある。今や彼女はしばしば妹のなかの聖女として称えられている。しかし、これもいつか変わるだろう。彼女が格好の例と見なされる日がくるだろう、危険な妹というタイプの。(52)」そして、ニーチェに敬意を払ってヴァイマルを訪れた人がすべて、彼の妹の気取ったポーズにだまされたわけではない。当時のイギリス随一のニーチェ学者であり、のちに不当にもでっちあげの『妹と私』の翻訳と結びつけられたオスカー・レヴィは、一九〇八年八月に彼女を訪問している。四時間半におよぶ交戦のあと、レヴィは友人にこのように報告している。

私はいくばくかの不安を抱いてここにやってきた。というのは、最近彼女の小冊子『ニーチェ資料館とその敵』を読んでいたからだ。そのなかで彼女は何度か、喜んで犠牲になることを強調しているのだが、私は《喜んで犠牲になる》という言葉を聞くと、いつでも決まって気分が悪くなるのだ……予想していたよりもっとひどかった。私は丸々一日ヴァイマルの通りから通りへと歩きまわった、どうしてあのような男にあのような妹がいることがありうるのかと考えながら。全般的にいえば、しかしながら、あの女性を気の毒だと思っている。自分の《名声》に支払う代償がいささか重すぎるのだ。彼女は神経質で、ひっきりなしにしゃべり、それを中断するのは何かの本を取ってきたり、あわてて何かを確かめたりするときだけで、そうかと思うと急に話題を変えて、それまでとはまったく関係のないことを話しはじめたりするのだった。言葉の区切りには始終無意識のうちにため息をつく。内面の不安をあらわすのに、外面的な落ち着きのなさだけでは不十分な場合にため息が出るのだ。彼女は攻撃の的になっていることについても、大いに不満を漏らした。もっとも彼女も、「私の敵はまもなくそのためにいっそうひどい目に遭うことでしょう」と考えているのだが。「でも一人で生きている女性には荷が重すぎます」と、憂鬱そうに彼女はつけ加えた——これには私も同感である。じつにいろいろな言い回しを聞かされたよ。たとえば、「それにしても、やれやれ！　私がこの奴隷船でしていることときたら！」ほかにも――マイゼンブーク風のとめどない欺瞞だの――第一級の能力をもつ女性たちの意見だの。――《兄のためを思ってしたこと》という決まり文句をふんだんに織りこんだ、仰々しい表現だの。それに彼女は虚栄心が強いんだ。その容姿に関しての虚栄心なら、女性として、それも器量のいい老婦人として、もっともだと言ってもいいだろう。頰は今でもピンクで、それもかなり輪郭がはっきりしているので、最初は紅をつけているのかと思ったほどだ。背は低いほうで、少々肉付きもいいのだが、「とても身軽に動きまわって」おり、「私はもう六二歳なのよ」と言っていた。しかし、外面的なことについてだけではないのだ――何ておぞましいことだ！――つまり、文筆上の業績についてはもっと虚栄心が強いんだ。たとえば、（ニーチェの著作につけられた）彼女の序文が全部英語に翻訳されることを望んでいるのだ。手短にいえば、彼女はその兄がつねに激しく非難していた女性の一人にほかならない!!　彼女がニーチェの人生をたびたび惨めにしたことは十分考えられる――そして、もしもあの偉大な人が思いやりのこもった手紙を妹に書いたとしたら、それはひとえに彼の魂の寛大さと、腹を立てていながらそれをなだめようとする気質を示すものだ……また、もっとひどいことだが、君はこんなことがありうると思うかい、ニーチェの妹という名前のおかげで、この女性はドイツならびにその他の国々のいわゆる詩人たちと関わりをもっているのだ。デーメル、ホフマンスタール、バーナード・ショー、ダヌンツィオ、ゲルハルト・ハウプトマンといった、彼女の兄だったら神殿から、そして資料館から追い出しただろうと思われる連中だ。彼女は飛行術の考案者ツェッペリン伯爵とも熱烈なメッセージのやりとりをしているんだよ。まさに当世風なのだ。――まったくこれでは女性が短気で神経質で口論好きにならないはずはあるまい(53)！

このころは、エリーザベトのまわりではお世辞ばかりが騒がしく、何年にもわたって批判はもちろん、異議を唱える声も聞かれることはまずなかった。エリーザベトは敵について話したり書いたりしていたかもしれないが、ニーチェ崇拝が高まるにつれて、彼女の仲間はますます増え、勢力を強めていった。彼女はみずから国際ニーチェ記念委員会の設立を提唱した。ヴァン・デ・ヴェルデが設計をまかされ、ケスラー伯爵が準備の大半をひき受けた。ケスラーの計画には、ヴァイマルを見下ろすニーチェ聖堂、神殿、それにヨーロッパの青年たちがニーチェ精神を体現して競い合うことのできる広大な古典古代風の競技場も含まれていた。彼はその行動力と交友関係を通して、アンドレ・ジード、H・G・ウェルズ、ダヌンツィオ、その他多くの人々から、驚くほどの国際的支援を集めた。この計画は戦争のために潰《つい》えた。

八年前、エリーザベトはロンドンのタイムズ紙に宛てた一通の書簡に、ほかの「科学、文学、芸術を代表する優れた人々」――そのなかにはケスラー、リヒャルト・シュトラウス、ジークフリート・ヴァーグナー、それにエンゲルベルト・フンパーディンク〔一八五四―一九二一、ドイツの作曲家。児童歌劇『ヘンゼルとグレーテル』が有名〕なる人物も含まれていた――とともに署名していた。この書簡は、イギリスへの尊敬の念を力説し、戦争の可能性は少ないとする内容のものだった。「私たちはドイツ国内でたがいに遠く離れて住んでおり、ドイツのさまざまな分野や政党で活動しておりますが、このうちだれ一人として、イギリスを非難する言葉が、気にとめる価値のあるドイツ社会の人間あるいはセクションによって真剣に交わされたり支持されるのを耳にしたことはありません……およそドイツ人が抱く感情は、両国の友情を危うくするようなものではありえません。[54]」たとえこれが、一九〇六年当時のエリーザベトの考えをあらわすものだったとしても（それも疑わしいが）、一九一四年までには確実にそうではなくなっていた。戦争が始まったとき、エリーザベトは意気軒高だった。ドイツ軍進攻のニュースが、けっして深く埋もれてはいなかった彼女の好戦的な愛国主義を呼び覚ましたのだった。彼女の兄は、戦争は人間の必須要素であると述べ、争いの生産的本質についても、また戦闘によって生み出される英雄的資質についても書いていた。また、自分自身の《好戦的な精神》についても語っている。がしかし、自分は民族主義者たちの対立を包みこみたいと考える《善良なヨーロッパ人》であるとも書いているのだ。彼はなるほど軍国主義的な言葉を使いはしたが、戦争自体が目的であるような戦争や、ヨーロッパ諸国間の征服戦争を支持していたわけではなかった。むしろ同時にニーチェは調停者であった。

　おそらくこんなすばらしい日がいつか来るだろう、戦争と勝利、最高の軍事教練と軍事思想で名高い国家が、その自由な決意によって《われわれは剣を折る》と宣言し、――軍用機械をその土台にいたるまで破壊する――、そんな日が。感性の向上によって、最高に武装しつつ武装解除する、それが真の平和に到達するための手段である……戦争の栄光という木は稲妻のたったの一撃で倒されることもある。しかし稲妻は、だれでも知っている通り、雲のあいだから、つまり天上から、やってくるのだ。[55]

エリーザベトの反応にあいまいなところはなかった。彼女はニーチェを、軍国主義者にして帝国主義者として喧伝した。彼女は新聞に長い論文を寄せ、そのなかで、『ツァラトゥストラ』は、「立ち上がれ、戦えという、ドイツ人への大いなる呼びかけである……たとえどんな政党に属していようと、すべてのドイツ人のなかには戦士が息づいている。このドイツ人のなかの兵士は、いったん祖国が脅かされればいつでも姿を現わす……われわれドイツ人の使命はいまだ果たされてはいない(56)」と書いている。彼女はドイツ祖国党の党員になり、勝利のためにさかんに発言し、ジルバーブリック館に負傷兵を収容した。『ツァラトゥストラ』はベストセラーになり、一九一四年から一九一九年にかけて一六万五千部以上が売れ、前線の兵士にまで配られた。彼女は軍国主義的な誇張したレトリックで注目すべき方向を打ち出した。たとえばこう語ったときだ。「世界史上もっとも大いなる、もっとも厳粛な瞬間の一つ、それは四大国が大望を抱く若者を殲滅《せんめつ》するために、敵と対抗者をわれわれのいたるところに送りこんだときである。しかし、神の正義とドイツ国民の優れた力とは、この巨大で邪悪な嵐に打ち勝つことをわれわれに許すのだ。かくしてわれわれは、多大の痛ましい犠牲は払ったものの、ドイツが伝説の英雄にして勝者となって、このまことに困難な時を乗り切るであろうことを、神とともに確信することができるのである。(57)」エリーザベトの宣伝活動はドイツ国内だけではなく、外国にも影響を及ぼした。イギリスでは、ニーチェの最初の翻訳が出版されると、新聞の広告欄に本の購入を呼びかけるこんな文句が見られた。「悪魔との戦いを有利にするために、悪魔を読もう。(58)」

エリーザベトはドイツが敗れるなどとは夢にも思っていなかった。それで、敗れたときには、革命が勃発するという大変動のなかで、猛然と腹を立て、社会民主主義者が彼女の勇敢なドイツ兵士たちを背中から刺したのだといって非難した。そして首相のマックス・フォン・バーデン公に戦闘の続行を促す手紙まで書いた。ヴェルサイユ条約は屈辱だ、こんな屈辱を承認すればドイツは二度と立ち直れないだろう、と彼女は信じこんでいた。

エリーザベトが書いた戦争中の誇張した表現の文章こそ、ハリー・ケスラー伯爵の心に、長年にわたって支援してきた老婦人への疑惑の種を蒔いたものだった。一九一九年、彼は日記に記している。「この女性は七〇代になってもなおハイティーン娘で、あの男にこの男にと、一七歳の少女のように《お熱》をあげてしまうのだ……彼女は名声ある人ではあっても……まさに彼女の兄が闘いを挑んだ種族の典型なのだ。」(59) エリーザベトのあらゆる政治的本能にとっても、彼女の解釈による兄の哲学にとっても、ヴァイマル共和国は呪わしいものだった。彼女の保守主義は、超人が民主主義の泥沼から出現するといった考えを拒絶した。「フェルスター夫人は、みずからが《国粋主義者》であることを強調した」と、ケスラーは憂鬱そうに書きとめている。「兄上はドイツ人であろうとさえしなかったのに！　ポーランド人だと言っていたのに！　老いたる伯爵夫人たちその他の貴顕に取り巻かれているため、彼女の頭はおかしくなってしまっている。」(60) また、のちにはこう記している。「この人のよい老婦人は過激な右翼の連中をもっぱら『わたしたち』呼ばわりするのだ！」(61) 彼女は共和国を頭から軽蔑していた。そしてヴァイマルで社会主義政府が選出されると、軽蔑は狼狽《ろうばい》に変わり、ドイツが経済的混沌に陥りつつあることが明らかになると、今度は憤怒に変わった。一九二三年、三度目にノーベル文学賞の候補になった（退けられたが）ことによっても、彼女の機嫌はよくはならなかった。

その年、ニーチェの本は相変わらずよく売れ、ティールがいつでも現金を用意して背後に控えていたにもかかわらず、エリーザベト（七五回目の誕生日にイェーナ大学から名誉博士号を贈られたので、今では博士《フラウ・ドクトル》の称号がつくようになっていた）は、突然無一文に近い状態になってしまった。彼女の持ち金ぜんぶが、それまでの通貨をレンテンマルクに替えるという政府の決定によって、突如として何の価値もなくなったのだ。インフレが猛威を振るったが、エリーザベトは相変わらずの恐るべき忍耐力で耐え、どこか別なところに後援を求めるべき時だと考えていた。しだいに幻滅を感じるようになっていたケスラーですら、彼女の不屈の精神には感銘を受けた。「この八〇歳の女性が、多年にわたって集めた約八〇万ゴールドマルクにものぼるニーチェ基金の全財産をインフレによって失ったことを話すときの諦めと気力には、感嘆のほかはない……こうした場合にいつも常軌を逸し、英雄の世界の近くまで行ってしまうこの態度は、さすがニーチェの妹よと感嘆せずにはいられなくなる。」(62)

しかし彼は、この老婦人を称賛する気持ちは今でもあるものの、彼女の政治的見解とそれがニーチェ解釈に及ぼす影響を、嘆かわしいものだと思っていた。ヴァイマルでもっとも強い影響力をもつ人物の一人に、オスヴァルト・シュペングラーがいた。『西洋の没落』の著者で、そのドイツ文化の衰退とプロイセンの帝国主義とに関する認識は、エリーザベトとぴったり一致するものだった。一九一九年に彼はニーチェ賞をもらっていた。ハンブルクの裕福な海運業者、クリスティアン・ラッセンの寄付による賞金は相当な額だった。(その前年にはトーマス・マンが『非政治的人間の考察』――西洋の民主主義への攻撃――によって、この賞をもらっている。エルンスト・ベルトラムも受賞者の一人である。)シュペングラーの考えは、文化の価値の低下を強調し、高度な技術と帝国主義の新しい時代を予言するもので、ナチズム興隆の文化的基盤を築いた。シュペングラーは、後年はファシスト政権と敵対するようになるが、一九二〇年代にはその知的な乳母の役をつとめており、一九二三年の失敗に終わったミュンヒェン一揆でヒトラーが裁判にかけられた際には、オブザーバーとして姿を見せている。シュペングラーは、この若いナチ党員のクーデターの企てには疑念をもっていたが、エリーザベトはそんなものはもっていなかった。この一揆はひたすら《愛国的》なものであり、裁判は《嘆かわしい》、と彼女は考えていた。

シュペングラーとケスラーの二人がニーチェ資料館にいると、二つのまったく相反するニーチェへのアプローチが展開されることになった。シュペングラーは権威主義者で軍国主義者、極端な保守派だったのにたいして、ケスラーは社会民主主義者で、完全な意味での《善良なるヨーロッパ人》であり、みずからの戦争体験にもとづいた平和主義者だった。二人はたがいに相手を嫌っていた。一九二七年にシュペングラーが資料館で講演をすることになったとき、ケスラーは彼の「政治の方法と知的な傲慢さ」[63]ゆえに、最初は出席することを拒んだ。気を取り直して出かけて行くが後悔する。シュペングラーは「肉付きのよい顎と残酷な口をした、太った説教師」[64]だった。そして、「この上なく陳腐で取るに足りないたわごとを滔々《とうとう》としゃべった。すべて判で押したように浅薄で、単調で、生気がなく、退屈だ。手っとり早くいえば、シュペングラーはニーチェを退屈な人間に仕立て上げるのに成功したわけだ。」しかし、ケスラーはもはやかつてのように、エリーザベトの人生に影響をあたえる存在ではなかった。シュペングラーのような人々がどんどんと彼女の兄の著作を広め、解釈する仕事を任されるようになっていた。一九二四年十月十五日、この哲学者の生誕八〇周年の誕生日に『ニーチェと現代』という講演を行なったのは、ケスラーではなくてシュペングラーだった。ケスラーとシュペングラーにいっしょに仕事をするよう仕向けたのは、エリーザベトがまだ《相反するものを宥和させる》決意をもちつづけていることのあかしだった。また、二人にはそれができないと知って驚いたということは、彼女の政治への取り組みが上っ面だけのものだったことのあかしである。

一九二七年、彼女は心から大切に思っている二人の反目者の和解を実現した。ヴァーグナーをナチに仕立て上げた物語は、ニーチェの知的悪用の物語にも劣らないほど責められるべきものであるが、コージマ・ヴァーグナーはヒューストン・スチュワート・チェンバレンの協力を得て、人種差別主義者ならびに国粋主義者としての彼女自身のイデオロギーに従って、計画的に亡き夫の作品を解釈し広めようとつとめた。チェンバレンのアーリア人種至上理論は若いアドルフ・ヒトラーに影響をあたえ、少なくとも部分的に『わが闘争』に反映されている。コージマは一九三〇年に世を去った。「もっとも文化的能力のある人種はゲルマン民族である、それゆえゲルマン民族は支配者となる宿命にあるのだ」[65]と信じつつ。彼女はニーチェの変節の原因を探り、彼の先祖がスラヴ人だったという噂まで持ち出したことがある。エリーザベトがニーチェの哲学を国粋主義の方向へ押し曲げている状態にあっては、この二つの家族の和解はおそらく避けられないことだったのであろう。嘘をならべた彼女の伝記は、兄が何度もかつての師をあからさまに非難していたにもかかわらず、そのヴァーグナーとの断絶を彼女がけっして本気で受け止めていなかったことを、はっきりと示している。彼女のニーチェ支配が絶対的となった今、彼女はこの関係の《修復》に乗り出した。チャンスがやってきたのは、ヴァイマル市が、ヴァーグナーの息子ジークフリート・ヴァーグナーの書いた民衆オペラの祭典を主催したときだった。彼はすでに一九二六年に何度か資料館を訪れていた。これはまた彼女にとっては、ヴァーグナーが引き立ててくれたことにたいして、利子をつけて、いくばくかなりと報いる機会でもあった。

エリーザベトはヴァーグナー一家との和解について、私に話しつづけた［と、ケスラーは回想している］。昨年、ジークフリート・ヴァーグナーのために催された祭典のさなか、グラヴィーナ伯爵夫人が前もってそれとなく意向を探りにやってきたのちに、ヴァーグナー一家の全員が彼女を訪問した。その後まもなく、彼女は一家のために昼食パーティーを開いた。その場で、全員がテーブルをかこんで手を取り合ったときに、和解が正式に確認された。そして彼女はみんなに兄の『星の友情』を読んで聞かせた。ジークフリート・ヴァーグナーは、バイロイトの家族用ボックスにいっしょにすわるよう、彼女を正式に招待した。私が彼に腹を立てるわけがありません、とエリーザベトはつけ加えた。私から見ると、彼は今でも、私のことを「世界中のだれよりいちばん好きだよ」と言った、小さな坊やのままなのだから、と。

こうしてヴァーグナーとニーチェの世界を揺るがせた反目、あの「ヴァーグナーの場合」は、コーヒーを飲みながらしだいに消えていった。[……]バイロイトの人々に特有の宮廷的な雰囲気が欠けることのないようにと、アルバニアの王女が同席しており、感動しながら和解の様子を見届けていた。全体のやりとりは途方もなく陳腐で、おもむきの点からいえば、『ツァラトゥストラ』の結びはいうに及ばず、『神々の黄昏』の最後の和音とも、数千マイルの隔たりがあった。(66)

第八章　祖国の母

若いイタリアの教師ベニート・ムッソリーニは、ニーチェの『権力への意志』のなかに中心となるべき政治的真実を見つけたと思った。彼は一九〇八年のエッセイ『力の哲学』のなかで、ニーチェは「一九世紀最後の四半世紀でもっとも意気投合できる心」の持ち主だ、と書いている。[1] そしてのちには、ニーチェが自分の社会主義を《矯正した》と主張するようになり、一九二四年には次のように語ったと伝えられている。「おっしゃるとおり、私はニーチェの影響を受けました……著作は全部読みましたよ……《危険な生き方をせよ》というニーチェのすばらしい教えには深い感銘を受けました。私はこの教えにしたがって生きてきたつもりです。」[2] これは、たんにおしゃべりな政治家が、明るい色彩に染めたばらばらの政治的文句を拾い上げて話しているというだけのことではない。ムッソリーニはたしかにニーチェを読んだのだ——ただし、ムッソリーニはニーチェを誤解していたと言ったなら、不当にも私がニーチェを誤解していることを暗示する結果となろう。私が言いたいのはただ、ニーチェは最初のうちこそムッソリーニの虚勢に拍手を送ったかもしれないが、結局はムッソリーニを軽蔑しただろうということだ。ニーチェはムッソリーニの社会の底辺へのアピール、大衆本能、そしてとりわけファシズムという新しい宗教を、ひどく嫌ったことだろう。ムッソリーニは明らかにニーチェの力強い言葉と、自分の目的を達成するためにはたんなる制度など覆《くつがえ》すことのできる、いや覆す定めにあるというその偉大な人間の崇拝に魅せられていた。しかしながら、ムッソリーニがどの程度まで（読みちがえていたとしても）ニーチェによって《鼓舞されて》いたのか、そしてニーチェはどの程度までたんなる便利な宣伝の道具だったのか、それを突きとめることはむろん不可能である。

　エリーザベトはムッソリーニについて、このような懸念はもっていなかった。おそらくはダヌンツィオを通して、彼女はムッソリーニが兄の著作の読者であることを知った。やがてムッソリーニがローマにむかって行進していたとき、彼にお祝いの手紙を書き、ムッソリーニは、ニーチェへの称賛を強調する内容の返事を出した。エリーザベトとムッソリーニは一度も会うことはないのだが、一九二〇年代には、おたがいの利益のために手紙のやりとりはしだいに熱を帯びていった。ムッソリーニがニーチェを発見したときには、ニーチェはたんなる宣伝ではなかったとしても、エリーザベトがムッソリーニを発見するころには、間違いなくそうなっていた。

　エリーザベトの従兄弟でファシストのマックス・エーラーは、『ニーチェとムッソリーニ』という論文を書き、それは出版されて広く読まれた。ニーチェ資料館の責任者として、エリーザベトは一九二八年六月五日、ジルバーブリック館でみずからイル・ドゥーチェ〔ムッソリーニの尊称〕のための《称賛のスピーチ》を行なった。その機会に領事のヴィルヘルム・マンは『精神的運動としてのファシズム』と題した講演をしている。ムッソリーニがローマ教皇およびイタリア君主国とラテアン条約を結んだとき、エリーザベトはベルリンのイタリア大使に宛ててこんな手紙を書いた。

> 私はもはや閣下にムッソリーニ首相への私の全身全霊からの称賛の意を表さずにはいられません……首相閣下はヨーロッパばかりでなく全世界の卓越した政治家であられますが、その尊敬すべき

偉大な首相の行動力のうちに、いくばくかのニーチェ哲学が潜んでいることを見いだすことができましたことを、私はまことに誇りに存じております。兄はどんなにか誇りを覚えつつ、このすばらしい方を見つめていることでしょう、幸福で力強く、勝利を手にされる方、人類を固く信じることができるようにと、人類に救済の幸福な機会をあたえてくださる方を。(3)

エリーザベトにとってムッソリーニは、ニーチェの思想の彼女なりの解釈の勝利を象徴していた。彼女はムッソリーニを、「ニーチェ精神の価値を再発見した天才」と呼んだ。そして、「兄はイタリアをほかのどの国よりも愛していました。今ではその国が、閣下のすばらしい影響によって自分の思想と理念にこんなにも密接に結びついていることを知って、どれほど喜んでいることでしょう(4)」といったことを綴った長い手紙を書いた。もしもムッソリーニが自分のことをある種の超人だと考えるようになっていたとしたら、それはある程度までエリーザベトの鼓舞によるものだ。「誇張ではなしに、ニーチェはきっと彼をもっとも優れた弟子と見なしたことでしょう」、と彼女は書いている。「そして、ニーチェの哲学――謙虚と規律と支配――を大いにイタリアの青年に植えつけた唯一人の人だと。(5)」ケスラーもすぐに見抜いたように、これはむろん真実ではない。一九二六年に彼は、エリーザベトが「ムッソリーニと自分の友情のニュースをたっぷり盛りこんだ」手紙をよこし、「このことを聞いたことがあるかどうか」たずねた、と記している。「私は言った、もちろんです、聞いたことがありますし、それを残念に思っています。なぜなら、ムッソリーニは兄上の評判を傷つけるからです。彼はヨーロッパにとって、危険人物まさしく兄上が熱望したヨーロッパにとって、善良なるヨーロッパ人のヨーロッパにとって、危険人物なのです。[……]あの夫人はまもなく八〇歳だが、それがいやでも目につくようになってきている。(6)」

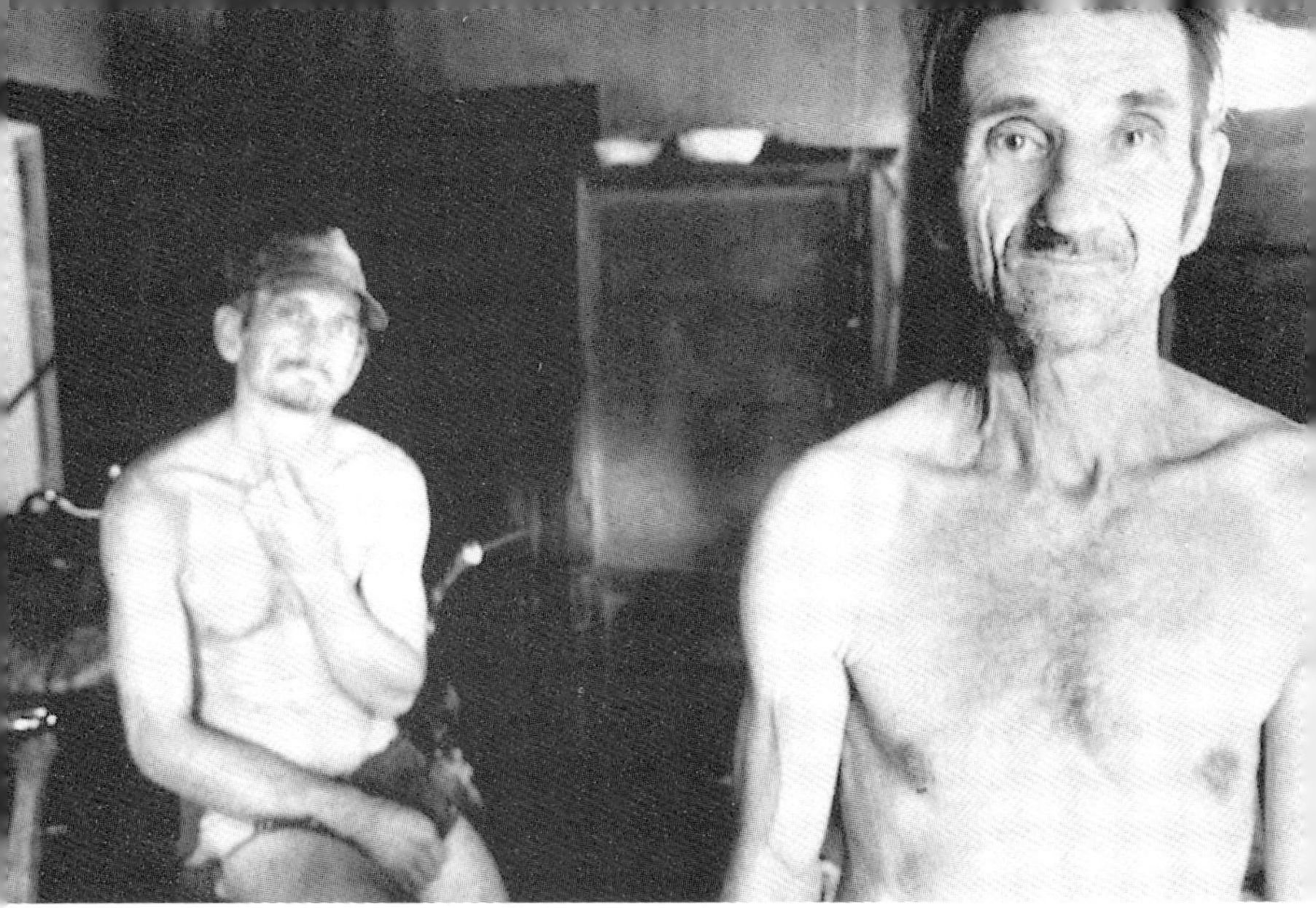

シュヴァイクハルト兄弟、新ゲルマーニア、1991 年

ロルフ・リヒター、コロニア（開拓地）・インデペンデンシア、1991 年

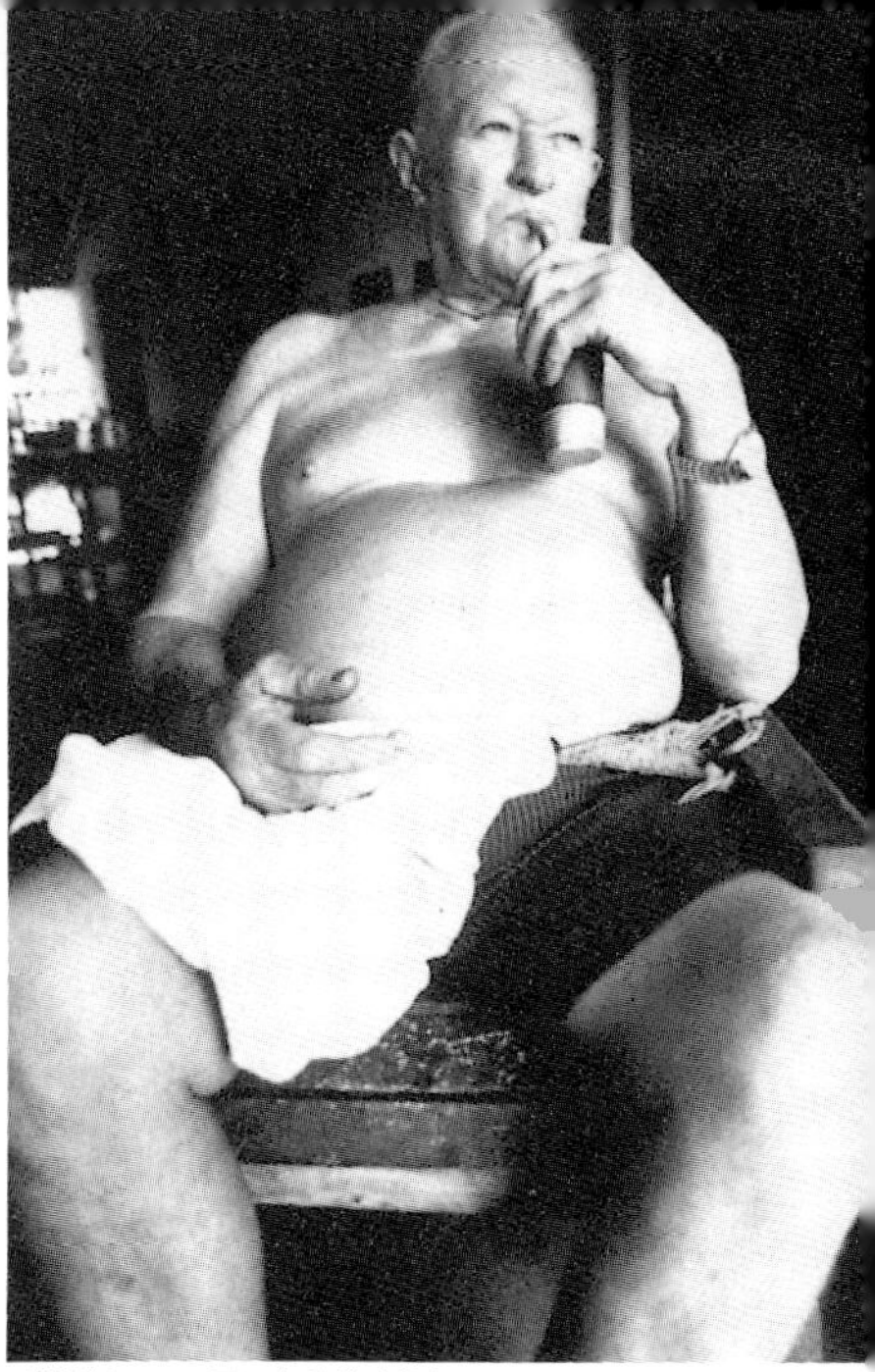

新ゲルマーニアのあるドイツ人

ハインリヒ・シュッテとマリア・シュッテ、ならびにその孫たち

パブロ・フラスカム

マグダレーナ・フィッシャーとベルンハルト・フィッシャー

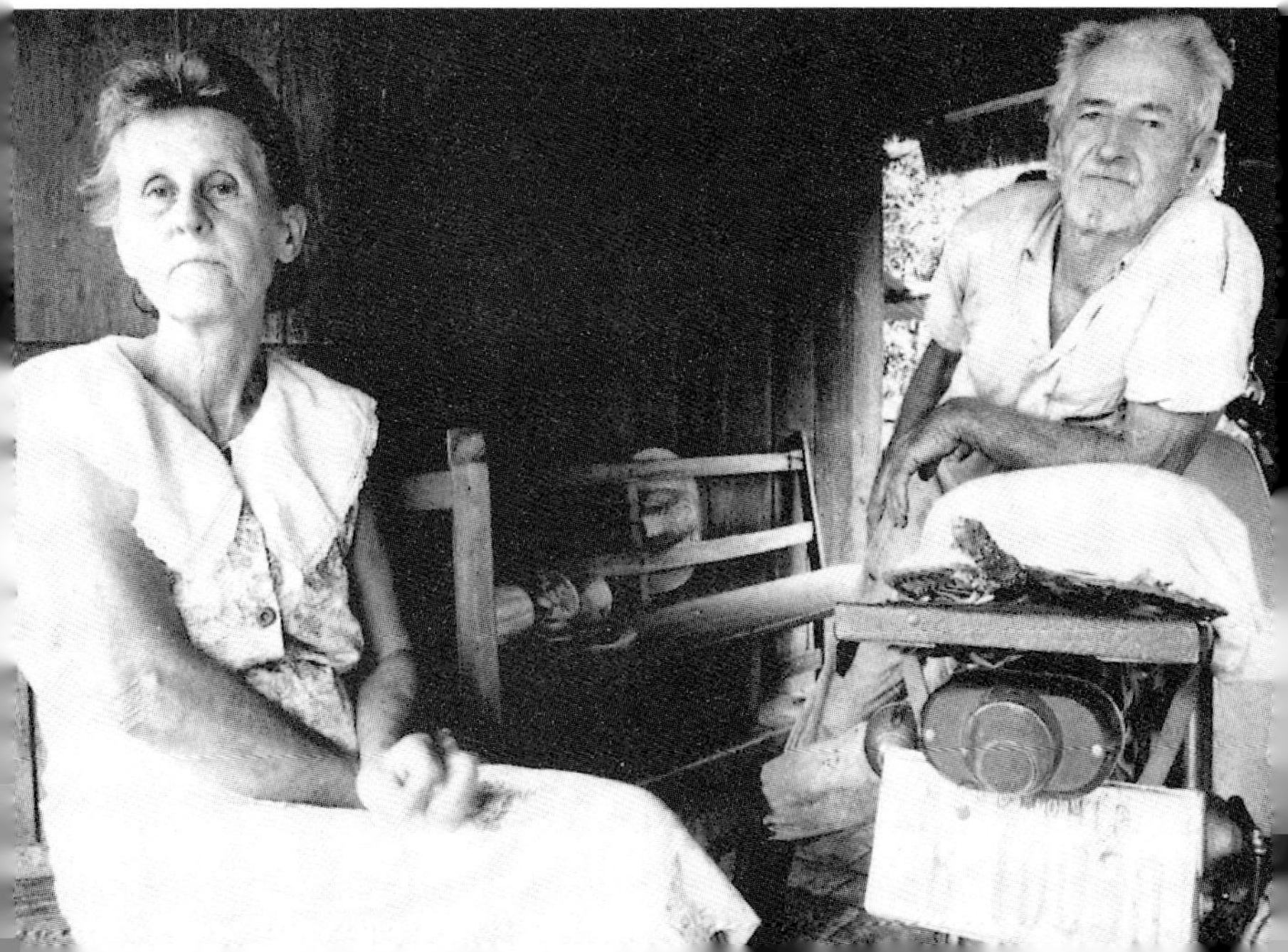

ベルンハルト・フェルスターの墓

フリードリヒ・ニーチェ、1900 年（ゲーテ=シラー資料館蔵）

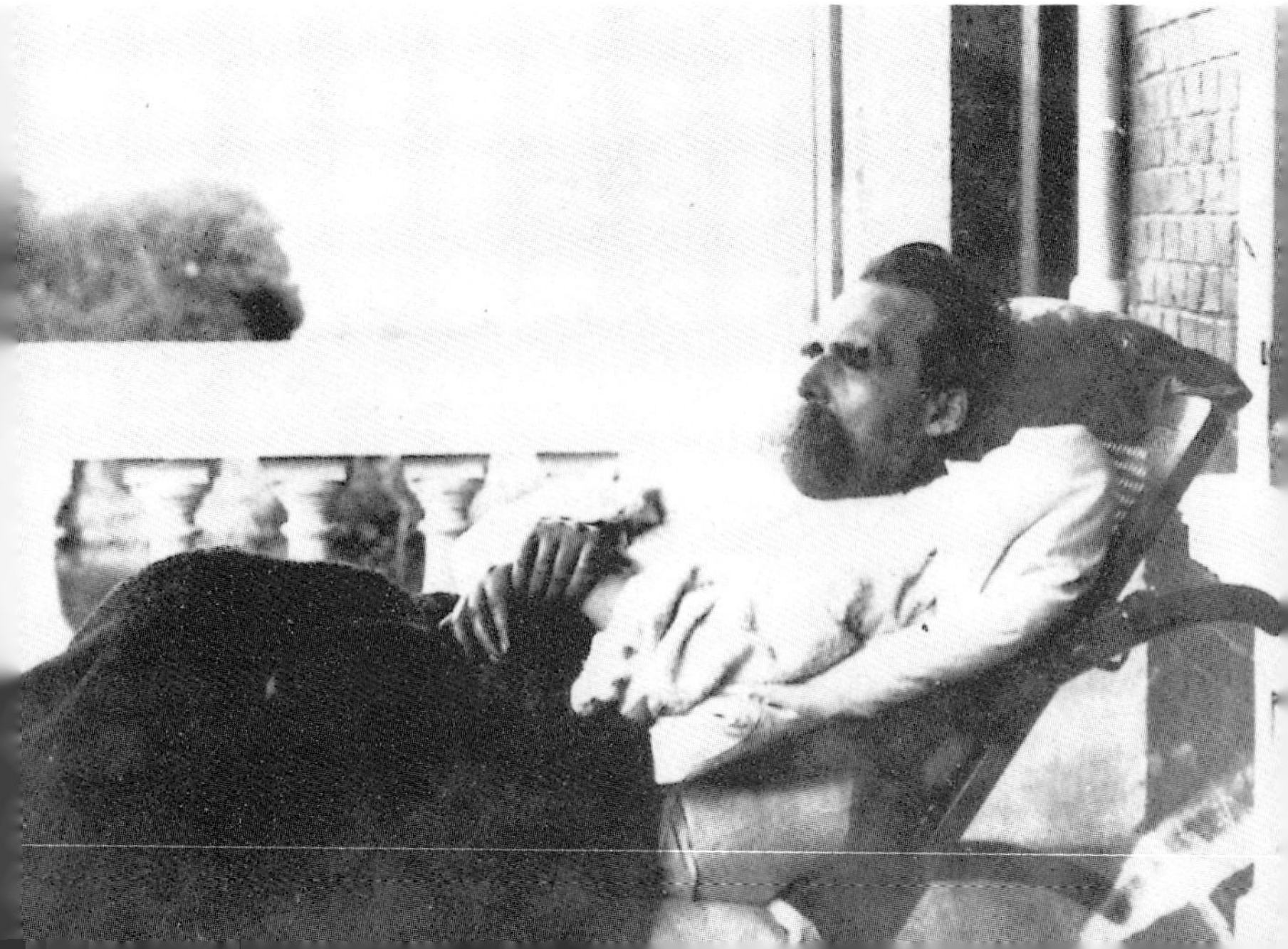

エリーザベト・ニーチェ、1903年
（ゲーテ=シラー資料館蔵）

ハリー・ケスラー伯爵（ゲーテ=シラー資料館蔵）

エリーザベト・ニーチェ、1925年頃

ニーチェの胸像とアドルフ・ヒトラー（ゲーテ=シラー資料館蔵）

アドルフ・ヒトラーを迎えるエリーザベト・ニーチェ（ゲーテ=シラー資料館蔵）

死の床のエリーザベト・ニーチェ（ゲーテ=シラー資料館蔵）

エリーザベト・ニーチェの葬儀（ゲーテ=シラー資料館蔵）

ニーチェ記念館（ゲーテ=シラー資料館蔵）

その八〇回目の誕生日を記念して、一九二六年七月十六日、ヒンデンブルク大統領は彼女に名誉年金を贈ることを決定し、ニーチェの著作の版権が消滅する一九三〇年以降に深刻化しそうな経済上の懸念をわずかながら軽減する。長年辛抱してきたエルネスト・ティールは、今も資料館に金を送りつづけてはいたものの、自分自身が財政困難に直面しつつあった。エリーザベトは、資料館を財政的に揺るぎないものにしなければならないと考えた。恒久的な後援者が必要だ、私の未来と生活を、そして資料館の未来を保証する後援者が。彼女はナチスを選んだ。

国家社会主義党員の二流のごろつきやほらふきのなかにあって、ヴィルヘルム・フリック博士はおそらくもっとも地味な存在だった。受けた教育からいえば公務員、信念からすれば反ユダヤ主義、持ち味からいえば官僚といったところであるフリックは、もっとも早い時期からの献身的なヒトラー信奉者だった。一九二三年のミュンヒェンのビアホールでの一揆騒ぎもいっしょに企て、いっしょに裁判にかけられた。髪はグレー、ほっそりしたからだつきの彼は、やたらと胸を張っている初期のナチたちの写真では、うしろのほうに途方にくれた銀行員のような恰好で立っている。しかし、ナチが権力の座へと昇りつめていく過程で、このフリックは掛け替えのない役割を果たしており、ヒトラーの歪んだ哲学のあらゆる部分を分担し、彼の権力掌握を揺るぎないものとするために大いに働いた。早くも一九二四年には帝国議会の議員になっており、ユダヤ人を公職から追放するという法案を提出した。彼の主張は、「あの人種の連中に支配されることは、われわれの品位に関わることである」(7)というものだった。のちに共和国の内務大臣として、共産主義者や社会民主主義者やニュルンベルク法のもとで全盛を極めていたユダヤ人を弾圧するために、合法的と偽った組織を作り上げたのが、このフリックである。一九三〇年にチューリンゲンの内務大臣となったが、これは地方政府における初の国家社会主義党員の大臣であった。エリーザベトはそれ以前にもフリックの出世を喜ぶ言葉を書き記しているが、大臣に就任すると、国家社会主義ドイツ労働者党NSDAPの選挙での《勝利》にたいして、まっさきにお祝いの言葉を述べた人々のなかに彼女もいた。折り返しフリックは、読むだけでうんざりするような返事を送り、ニーチェの妹を利用することによる宣伝効果をはっきりと認める言葉で締めくくっている。「奥様、私は奥様もまたいつの日か、尊敬おくあたわざる兄上のごとき戦士として、ドイツの国民の自由を求める運動にその身を捧げてくださる、という希望を捨ててはおりません。(8)」

それから一か月後、エリーザベトの無視できない文化的影響力をナチスのために利用しようとして、さらに誘いがかけられた。つまりフリックは、三〇年というニーチェの著作権の期間を延長し、エリーザベトがひどく欲しがっている印税がひきつづき彼女の手に入るようにする法案を帝国議会に提出する、という話をもちかけた。エリーザベトは一も二もなく受けいれた。この法案は成立しなかったものの、フリックは資料館への公的助成金の交付を約束した。エリーザベトは餌に食いついたのだ。とはいっても、エリーザベトがそれほどまでに激励を必要としていたということではなく、フリックのような男の心(彼らに心があるとしてだが)は、エリーザベトの心と波長がぴたりと合ったということなのだ。エリーザベトは同年のうちに、フリックに五〇〇〇マルクの寄付にたいする礼状を書こうとしていたが、それは内容自体がとんでもない嘘であることをもう少しで認めることになりそうな手紙である。

兄が四〇年前に国粋主義に反対する文章を書いたことは確かです。しかし、四〇年前は状況がまったく違っていました。あのころ、ドイツは今日のように大きくもなく、力もありませんでした。

すべてが大きく変わったのです。私はヒトラー氏がニーチェのなかに見いだしたものが理解できます――そしてそれこそ、私たちには是が非でも必要な英雄的タイプです。兄による一つの引用があります。これは私がつねづね最良の国家社会主義者の印象と結びつけて考えているものです。「魂のなかの金貨を無駄にせず、大いなる希望をもちつづけよ。」このニーチェの《希望》は、とりわけあなたの心のなかに宿っていると私は確信いたしております。さまざまな困難に取り囲まれておいでだからです。ドイツの敵たちが、ニーチェは国家社会主義とは何の関係もない、などと馬鹿げたことを言いだしたなら、いつでも一般的にこうお答えになればいいでしょう、国家社会主義とニーチェを結ぶものは、両者にやどる英雄的精神である、と。(9)

ムッソリーニと違い、ヒトラーは最初から最後まで、ほぼ間違いなくニーチェの著作を一語たりとも読んだことはなかった。再三にわたって詩人政治家だと称してはいたが、書いたもののなかでニーチェについて述べたことはなく、たった一度、食卓での雑談のついでに触れただけである。ニーチェの著作も、エリーザベトとそのヴァイマルの助手たちによって彼のまわりに作り出された伝説的な噂も、便利な宣伝の道具にすぎなかった。これらはヒトラーにとって、《権力への意志》《超人》《危険な生き方をせよ》といった（紛れもなく心を動かす）語句や言いまわしの武器庫となった。こうした言葉は何の脈絡もなく断片的に引用されて、ナチのイデオロギーに見せかけの哲学的な基盤をあたえるために利用されたのである。

エリーザベトの懐具合は、一九三一年末に裁判所が彼女を、兄の遺稿をもとに編纂した著作、とくに『権力への意志』の共著者と見なす、という裁決を下したために好転した。この裁決は、そうした著作が彼女の書いたものであり、その兄のものではないことを、改めてはっきりと示すものであった。こうした本からの印税は、彼女自身の著作からの印税と同じく、これからも彼女の口座に入ってくることになった。その彼女の著作には、年老いたルー・アンドレアス・サロメにたいする最後の激しい攻撃となる『ニーチェと同時代の女たち』が、新たに加えられようとしていた。こうした印税を除けば、資料館とその大所帯のスタッフは、ティールやフリック、それに金持ちのタバコ製造業者フィリップ・レームツマからの施しが頼りだった。レームツマは一九二九年から一九四五年までのあいだ、毎年二万ライヒスマルクを寄付した。のちに彼はヘルマン・ゲーリングへの贈賄の件で、ニュルンベルクにおいて裁判にかけられた。ムッソリーニはエリーザベトの八五回目の誕生日に、慶賀の意を伝えるとともに資料館に二万リラを贈った。彼女はイタリア大使に告げた、もしも「心から尊敬するイル・ドゥーチェが資料館を訪れて」くださったら、生涯で「もっとも幸せな日に」なるでしょう[10]、と。それから六か月後、虚栄心に訴えることによって彼を説得するチャンスが到来した、と彼女は思った。

ムッソリーニはナポレオンを描いた戯曲『五月の野』(英語では『百日天下』)の共同執筆者になっていた。そのなかでボナパルトは、敵の陰謀によって倒された英雄という設定になっている。エリーザベトはこの戯曲が気に入っていた。おそらく彼女が作り上げた自分の夫と兄の英雄的な死という話とそっくりだったからであろう。この設定はしかし、ムッソリーニが自分自身の偉大さという考えを反映させたものであることは間違いなく、ナポレオンの致命的な失敗は民主主義に屈したことだという筋書きになっているところが、とくにそれをはっきりと物語っている。ドイツ初演は一九三二年二月にヴァイマルの国立劇場で行なわれたが、それに先立って戯曲を上演用にアレンジする際、エリーザベトがどのような役割を果たしたかは明らかではない。いずれにしても、エリーザベトはムッソリーニにこう書いている。

閣下がこの壮大な作品の上演に立ち会ってくださるという希望を抱いておりましてもよろしいでしょうか。兄フリードリヒ・ニーチェの思想と教義――敬意と勇気と規律――を無数の青年たちの心に植えつけてくださったことにどれほど感謝しているか、生あるうちに閣下に申し上げることができましたなら、どんなに嬉しいことでしょう。閣下を資料館にお迎えすることがかないましたら、それは私の人生でもっとも喜ばしくすばらしい日となりましょう。[11] 近年資料館に寄せてくださっている一方ならぬご助力に御礼申し上げる好機ともなりますので……

ムッソリーニは辞退したが、初日の夜、劇場はヴァイマルの重要人物たちでぎっしり埋まった。そのなかには今すぐにも実際にきわめて重要な存在になろうとしている人物もいた。ヒトラーが突撃隊員に両脇を守られて通路を大股に歩いていくと、貴賓《きひん》用ボックスシートにいたエリーザベトをも含めて、聴衆は雷に撃たれたようになった。ヒトラーは幕間に偉大な著述家の妹を儀礼訪問し、赤いバラの大きな花束を贈った。エリーザベトは深い感銘を受けた。「あの方の目は」、と彼女はケスラーに語った、「魅惑的で、射貫くようにじっと見つめるのです。」[12]

エリーザベトは、好みからいっても受けた教育からいっても、保守的な君主制の支持者だった。本能的に、ナチスよりもむしろ、ヒトラーを権力の座につける手助けをした右翼の政治家たちを好んでいたのだ。皇帝の后、つまり今はオランダに亡命中のヘルミーネ皇后と定期的に文通し――ケスラーはその関係を《グロテスク》だと思っていた――、君主制の復活について語り合っていた。エリーザベトはとりわけ俗物だった。いつでもドイツ政界の長老ヒンデンブルクのほうがオーストリアの元伍長よりも好みに合った。ほかの保守主義者たちと同様に、彼女も自分の政治的見解を広げてナチの主張を受けいれる用意があった。しかしながら彼女のナチズム支持はたんなる日和見的なものではなかった。ヒトラーが政権につく前から、彼女はフリックに国家社会主義者たちを称賛する言葉を述べている。一九三二年七月、ヒトラーとの固唾《かたず》を呑む最初の出会いのあと、彼女は一触即発の政治情勢について書いている。「ニーチェ資料館は興奮の渦と化している。資料館の人間はみんなヒトラーの運動に、私と同じように深く関わっているからだ。」ケスラーはそれ以前にすでに書きとめていた。「資料館のなかはだれも彼も、守衛から館長にいたるまで、ナチ党員だ……。」(13) エリーザベトのヒトラーへの熱狂はまさしくヒステリーそのもので、ムッソリーニにたいして惜しげもなく並べてきた賛辞をも凌いでいた。しかし、ただ大《おお》袈裟《げさ》に騒いでいただけではなかった。エリーザベトはヒトラーのなかに偶像を、これまでにはなかった崇拝の対象、新しい超人を見いだしたのだった。

一九三三年一月三十日、エリーザベトの従兄弟で資料館の館長、そして今や献身的なナチ党員であるマックス・エーラーは、日記に《ヒトラー政権掌握!!》と書きこみ、それを赤と青のクレヨンで丸く囲み、さらにそのまわりに感嘆符をいくつも書きつけた。それから三日後、エリーザベトはフリックに宛てて書いている。

喜びあふれる熱狂の大波が全ドイツに打ち寄せています。愛すべき総統アドルフ・ヒトラーが今やドイツ帝国の頂点に立たれたからです。その歓喜の奔流のなかにはドイツ国民党と鉄兜団（二つの右翼政党）が入っています。これは心に愛国的な感性をもつ人々が夢見てきた状況であり、ドイツ国民党と鉄兜団を帝国内閣に受け入れたときの総統の立派な行動があたえた深い感銘は、言葉ではとても表現できるものではありません。しかしながら、私が幸福な気持ちに浸っているのには特別なわけがあります。それはあなたを親友と思っており、そのあなたが帝国の内務大臣に就任されたことを誇りに思っているからです。また、つねに私の気にかかっておりますニーチェ資料館に特別なご配慮をいただきまして、ありがたく存じております。つねづね案じておりますのは、私が死んだら資料館が見知らぬ人の手に渡ってしまうということです。しかし今では幸福な気持ちで未来のことを考えることができます。ドイツの経済的困窮がすべて解決されただけではなく、こうして文化の諸問題が理解ある帝国政府によって引き受けていただけることになったからです。[14]

エリーザベトはティールにむかって、「われわれの偉大な首相アドルフ・ヒトラーのまったく驚嘆すべきすばらしい人格」について語った。そして新しい総統の大袈裟な言葉まで使っている。「われわれは突如として一つのドイツを達成したのです……これこそわれわれすべてが待ちのぞんでいたものです、すなわち、一つの民族、一つの帝国、一人の総統です。[15]」これはけっして耄碌《もうろく》したための常軌を逸したたわごとではない。信ずる者の感情の発露なのだ。

ナチスが権力の座について二週間とたたないうちに、ヴァーグナーの『トリスタンとイゾルデ』の公演で、エリーザベトはヒトラーと再会した。ヒトラーがヴァーグナーの音楽を熱烈に称賛したために、すでにバイロイトは、ヴァーグナーの相続人たちの自発的な黙認のもとに、ナチの宣伝のための一つの中心地となっていた。彼と彼の《文化顧問たち》はエリーザベトとヴァイマルを次の目標にした。エリーザベトは両腕を広げて彼らを歓迎した。公演があったその日、ヒトラーはジルバーブリック館にやって来た。これが巧みに宣伝された最初の訪問で、以後何度も行われることになる。ナチスは、エリーザベトの協力のもとに、ニーチェの名にナチズムの蔓《つる》を巻きつかせようとしていたのである。

ハリー・ケスラーは、ニーチェがどんな目に遭わされているかを見ると涙がこぼれそうだと言い、まもなくドイツを去ってパリへ亡命するが、ナチスに媚《こ》びへつらうエリーザベトを見て嫌悪感を抱いたのは、彼だけではない。スイスの民主主義者でニーチェ資料館の運営委員会のメンバーだったフリッツ・リューティスハウザー博士は、ヒトラーの最初の資料館訪問の直後、ドイツで起こっている一連の事件とそれがニーチェの名に及ぼしている影響に驚き、スイスからエリーザベトに手紙を書いた。「詩人と思想家の国が――そこではあの偉大な人々が、国粋的でないものは何でも攻撃する人間の集団に変わり――人々が路上で襲われるところになりつつあることが、ますますはっきりしてきています……ニーチェの名がこうした事件と結びつけられていることが、ドイツ精神の深刻な混乱を証明しています。」[16]エリーザベトは彼にたいして、いつもどおりの激しい口調で自分は正しいと言い張った。

ニーチェがムッソリーニとヒトラーに迎え入れられたことを、私たちはとても幸せに思っています……あなたは私たちの国に住んでいないのでわからないのです。ここに来ればきっと理解できます。ニーチェ資料館は、ドイツ帝国の文化的中心になっただけではなく、知的世界全体の中心になったのです。よい知らせがたくさんあります。われわれの輝かしい総統は一一か月のあいだに三度も私を訪ねてくれました。彼は考えられるかぎりもっとも尊敬に値する人です。兄がヒトラーに会っていたなら、その大いなる希望も実現していたことでしょう。知性とは無縁の今の時代に、このような英雄がまだ出現しえたということに驚いています。彼はドイツを完全に変えてしまうでしょう。でも私たちは辛抱強く待たなくてはなりません……ヒトラーのもっとも好ましいところは単純さと自然さです。彼は自分のためには何ひとつ欲しがらず、ドイツのことだけを考えているのです。私は心から彼に敬服しています。[17]

リューティスハウザーは、残念だが今後お付合いはいっさいご免こうむる、という返事を出した。「ヴァイマルへの旅は私にとっては聖地を訪ねるようなものなのです。しかし、新しい政治の方向がイデオロギーになってしまいました。あなたと資料館はこの件に関与しており、そのイデオロギーを信奉しておられます。これが展開していくことは恐ろしいことであり、私はそれに反対なのです。[18]」

ユダヤ人で彼女の古くからの後援者であるエルネスト・ティールまでが、遅まきながら疑惑をもちはじめた。彼女がますます大仰にヒトラー賛美を唱えている手紙に答えて、彼は、「そうです、エリーザベト、あなたは偉大な時代に生きています」と書いてはいるが、次にこうつけ加えた。「警察力ではいかなる文化も生み出すことはできません……ニーチェも私も異なる文化に属しているのです。[19]」エリーザベトは批判には慣れっこで、無視するのもお手のものだった。もしもリューティスハウザー博士やケスラーやティールが自分と意見が合わないとしたら、彼らが間違っているのだ。彼女は総統に長い賛美の手紙を何通も書き、そのたびにヴァイマルの自分のところを訪問するよう促した。ナチの予言者としてのニーチェの宣伝価値は計り知れないほど高かったので、総統は七回もその促しに応じた。そうした折りのヒトラーの写真が残っていて、一見畏敬の念に満ちた感慨深げな面持ちで、胸像のニーチェの目をじっと覗きこんでいるところだの、資料館のニーチェの著作を熱心に読んでいる姿だのが写っている。訪問のたびに、資料館につづく道路には子供たちが整列し、総統に花束を贈った。彼はそのあとで哲学者の妹に敬意を表するのだった。宣伝については、エリーザベトは喜んで黙認していた。一九三三年十一月二日、彼女はヒトラーにニーチェのステッキと、さらに象徴的なことには、ベルンハルト・フェルスターが一八八〇年にビスマルクに提出した反ユダヤ主義の嘆願書を一部贈った。もしヒトラーが労を惜しまずに読んでいたら、彼自身の考えを予告している信条を発見したことだろう。

マックス・エーラーはヒトラーの訪問を毎回きわめて丹念に描写している。できあがった文章はそのままで申し分のないナチの宣伝だった。たとえば一九三四年七月のこの報告がそうだ。

政治の指導者が国家の指導的な哲学者の家を訪れる。哲学者を訪問する政治家としてではなく、友情からその妹のところに個人として立ち寄る、善意の訪問者としてやって来るのだ。彼女は今や相当な高齢に達しており、われわれの新しい目的の自覚のために、その比類なき忠誠心に感謝しなければならない人である。

かくのごとく、いにしえにあっては、偉大な母は偉大な息子を迎えたのであろう、そして、かくのごとく、予言者は英雄を迎え入れ、偉大な男は注意深い女司祭の手から聖なる火を受け取ったのであろう……ヒトラーは語った——あの穏やかで快い口調が今も耳に響いている——ムッソリーニについて。ムッソリーニは完璧な偉大さと力強さを備えた男である。自分の利益のために自分の天才に従ったことはなく、国民に完璧な力強さをあたえなければならないのだ。彼は遠い昔のローマ人である。ヒトラーはわれわれの少年少女へと話を転じた、自分の子供に語る父親のように、気取らず真剣に……フェルスター＝ニーチェ夫人が折りをみて口を開いた。彼女はヒトラーに言った、ヴァイマルとバイロイトの二人の天才に心からの敬意を払ってくださったことを、ありがたく思っております。二人の生まれは等しく、それぞれの星のなかに定められていた友情は、運命によってあらかじめ決まっていた、のちの仲たがいを越えてつづいておりました。それにしてもあなたは、何にもまして、いかにすべてを正し、外見上相反するものを結び合わせたことでしょう。彼女は自分の難しい仕事をコージマの仕事と比べた。天才が遺したものを守り、きわめて勇敢な人間しか打ち勝つことのできない困難にもかかわらず、遺されたことを実現するという仕事である。

それから総統は意味深いことを話した。逆境や誤解や、あるいはたとえ悪のなかにあっても、運命は最良の結果へとむかう道を見いだすものだ。そして、ヴァーグナーとニーチェが純粋さを保つために離れていたことは、私自身にとってもみんなにとっても、幸いなことだったと思う、と。今度は資料館の指導者が、生き生きとした独特の話し方で、真剣ではあるが楽しい話のさなかに、トリプシェンとバイロイトの日々、そして確実にわれわれを待ち受けているすばらしい日々について語った……この人々を囲む輪は、偉大な人がそこにいるために、活気を帯びていった。そしてヒトラーは、どのようにして彼女のなかに尊い信奉者を見て取ったかを話した。ヴァーグナーがニーチェと馬車に同乗して、劇場の起工式に出席するためにバイロイトに出かけたときは、コージマもかつて述べたように、ゲーテ以後のドイツ史にあってもっとも意味深い瞬間だった。その半時間のうちに、若いドイツはドイツ統一のもっとも深遠な表現を見いだしたのだ。統一が実現されるのは、ようやくごく最近のことなのだが。

世界中が固唾《かたず》を呑んで見守っている男が、上品な老婦人に永遠に渝《か》わらぬ心で別れを告げ、二人して明るい陽光のなかにたたずむのを見た人は、けっしてその光景を忘れることができないだろう。(20)

ヒトラーにならって、ナチ党の思想部門を受け持つ道徳的な欠陥人間や似非学者たちが、敬意を表するために群れをなしてヴァイマルを訪れた。

ナチ党の代表的な法律家でヒトラーの個人弁護士、のちにはポーランド占領地区のサディスティックな総監となるハンス・フランクは、最初の出会いのあとでエリーザベトを褒めたたえている。「個人的にも客観的に言っても」、と彼は帝国司法大臣として書いている、「あらゆる人々のなかでニーチェがドイツの法の助言者になってくれたことは、私にとって重要なことだ。[21]」フランクが興味をもっていたのは、いうまでもなくニーチェの司法観よりもユダヤ人排除のほうだった。一九四〇年、彼は兵隊たちに言った。「……一年ではシラミもユダヤ人も根絶やしにはできない。しかし、いつかは達成できるだろう。[22]」もしもニーチェを曲解し彼を隠れ蓑《みの》にすることでより効果的に達成できるのなら、なおさら結構というわけだ。フランクは一九三四年五月に資料館を訪れている。同行したのはアルフレート・ローゼンベルクである。激しい反ユダヤ願望をもつバルト地方出身のドイツ人で、知的活動への意欲は大いにあるものの、才能には乏しい人物だ。ナチの新聞『フェルキッシャー・ベオバハター』の編集長として、フリックやフランクとともに、初期のナチズムにおいてきわめて重要な役割を演じた。ヒトラーはその《偉大な知性》に感銘を受け、彼をナチの人種理論の担当者、そして文化宣伝の責任者にした。しかしのちには疎《うと》んじるようになる。彼の著書『二十世紀の神話』は、ナチの文化観や歴史観の形成に力を貸した。彼の見解によれば、「怪しげな瘤《こぶ》や、梅毒にやられた頭と画家特有の幼稚性との産物、それらを表現する自由が欲しいといっている混血の芸術、それが［第一次］大戦後のドイツ芸術だ。[23]」ニーチェの生誕九〇周年の祝賀行事の一つとして、彼はその墓の上に《偉大な戦士に》という言葉を添えた花輪を供えさせた。（ニーチェの偉大な精神がまず間違いなく梅毒にやられていたことは気にしなくていい、というわけだ。)『フェルキッシャー・ベオバハター』は公式の賛辞を掲載した。「われわれはフリードリヒ・ニーチェを尊敬する……かつて、武器を取れ、ドイツ精神という武器を取れ、そして、全国民の悲劇的にして英雄的な兵士気質のためにドイツの武器の精神をもって奉仕せよ、と呼びかけ、今も呼びかけているその人を。[24]」ローゼンベルクのような男の手にかかったために、ニーチェの不幸な運命は決まってしまった。一九三三年、かつて書かれた反独断論の著作のなかでもっとも詩的なものである『ツァラトゥストラはこう語った』が、第一次世界大戦でのドイツの対ロシア戦勝利を記念したタンネンブルク記念館の貴重品保管庫に収められた。そのかたわらには、ヒトラーの『わが闘争』とローゼンベルクの『二十世紀の神話』が置かれていた。

エリーザベトがヴィルヘルム・フリックの妻マルガレーテに語ったとおり、「ヒトラーと党はニーチェに関心をもっているのが学者だけではないことを証明してくれた[25]」。この言葉は、国家社会主義者たちの取り組み方が少しも学究的なものではないことをはからずも認めている。ニーチェを注意深く読んでみれば、あるいは通り一遍の読み方をしても、反ユダヤ主義や国粋主義への強い嫌悪やドイツ帝国への侮蔑は明らかだったはずだ。彼のいちばん新しい信奉者たちはこうした事実を、都合よく無視したり、文脈に関係なく引用することによって歪曲したりした。ナチスの興味をそそったのは、ニーチェの言葉づかいや、神話を生み出す好戦的な警告の文句、力の賛美であった。そのほかの部分は無視されたのだ。事実、ファシストはニーチェの言葉を実践していた。「最悪の読者は……略奪団のような真似をする。彼らは利用できるあれこれのものを持ち去るのである……[26]。」これはエリーザベト自身がやっていたことと同じだ。『ニーチェは国家社会主義者だったか』と題した評論で、彼女はニーチェの《熱烈な愛国主義》について語り、ニーチェが普仏戦争でみずから兵士となったことを強調した。また、文脈を無視した引用や一部分だけの引用によって、彼の著作にはない反ユダヤ主義をほのめかしている。彼女はこう結んでいる。「ニーチェはつねにはっきりと見ていた、ユダヤ人の振舞いがドイツにおいてはいかに相容れないものであるかを。」(27)

ニーチェ受容が、ドイツの国内国外を問わず、これらすべてのことからこうむっていた影響は、第二次大戦後二〇年間にわたって哲学者としてのニーチェの評判が地に堕ちていたという事実から、推し測ることができる。バートランド・ラッセルは彼のことを、「ただの誇大妄想狂」(28)で、丘の上のリア王、不能者で危険分子で、警察国家の予言者だと言った。ファシズムにたいする戦争に無事勝利を収めると、ラッセルは、「彼の支持者たちは活躍の機会をもっていたが、それも急速に終わりに近づいていると考えてよい」(29)と語ることができた。これは一九四六年のことだった。ニーチェはまた、それに先立つ数年間に行なわれた大量虐殺の煽動者として非難された。ジョージ・リヒトハイムは書いている。「もしニーチェがいなかったら、SS――ヒトラーの突撃部隊で彼の運動の中核をなす――は、東ヨーロッパにおける大量殺人計画を遂行しようというインスピレーションを欠いていた、といっても過言ではない。」(30)――ニーチェはつねづね、自分はポーランド人だと言っていたのだが。P・G・ウッドハウス〔一八八一―一九七五、イギリスのユーモア作家、ジーヴズはその作品中の人物〕の感嘆すべきジーヴズですら、ニーチェについては好意的な言葉を見つけることはできなかった。ジーヴズはバーティー・ウースターに語る、ニーチェは「基本的に不健全です」(31)。これは、ジーヴズが明らかに間違っている数少ない場面の一つである。ニーチェはエリート主義の保守派だった。民主主義者も社会主義者も彼を仲間だと主張していたが、彼は民主主義にも社会主義にも反対していた。彼は人道主義の伝統的な価値を破壊し、大衆の凡庸さを前にしてもひるむことなく、プラトン的な言葉を用いて、個人としての偉大さの権利を擁護した。彼の著作はナチズムもしくはそれに類するものを支持してはいない。そして、私の確信するところでは、ニーチェ自身が、自分の名のもとに行なわれたことを見たら恐怖をおぼえたことだろう。彼はドイツの国粋主義にもあらゆる大衆運動にも反対だった。イデオロギーの唱導者を信頼しなかった。反ユダヤ主義には嫌悪感を抱いていた。たしかにユダヤ教を批判していたが、キリスト教を攻撃するのと同じ基準に立ってのことだった。彼は、ユダヤ人にはまず第一に、キリスト教という《何千年にもわたる嘘》を生み出した責任がある、と言っている。これは人種差別ではない。それどころか、彼は楽しみにしていた、「いずれ大いなる課題と問いがやってくるのを。つまり、地球はどのようにしたら全体として治められるのか、そして、人間を全体として——すなわち、もはや民族としてとか人種としてではなしに——育て訓練したら、どういう結果になるかという課題と問いである[32]」。彼は言う、「ユダヤ人は現在ヨーロッパに住んでいる民族のなかで、もっとも強くたくましく純粋であることは疑う余地がない。ユダヤ人がもし望めば、——または、反ユダヤ主義者たちはどうやらユダヤ人がそうなるよう強制されることを望んでいるらしいのだが、もしそうしたことになれば——現在でも優位を占めることができるだろう、あるいは文字通り全ヨーロッパを支配することもできるだろう。［ここでナチの引用はストップしがちだが、ニーチェの言葉はつづいている］……同時に、彼らがそんな計画をもっていないことも、そのために働いているわけではないことも確かである[33]……この国から反ユダヤ主義をわめき立てている連中を追い出すのが名案というものであろう。」もし彼が、バートランド・ラッセルの無理もないことだが皮相的な発言を耳にしたら、間違いなく『この人を見よ』に書いた言葉を繰り返していたことだろう。「本来なら私の習慣に反しさらにまた私の本能の誇りにも反していることではあるのだが、次のように言う義務が私にはあるのである。すなわち、私のいうことを聞いてくれ！　私はこれこれの人間なのだ！　何よりもまず私を取り違えないでくれ！」

いでくれ！　と。[34]」

ナチを支援することによって、年老いたエリーザベトは個人的満足とともに物質的な満足をも手に入れた。一九三四年の初め、彼女は総統の秘書ハンス・ハインリヒ・ラマースから一通の手紙を受け取った。それにはこう書かれていた。「帝国首相は、永遠に称えられるべき兄上、われわれの祖国と世界にとって尽きることのない大いなる意義をおもちの兄上の一生の仕事を、維持普及につとめておられるあなたの貴重な奉仕にいたく心を動かされ、あなたに月額三〇〇ライヒスマルクの名誉終身恩給を給付されることになりました。[35]」彼女がまもなく九〇歳になることを思えば、それほど長い期間にわたる経済上の約束ではなかったが、ほんの一年ほどで、ナチはもう一度気前のいい振舞いを見せた。総統は、資料館にただちに二〇〇〇〇ライヒスマルク贈るようにという命令を出し、さらに、彼自身のこの《特別基金》は「フェルスター＝ニーチェ夫人が好きなときに好きなように使って構わない[36]」と伝えた。

彼女は突如として手紙で攻めたてられることになった。新しい後援者の犠牲になっている人々からの、自分たちのために国家社会主義党にとりなしてくれという依頼の手紙である。その大半はユダヤ人で、学校の教師、ジャーナリスト、作曲家、公務員、画家、みんなナチの差別的法律によって職や収入を失った人たちばかりだった。何人かはお世辞を使って取り入ろうとするところが痛ましかった。多くの人が悲惨きわまりない状態だった。「私はお世辞を使って」、ルドルフ・K・ゴルトシュミットというジャーナリストは書いている。「私は一九一四年に志願して戦争に行きました。しかし今は、非アーリア人であるために出版界でのすべての活動をあきらめなければなりません。私の生活は破壊されてしまいます。どうか私のために、正規のジャーナリストの名簿に名前を載せることができますよう、フリックとゲッベルスにお口添えいただけませんでしょうか……。[37]」

エリーザベトはたしかに何人かのとりなしを試みた。哀願してきたのが十分に重要な人物か、彫刻家のリヒャルト・エンゲルマンのように文化的に認められている人間の場合だ。エリーザベトの俗物根性はいつでも反ユダヤ主義よりも強かったのだ。著名なヴァーグナー派の作曲家で、今ではやむをえずベルリンでタクシーの運転手をしているエルンスト・プレトリウスのためには、ラマースに手紙まで書いている。しかし彼女には、ニーチェの母校シュールプフォルタの運命のほうがはるかに気がかりだった。性的スキャンダルで閉鎖の危機にさらされていたのだ。国家社会主義者のための学校になるとラマースから聞かされて、彼女は胸をなでおろした。「かような結果となりましたこと、たいへん嬉しく思います……学校の新しい未来が楽しみです、生徒たちは私たちの輝かしい帝国の理念のもとで教育を受けることになるのですから。これでエリートのための学校でありつづけるわけです。こんなにすばらしいことはほかにはありません。[38]」同じこの時期に、彼女が受け取った嘆願の手紙のなかに、シュミットという教師からのものがある。彼は公務員の《浄化》のための新しい法律によって、シュールプフォルタを解雇されたユダヤ人だった――エリーザベトの友人のヴィルヘルム・フリックが制定に深く関与していた法律である。「私はこの法律のためにもうすぐ解雇されるでしょう」、シュミットは彼女に告げた。「かつての生徒たちですら、私の解雇に驚いていると言っています。[39]」エリーザベトがこの男を救おうとしたという証拠は何もない。彼女は新しく手にした政治的な影響力を得意がっていた。「今や私は、まわりの人々すべての悩みごとを聞いてあげる、ヴァイマルのよきおばあちゃんです」と、彼女はフリックに誇らしげに語っている。「もちろんそれは私がフリックの友人だからだ、ということはわかっています。それはだれでも知っていることです。[40]」

このだれでものなかには、パラグアイの新ゲルマーニアの住民も含まれていた。植民地へのエリーザベトの関心は、状況が好転したという知らせを聞いて、ふたたびかき立てられていた。とりわけ植民地建設の基盤となった信条がほかならぬドイツ本国でみごとに実を結ぼうとしていたとき、その将来への関心を取りもどしはじめたのだった。ケスラーの回想によれば、彼女はよく友人や仲間にパラグアイでの植民地生活についての話をして喜ばせた。あるいは、「ロペスの独裁下で行なわれた残虐行為について、まるでハドソン〔『緑の館』（一九〇四）等で知られるイギリスの作家ウィリアム・ヘンリー・ハドソン（一八四一〜一九二二）のことであろう〕やカニンガム・グレアムの語り口のような話[41]」をした。ケスラーが憤慨したことに、エリーザベトは、自分の国粋主義は自分が《故国を離れたドイツ人》だった結果である、と言い張った。三〇年以上も前にパラグアイからもどっていたというのにである。「ニーチェ資料館というところで、ニーチェの妹からこんな馬鹿げた話を聞くのはやりきれない[42]。」アスンシオンのドイツ領事館をとおして、また自分が選んだ手下であるエルク一家、あるいは学校の教師やかつての敵の息子フリッツ・ノイマンとの文通によって、エリーザベトは、ふたたび見いだした《養子に出した子供》である植民地を注意深く見守っていた。

　フリッツ・ノイマンの発見したイェルバ栽培法による好景気は長くはつづかなかった。ノイマンが発芽の秘法についてあまりにも鷹揚《おうよう》だったため、いたるところにイェルバ農園が出現し、パラグアイだけではなく、アルゼンチンやボリビアでも栽培されるようになったのだ。新ゲルマーニアが連絡を取るのも容易ではない陸の孤島のようなところだったので、そのイェルバはすぐに市場での地歩を失い、植民地はあっという間にまた経済的麻痺《まひ》状態に陥った。一九二九年、エリーザベトはドイツ領事館から失望させられる報告を受け取った。イェルバの輸出はしだいに減少し、アルゼンチンからの注文はほとんどありません。

その三年前、コルネーリエ・ニュルンベルクという若いドイツ人教師で国粋主義者の女性が、移住者たちの衰えていく精神《ガイスト》に生気を蘇らせようという決意を胸に、植民地に到着した。じつは学校は二年前に閉鎖されていたのであるが。彼女が目にした植民地は《悲惨な状態》[43]にあった。二部屋しかない小さな家が学校として使われることになり、その一部屋が彼女の寝室にあてられた。そのほかにあったものといえば、長椅子が四つ、石板が一つ、テーブルが一つ、椅子が二脚、古い絵が数枚と地図が一枚だった。最初からの入植者たちは、今では二世・三世のほうが数が多くなっていたが、ドイツとドイツ文化を忘れないために古いドイツの民謡を歌っていた。子供たちはドイツ語しか話さず、家庭では原始的な家父長制そのままに厳しく育てられていた。規律をたたき込まれ、親のために働くよう教えられた。しかし、祖国ドイツについては明確な考えをもっていた、とニュルンベルク先生は語っている。「この世の良いことや嬉しいこと、立派なことは全部、祖国と結びつけて考えるのだった。[44]」子供たちが何より喜んだのは、先生からドイツやドイツの生活、ドイツの生徒たち、ドイツの冬やクリスマスなどの話を聞くことだった。滅多にないことだったが、パラグアイ政府の人間が学校にやって来ると、先生は子供たちにパラグアイの国歌を歌わせた。もちろんいつもはドイツ国歌を歌い、特別な折りにはプロイセンの旗を掲げた。

一九二八年にコルネーリエ・ニュルンベルクがドイツへもどってみると、エリーザベトが、奮闘している入植者を助けるために自分の影響力を役立てたがっていた。エリーザベトは外務省を説得して、別な教師アルフレート・マイヤーの給料を払わせた。彼はファシストの卵で、エリーザベトの心にかなった男だった。一九三〇年、息子のほうのフリッツ・ノイマンが彼女に一通の手紙を送った。そこには入植者たちが、まったくの不利な状況にもかかわらず、ドイツ人の真価をもちつづけている、困窮したドイツ人の一団として描かれていた。これこそエリーザベトが何よりも愛する英雄の姿だった。彼は書いている、「植民地はまだこんなに小さいけれど、この五〇年のあいだ消滅せずに生きつづけてきたということは、大いに誇ってよいと思います。絶望的なところですが、この植民地は今でもそれなりに、真のドイツ民族の中心と呼ばれてしかるべきです、たとえこんなに小さくても。」[45]

ドイツ領事館の報告によれば、マイヤーのもとで学校はかなり改善されつつあるということだった。この教師が、ニーチェの著作が欲しいと書いてよこすと(「ご主人の本を読みたいという人のほうが多いとは思いますが」[46])、エリーザベトはただちにそれをかなえてやった。もしも自分で新ゲルマーニアを建設することができないのなら、代わりの人間にやらせよう。そのマイヤーが次にはアルゼンチンから手紙をよこし、自分は新ゲルマーニアを去ることにしたと告げたのは、エリーザベトには打撃だった。植民地の苛酷で不健康な諸条件のなかで、彼の幼い息子がマラリヤとパラチフスと疝痛《せんつう》にいっぺんに罹《かか》ってしまった。そこでマイヤーは、もっと気候のいいところで教師をつづけようと思ったのだった。彼は言った、南アメリカで教職につくことによって「外国のドイツ民族のために奉仕するという仕事に忠実でいられること」を、私は嬉しく思っています。しかしドイツが恋しいのです、「目的を同じくする同胞や同僚がついに政権の座についたドイツが」。「裏切りをはたらいたような気がしてならないのですが」と、厳格な後援者に平身低頭してつづけている、「ほかの人が建設するための土台を私が築いたということが慰めです……どうかお怒りにならないでください。どうかご理解ください。そして、ご理解とお許しをいただけたことが確信できるようなご親切なお便りをお待ち申し上げております。」[47]

一九三三年七月、エリーザベトはふたたびドイツ領事館に手紙を書き、植民地の《文化的な健康状態》について尋ねた。返事はただちに希望をあたえてくれるものではなかった。入植者の何人かは悪くない生活を送っており、「老フリッツ・ノイマンの暮らしむきもまずまずといったところです。しかし若い世代の人々は、イェルバの収穫で多少の利益をあげたものの、みんな価格の下落に苦しんでいます。蓄えのある者は一人もおらず、したがって精神的な関心事はないがしろにされております。(48)」精神的ならびに文化的な関心事という言葉の意味するところはただ一つ、国外に在住するドイツ人のナチ化である。故国を離れた厖大な数のドイツ人を国家社会主義の信奉者にすることは、ナチ思想の中心的な信条だった。ドイツ国外での最初のナチ党はパラグアイに設立され、半世紀前にフェルスターがみずから命を絶ったサン・ベルナルディノのホテル・デル・ラーゴが主要なナチの集会の場所になった。ナチ党員たちはドイツ国内にも負けないほど精力的に、そして大使館の公然たる後押しのもとに、支持者をもとめて南アメリカ各地をまわった。アスンシオンにいたドイツ人牧師カルロス・リッヒェルトは、ベルリンの福音派教会の指示により、ナチの宣伝につとめながらパラグアイ国内を巡回した。彼が新ゲルマーニアに現われ、持ってきた映写機で宣伝フィルムを見せたとき、移住者たちは、はじめはびっくりし、やがて熱狂した。エリーザベトはフリッツ・ノイマンから、ナチの主義主張が入植者たちに十分に受けいれられたという報告を聞いて喜んだ。「国家社会主義党が植民地で強い勢力をもっていることを聞くのは大きな喜びである」と彼女は書いている。「いつか彼らはみな国家社会主義者になるだろう。われらがすばらしいアドルフ・ヒトラー首相は、まさしく天からのありがたい贈り物であり、ドイツはどんなに感謝しても足りないくらいなのだ。(49)」

ドイツにおける出来事とパラグアイのジャングルのまんなかにある小さな植民地とのあいだに歴史的なつながりがあることを、ドイツの当局筋は見逃さなかった。《在外ドイツ民族同盟》（言ってみればブリティッシュ・カウンスルのナチ版のようなもの）はエリーザベトに、その夫の生涯における貴重な情熱を記念するために、「ベルンハルト・フェルスター氏が暴いたユダヤ人の悪意」を詳述した論文を出版する予定である、という手紙をよこした。(50) 彼が埋葬されたサン・ベルナルディノの墓は整備され、まわりにはみずみずしい花が植えられた。反ユダヤの戦いに斃《たお》れた殉教者の記念碑を建てる話までもちあがった。エリーザベトはまったく面識のない人々から、ご主人は国家の英雄ですと書いた手紙を受け取るようになった。一九三四年のクリスマスの直前に、ベッケル夫人という人からその種の手紙が届いた。文中に、当人の夫が一八八九年にベルンハルト・フェルスターをうたった詩というのが入っていた。その詩の結びはこうなっていた。「神がこのような方をたくさんドイツに遣わしてくださいますように。(51)」これにはナチ党もむろん大賛成だった。一九三四年のある日の午後、サン・ベルナルディノのドイツ人学校の生徒たちは先生に招集され、大はしゃぎしながら、湖を見下ろす共同墓地に連れていかれた。ヒトラーの指示で、大きな荷物がドイツから送られてきており、なかには本物のドイツの土が入っていたのだ。サン・ベルナルディノの住人はそのようなものを目にすることなど予想もしていなかった。子供たちの歌声が流れるなかで、その土はおごそかにフェルスターの墓の上に撒《ま》かれた。

エリーザベトは領事に手紙を書き、新ゲルマーニアの窮状を救うよう、新政府にとりなしたいと申し出た。「植民地を助けたいのです。私はフリックと知り合いですから、問題があればお知らせくださ い。(52)」この話が伝えられても、入植者たちはあまりにも誇り高く、あまりにも愛国心旺盛だったために、帝国からの施しを受けることを潔しとしなかった。入植者の一人、マルティン・シュミットは、精力的なナチになっており、のちには、見たこともない国へ赴いて戦うために植民地の若者たちを入隊させようとした男であるが、彼は、戦争が始まったら彼らを連れていくために、総統がブエノスアイレスに潜水艦をよこすだろう、という噂を広めた。価格の落ち込みのために生活にもこと欠くありさまだったにもかかわらず、シュミットは植民地を代表してこう述べた。「帝国は外国に負債があるというのに、われわれが金を無心してさらに負担を重くすることはできません……しかし、個人からの贈り物は受け取るでしょう。そして本も。子供たちに今日のドイツを、アドルフ・ヒトラーの帝国とその目的を理解させたいからです。[53]」コルネーリエ・ニュルンベルクはこれを、どんな犠牲を払ってもこの地を離れまいとした移住者たちの自尊心のあらわれだと考えた。しかし、金を受け取ることを拒んだのは、「彼らの心の愚かな頑固さ」を示すもので、「理想主義的な創設者もこの頑固さにはさだめし手を焼いたことでしょう[54]」。

ほどなくエリーザベトは、ヒトラーは自分に称賛と経済的保護だけではなく友情をもさしのべているのだ、という確信を抱くようになった。そこで誕生日にはカードを送り、自分の新著『ニーチェと同時代の女たち』に献呈のサインをして贈った。一九三三年も暮れに近づいたある日、階段から落ちて腕に怪我をしたが、そのときなどは長い手紙を書いて事故の様子を説明し、訪ねてくれるよう頼んだ。ヒトラーは聞き入れた。エリーザベトはこのときひどくまごついた。腕を包帯で吊っていたために正式のナチの敬礼ができなかったのだ。しかしその後も、回復の経過を詳細にしたためた手紙を次々と出した。総統には詳しい症状を書き送る一方で、ムッソリーニには称賛の言葉を浴びせつづけていた。彼が間一髪のところで暗殺を免れたとき、彼女は記している。「称賛と尊敬と、彼が救われた喜びをこめて。」彼女の二人の政治的偶像が一九三四年六月十四日にヴェネツィアで会見したとき、エリーザベトは、「ニーチェの魂はヨーロッパの両巨頭の会談を空から見守っております[55]」という内容の電報を打った。ムッソリーニとヒトラーは、よりすばらしい（あるいはすばらしくない）ニーチェ思想の諸問題よりも、オーストリアの政治情勢の安定という当面の問題のほうがはるかに気がかりだったが、それでも二人はわざわざ返事を出した。おっしゃるとおり、たしかに頭上に偉大な哲学者の魂を感じました、という確認の返事である。ヒトラーは後日エリーザベトに、二人の指導者はリド島へむかう船のなかで、彼女についいて、そして兄の名における彼女の立派な仕事について話し合った、と告げた。おそらく作り話だったのだろうが、エリーザベトはたいそう喜んだ。ザクセン訛りがどうしても消えない（ヴァイマルのラジオで話をしたあと、彼女は声を褒められた。じつは、わかりにくい訛りが放送されないように女優が呼ばれていたのだった）ナウムブルク生まれの市民階級《ブルジョワ》の一少女が、世界でもっとも大きな権力をもつ男たちにとって、今もなお重要な話題だったのだ。一九三五年まで、彼女の自我《エゴ》は、それを徐々に膨らませてきた八九年の生涯のどの時期よりもいい状態にあった。しかし、相変わらずほとんど衰えが見られないほど精力的で、職員を脅しつけながらせわしなく動きまわってはいたものの、からだはすでに弱っていた。

六月には、白内障の手術のためにイェーナの病院に入院しなければならなかった。例のごとく、全ドイツの総統たる方はお忙しいではあろうが、それでも友人の健康状態は詳しく知りたいだろう、と彼女は考えた。そこでこんな手紙を書いた。

視力が戻るのを辛抱強く待ちながら、長い苦しみの時を、私は何もせずじっとして過ごさなければなりませんでした。これは私の性に合わないことです。それで私のもてる力を振り絞りました。その力は、あなたのすばらしい本、『わが闘争』のなかに自分で見つけたものです。もちろん何年も前に読みましたが、今回まるで初めて読むように徹底的に研究することができました。［おそらくだれかに読んでもらったのだろう。」ドイツ人の性格の新たな創造のための強靭で驚くべき直観力と洞察力に心を奪われました。そこで私は、だれであれ病床にある人には、このすばらしい本の一章一章に没頭し、そこに運命の試練に立ち向かう力と勇気を見いだすことを勧めようと思っています。

心からの感謝の言葉とともに、深く敬愛する総統閣下に、この上ない尊敬と称賛をこめて、エリーザベト・フェルスター＝ニーチェ(56)

ヒトラーはこれに応えてふたたび彼女を訪問した。今度はナチの建築家アルベルト・シュペーアを従えていた。ナチ党がニーチェを正式に迎え入れたことを記念して、ヒトラーはジルバーブリック館の隣にニーチェ記念館とホールを建設するよう命じることに決めており、それをエリーザベトに告げた。広い会議場も設けられることになっていて、そこには哲学者の胸像をいくつも飾り、兄と妹両方の著作を収めた図書室も作る予定だった。——今は亡命中のケスラーがかつて計画したニーチェ記念館の醜悪な模倣《パロディー》である。この事業のために、ヒトラーは自分の個人的な基金から五万ライヒスマルクを用立てた。手術後でやつれてはいたが、エリーザベトは大喜びだった。「だれでもこの気高く偉大な人を愛さずにはいられない」とヒトラーのことを書いている、「もしも私と同じくらい彼を知ったなら(57)」。

エリーザベト自身のマキアベリ的な才能は、他人のなかにある同じ能力に気をつけるよう自分に警告を発するということをしなかった。エリーザベトは自分と総統の考えは同一だと信じ、ナチスが自分に惜しみなく注ぐ好意をまぎれもない敬意だと見なしていたのである。ほかの人々が受けた印象は違っていた。シュペーアはのちに回想している。「われわれはニーチェの家に行った。フェルスター＝ニーチェ夫人が待ち受けていた。この孤独で風変わりな女性がヒトラーとうまくいかないのは明らかだった。奇妙なくらい薄っぺらで嚙み合わない会話がつづいた。しかしながら、この会見の主たる目的はすべての関係者を満足させることにあった。ヒトラーは古いニーチェ館に別館を建設する資金の提供を約束し、フェルスター゠ニーチェ夫人はシュルツェ゠ナウムベルク［いわゆる国家社会主義リアリズムの建築分野を代表する人物の一人］に設計させることを快く承知した。(58)「悲しいことです、と彼女はヒトラーに言った、「ニーチェの著作に並々ならぬ関心を寄せてくださって」本当に嬉しいのですが、この喜びを兄と分かち合うことができないのですから。(59)」

一九三五年十一月初旬、彼女はインフルエンザに罹って寝込んだが、昔と変わらない調子で手紙の口述筆記をさせていた。八日、病気も治ったらしく、床を離れた、とマックス・エーラーは書きとめている。しかし、午後になると少し疲れをおぼえ、昼寝をする。起きると、ずっと気分がよくなった、夕食はベッドでとる、と言った。七時、家政婦のブランケンハーン夫人が食事を持って部屋に行った。エリーザベトは、起きようとしてまたベッドに倒れ、そしてすでに息絶えていた、きちんと服を着て。

ただちに総統、ローゼンベルク、フリック、そしてチューリンゲン大管区長官フリッツ・ザウケルに通報された。ヒトラーはミュンヘンで一九二三年の一揆の記念日を祝っていた。公式の追悼式は十一日とするように、自分も参列する、と彼は言った。六〇〇通の死亡通知がジルバーブリック館から発送され、追悼の手紙が殺到した。ナチ党の主要メンバーから、ムッソリーニから、そして数週間後に新ゲルマーニアの入植者たちから。エリーザベトの遺体は花にかこまれて資料館の階下の部屋に安置され、職員たちは取り乱しながらも葬儀の準備をした。

当日午後一時、ナチの儀仗兵——SA、SS、ヒトラー・ユーゲントからなっていた——がジルバーブリック館に通じる道路に整列した。そのうしろにはヴァイマル市民がつめかけていた。屋根の庭ではSSの将校たちが花輪を捧げ持ち、カメラマンが動きまわっていた。ナチの主要なメンバーは全員参列するように言われており、その多くが来ていた。ヒトラー・ユーゲントの指導者バルドゥーア・フォン・シラッハや、コージマの息子ジークフリートの妻で熱心なナチの共鳴者である、ウェールズ生まれのウィニフレッド・ヴァーグナーもいた。ゲッベルスは流感で来られず、弔詞と花輪を贈った。仕事でベルリンを離れられないフリックも同様だった。三時、ヒトラーの車が到着し、儀仗兵を閲兵してから建物に入り、柩の足元のほうの席についた。そしてその両側には、フリッツ・ザウケルとチューリンゲンの議長がすわった。パレストリーナのミサ曲が演奏された。音楽が止むと、満員の部屋は静まりかえった。

「総統の顔を見れば」とエーラーは記している、「彼がどんなに心を乱されているかがわかっただろう。彼はほとんど口をきかなかった。[60]」好意をもっていたというよりもむしろ必要だった女性、そしてその兄の著作はほぼ間違いなく一度も読んだことがなかった、そんな女性のために空涙まで流したということは、ヒトラーの演技力が優れていたことを示している。

フリッツ・ザウケルが選ばれて弔辞を読むことになっていた。おそらく適任だっただろう。元船乗りで工場労働者だったザウケルは、最低の知性しかもっておらず、もっぱらナチの教義への卑屈なまでの忠誠とヒトラーへの献身によってのみ際立っていた。ニーチェを理解するどころか、ニーチェという名前の綴りすら書けなかったといっても、おそらく言い過ぎではないだろう。（のちに彼は勤労動員担当の全権委任将軍、そしてSSの名誉将軍になる。アルベルト・シュペーアのもとで第三帝国における強制労働の組織、外国人のドイツへの移送、ポーランドのユダヤ人労働者の虐殺を実行した責任を負うべき者が、ほかならぬこのザウケルなのである。）彼は政府、党、国家社会主義ドイツおよび第三帝国を代表して、「偉大なドイツの天才を勇敢に、決然として、確かな目的を自覚しつつ、保護してきた」故人に感謝の言葉を述べ、彼女自身が五〇年にわたって手本としてきた女性を引き合いに出した。「感動しなかった人がいるでしょうか」と彼はたずねる、「このすばらしい女性の性格に。［ここで私たちはバイロイトのことを思い出すことになる］その人はドイツ人の真の師を生み出すための戦いにエネルギーを注ぎ、誠実なコージマ・ヴァーグナー夫人との友情を築き上げてきたのです。われわれドイツ国民は永久に幸福だと感じることでしょう、この高貴にして卓越した女性を、もっとも偉大な政治家や英雄や将軍やもっとも力あふれる文化の創造者たちとともに称賛できることを。」彼女が貴重な知的遺産を保管してきたことに、ナチスは永遠に感謝するであろうと約束し、今後その遺産はナチスが保護することを誓った。

最後に彼は、ヒトラーのほうにむき直って言った。「総統閣下、閣下は大いなる尊敬と称賛をこめて、われわれにこのドイツ婦人のことを語ってくださいました。その女性のもとに永遠の神意が現われ、彼女はその比類なき兄上、真実の探求者、苦闘の予言者、気高く勇敢なフリードリヒ・ニーチェのもとに召されました。」(61)ヒトラーは立ち上がり、自分の月桂樹の環を柩の上に置いた。花輪や花をレッケンの墓地に運ぶために、特別なトラックが使われ、突撃隊員が道路脇に整列した。ニーチェ家の墓のある小さな教会には鉤《かぎ》十字章が飾られた。ベルンハルト・フェルスターの甥が柩にむかって二言三言しゃべった。

ニーチェは父と弟のあいだに埋められていた。エリーザベトのために、ちょうどぴったり合う墓石がすでに用意されており、彼女は前もってニーチェと父親のあいだに自分用の場所を明けておいた。そこはいちばん目立つ場所だった。少なくとも一人、エリーザベトを個人的に知っており、母親が葬儀に参列したという人がいて、その人は、エリーザベトが自分用の場所を作るためにはニーチェの墓石を四フィートほど左に動かさなければならなかったはずだ、と言っている。もしこれが本当ならば、エリーザベトの墓穴を示しているはずの墓石は、じつはフリードリヒ・ニーチェの墓穴の上にあることになる。

エリーザベトは、ナチスがついにヨーロッパの団結というニーチェの理想を打ち砕いてヨーロッパに宣戦布告するまでは、あるいは、ニーチェが「金属の上着のなかに縫いこんでしまう」ことを願った帝国賛美を見届けるまでは、生きてはいなかった。彼女は、厖大な数のユダヤ人、ニーチェが地上でもっとも強靭で有用な民族として称えていたユダヤ人を皆殺しにしようというナチスの計画を知ることはなかった。しかし、おそらく彼女は反対しなかっただろう。きっと、ニーチェ資料館の横にあしらわれた《フリードリヒ・ニーチェを記念して　アドルフ・ヒトラーの指導のもと　第三帝国第六年建立》という銘を刻んだナチ建築のお化けのなかで大喜びしていたことだろう。一九三八年八月三日に正式に公開された記念館は、最終的には、ニーチェの発展に影響を与えた一六人の思想家と神秘論者の胸像を収めるための高さ九〇メートルの中央ホール（未完成）、レセプション会場、整然とした柱廊玄関、研究施設、さらにニーチェ文献を収めたガラスケースのある図書室から構成されていた。ある新聞は次のように書いている。「かつて偉大な価値擁護者フリードリヒ・ニーチェの情熱的な著作を圧殺しようとする試みがあったことを思い出すと、憂愁と苦痛を覚えずにはいられない。この恐ろしい過ちの埋め合わせを表現しているのが、ニーチェ資料館にある絵画である。それらの絵は、総統であり最高のドイツ人であるアドルフ・ヒトラーが何度も訪れたことを示すものであり、また一枚は、イル・ドゥーチェ、ムッソリーニから個人的にエリーザベト・フェルスター＝ニーチェに贈られたものである。(62)」この建物は現在ラジオ局になっている。

ナチスはこの偉大な哲学者を記念するのにふさわしい彫像を選ぶのは困難だということに気づいた。結局ムッソリーニがディオニュソスの複製像を送ってよこした。ディオニュソスはニーチェがみずからの哲学の象徴として用いた古典古代の神である。ナチ党員でエリーザベトの忠実な部下だったマックス・エーラーは、ヴァイマルの駅までその像を受け取りにいった。一九四三年、イギリスの爆撃機がその町を破壊したころのことである。二年後にソ連赤軍が町に進駐して来たとき、マックス・エーラーも彫像もともに姿を消した。ディオニュソスは結局ベルリン美術館にふたたび姿を現わした。マックス・エーラーは二度と姿を現わさなかった。

エリーザベトは、晩年のニーチェはヴァイマルを愛していたと言っている、彼女が初めて連れてきたとき、彼はすでに正気ではなかったにもかかわらず。「ヴァイマルを見渡す美しい眺望のなかにいて、また彼方にエッタースベルクの丘の灯火を目にして、毎日どんなに喜んでいたことか」と彼女は書いている。「何度も何度も《これこそヴァイマルだ》と繰り返していた。」[63]そのエッタースベルクの丘のなか、ニーチェが死に、エリーザベトが神話として蘇らせた家をのぞむまさにその場所に、ナチスはブーヘンヴァルトの強制収容所を建てたのだった。

一九四六年十月十六日、エリーザベトが友人と見なしていた四人の男がニュルンベルク刑務所の体育館のなかで処刑された。彼らは半時間たらずの間隔をおいて相前後して死んでいった。ナチの知識人アルフレート・ローゼンベルクが最初に絞首刑になった。ふてぶてしく、一言も発することなく。ポーランドの虐殺者ハンス・フランクは、絞首台に引き立てられるとき、最近になって発見したカトリックの神に慈悲を乞うた。次にエリーザベトの後援者だった陰気でみすぼらしいナチの官僚、ヴィルヘルム・フリックが死んだ。六九歳だった。「ドイツよ、永遠に。」[64]そう言って足元に開いた穴へ落ちていった。チューリンゲンの大管区長官でナチの強制労働を組織した男、ヒトラーに選ばれてエリーザベトの柩にむかって弔辞を読んだフリッツ・ザウケルは、四人のなかで最後に死んだ。ニュルンベルク裁判の検事はこの男のことを、「エジプトのファラオ以来、最大にしてもっとも残酷な奴隷商人」と呼んだ。このような浅ましくてまったく愚鈍な男には、やや立派すぎる表現だ。（ニュルンベルクの被告たちにたいして行なわれたＩＱテストで、主要なナチ党員のなかで彼より知力の劣る者は二人しか見当たらなかった。）ザウケルは反抗的だった。「おれは無実だ！」彼は台の上からわめいた。「判決は間違っている。神よ、ドイツをお守りください。ドイツをふたたび偉大にしてください。ドイツ万歳！」[65]

エリーザベト・フェルスター＝ニーチェの長い影は、ニュルンベルク裁判にまで伸びていた。裁判の過程でフランスの検事は述べた、「もしも、より高等な人種は劣っていて退廃的だと見なされた人々、しかるべき生き方をする能力がないとされた人々を根絶すべきだというなら、根絶にあたってしりごみするようなやり方があるだろうか」。これが、と彼はつづける、「不道徳の道徳であり、過去のあらゆる道徳を破壊することを人類の最高の義務と見なしたニーチェのこの上なく純粋な教えの成果なのだ」[66]。

ニュルンベルクの戦争犯罪裁判では順位表に明らかな欠落があった。つねにヒトラーの右腕と見られていたマルティン・ボルマンは、不在のまま裁判が行なわれ、死刑の判決を言い渡された。しかし、彼は捕らえられず、刑は執行されなかった。彼は神父になりすまし、南アメリカの正体不明の人物のもとへむかった、という噂がしばしば流れた。《最終的解決》のために手先として働いたアドルフ・アイヒマンや、アウシュヴィッツの医者ヨーゼフ・メンゲレと同じように。

第九章　新ゲルマーニア　一九九一年三月

私はエリーザベトの大邸宅フェルスターホーフのまんなかに立って、かつては彼女のダイニング・ルームの床だったタイルの上で、二匹の子豚が取っ組み合っている様子を見ていた。ベランダの屋根を支えていたケブラチョの柱が数本、今はシロアリの巣で穴だらけになって残っているほかには何もなかった。家の前までつづいているオレンジの並木道はまだそれとわかる。それらの木はエリーザベトが植えたものだが、今ではねじ曲がり、大きくなりすぎている。野菜畑だったところにはタピオカが勝手に生え、庭はジャングルと変わらず、《子供のような》使用人が苦労して除草した土地はまたたく間に乗っ取られてしまっていた。「赤く染まった夕暮れの空を背に浮かび上がるヤシの木のシルエットだけが、私たちは愛する祖国にいるのではないということを思い出させてくれます(1)」と、彼女は誇らしげに語っていた。ヤシの木はまだそこにある。「この半分も壮大であろうとは思っていませんでした」と、母親に言ったことがある。「何もかもそれは見事です。すべてが本当の自然の手になるもので雄大です……眠りにつく前、ベッドのなかで私は考えます、これほど途方もない計画に必要な資金を、私たちはどのようにして手に入れたのだろうかと。神の御加護によるものだったに相違ありません……私たちは広大な土地と大きな家と小さな小屋を五つ、そして中くらいの小屋を三つもっています。何百頭もの牛と八頭の馬もいます。六〇〇〇マルク分の商品を備えた店も所有しています。正規の管財人、農園管理人、店長、測量士、そしてサン・ペドロから入植者を送り届けてくれる仲介人に、給料を払っています。そのうえ、従僕や召使、料理人などを二〇人雇っています……誠実な働きにたいする神のお恵みなのです。[2]」それならば、おお、全能の神よ、私の働きもごらんになってください。

物覚えのよいだれかが、ブリキの板に《ルイーザ・N・デ・フォルスター》と型板で丁寧に刷り出して、泥んこ道が川のほうへ下るところの柱にかけていた。これを書いた人が、《N》が何の頭文字か、知っていたかどうか疑わしいものだ。

一八九二年、パラグアイを最終的に立ち去るとき、エリーザベトはフェルスターホーフをフォン・フランケンベルク＝リュットヴィッツ男爵に売った。やがて男爵からアルフレート・ノイマンの手に渡るが、アルフレートは駄目な農夫で、彼もまたこの家を、戦後入植地にやって来たイタリア系パラグアイ人の家族に売らなければならなかった。その時点でもこの家は入植地でもっとも豪華な建物で、買い手にはふさわしかった。というのは、新しい所有者のリッソ博士は医者であるだけではなく、コロラド党の重要な地方ボス《カウディリョ》だったからだ。一家は、家といっしょに購入した古くて重厚な家具やエリーザベトのピアノ、壁に掛かっているドイツの騎士のぎこちなく威圧的な版画を、たいそう誇りに思った。

リッソには、コロラド党がもたらす恩恵について入植者たちに弁舌をふるうというやっかいな癖があり、友達付き合いをする人間はほとんどいなかった。ドイツ人たちは複雑怪奇なパラグアイの政治にはめったに注意を払わなかったが、注意を払ったときには、自分たちはリベラル派だと考えた。彼らのところで働いているパラグアイ人はたいていコロラド派だった。リッソを除けば、その違いがわかっている人間はだれもいなかった。しかし政治とは、肌や目の色と同じように、受け継いで誇りに思うべきものだ。息子のインディオ・リッソは、一九四七年の革命のときにちょうど八歳だった。リベラル派はすでにサン・ペドロを占領し、川に沿って町への道を確保して、止めようとするものがあれば片端から撃ち殺しながら、新ゲルマーニアにむかって進撃してきた。数マイルのところまで迫って、下のアグアラヤ＝グアス川のあたりから銃声が聞こえてくると、リッソ博士は幼い子供たちを馬車に押しこみ、森のなかへ逃げていった。反逆者たちは数時間後に到着し、エリーザベトの家に本部をおいた。二週間後、植民地で激戦があって、彼らはコロラド軍によって撃退された。サン・ペドロへ撤退するとき、絵画、家具、陶器など、値打ちのありそうなものはみんな持っていった。そのほかのものは壊すか、井戸の近くで焚いていた篝火《かがりび》に放りこんで燃やした。ライフルを発射して屋根を撃ち抜き、家には火をつけようとしたが、壁が厚すぎた。今でもパラグアイのどこかに、デューラーの版画を壁にかけ、金の縁取りがしてあるゲーテの題銘、《いかなる暴力にも屈せず、みずからを守り通すのだ》を飾っている家があるにちがいない。あるいは、ひょっとすると反逆者はエリザ・リンチのように、略奪品を川に投げこんでしまっただろうか。

父親のリッソは、森からもどると屋根を修理した。ガラス窓は木の鎧戸と取り替え、井戸のなかに入って動物の死骸を引き上げた。家具でたった一つ無傷のまま残ったものがあった。エリーザベトの化粧台で、侵入してきたリベラル派は、離れに運んでおいたために持っていくのを忘れたのだ。ガラスは割れておりり、リッソはそれを見ると悲しくなるといってそこに放置したので、ニワトリが引き出しに卵を産んだ。今もまだそこにある。

インディオ・リッソが成長するあいだに、雨と炎暑が古い家のなかにしみ込んだ。草葺きの屋根は異様な匂いを放つようになった。数年後には壁が膨らみはじめ、屋根を支えている梁《はり》の一本がシロアリの穴だらけになった。リッソは裏に新しい家を建てて引っ越すことにした。そして古いほうには豚を入れた。ちょうどその翌年、激しい風が吹いたときに、ベランダが崩れ落ちて鶏が一羽死んだ。リッソは使えそうな材木を運び出し、納屋を建てるのに利用した。

翌日、タカルティに行って、歯の抜けた心やさしい老婦人、マグダレーナ・フィッシャーといっしょにユイラ・ピタの木の下でスイカを食べた。この木は蠟燭《ろうそく》のような形をした黄色の大きな花をつけており、それが甘い強烈な香りを放っていた。マグダレーナ・フィッシャーは現在七四歳だが、フェルスターホーフのことはよく覚えている。「あれはリベラル派のしわざだって言っていましたね、リッソは。あの男はコロラド党だったからですよ。人殺しや略奪をしたのは、みんなコロラド党員です。何年も前から知っていた人たち、隣近所の人でみんなパラグアイ人なんだけど、そういう人たちがやって来て、何もかも持っていってしまいました。」マグダレーナと子供たちも、戦闘が終わるまで森のなかに隠れていた。「ドイツ人はみんなリベラル派ですよ。」彼女はそう言って、椅子をうしろに揺らせ、タカルティの小さな谷を見渡した。霞みのかかった午後の日差しのなかで、谷が急に美しく思われた。ここからちょうど川が見える。そのむこうは森だ。マグダレーナの甥が牛を追って戻ってくるところだった。牛にドイツ語で話しかけているのが聞こえる。エリーザベトは入植者たちに語っている。「あなた方は母国の土や、あなた方が愛した国、あなた方を育ててくれた国から、血の出るような思いで身をもぎはなそうとしているのです。けっして軽々しく変化を求めているのではなく、より高い信念のために去ろうとしているのです。父祖の信念や習慣への忠誠心のためです。おいでなさい。暖かく歓迎します。あなたの理想と確信を、この遠く離れた美しい土地にしっかりと植えつけなさい。ここでは、あなたの上にあるのは神と正義だけ、ここを自分の土地として支配できるのです。(3)」

マグダレーナは、たとえお金があっても今はもうドイツに帰るつもりはないと言う。何より悲しいのは、言いかけて彼女はピンクの顔を伏せた、子供たちにちょうどいい結婚相手を探すときね。ドイツ人と結婚してほしいと思っていたけれど、まわりにはいなくてね。ふさわしい白人の相手を探すために、子供たちを下流のメンノー派の入植地まで行かせなければならなかったのよ。年老いたシェパードがあくびをし、彼女のはだしの足をなめた。「パラグアイ人は怠け者で、仕事もお金のため方もまるでわかってはいないわ。そこが私たちといちばん違うところね。信頼できない人たちなんです。革命までは、ドイツ人は一人だってパラグアイ人とは結婚しなかったものよ。でも今では、古いやり方を捨てる人もなかにはいます。」彼女は木々のむこうをさし示した。そこには彼女の弟と義理の妹、その二人の子供が建てた家々がある。どれも同じ造りの二部屋の家だ。「私たちは死に絶えようとしているのです、純粋なドイツ人はね。でも、このあたりは今でもコスタ・フィッシャー〔フィッシャー河岸〕って呼ばれているのよ。クリスマスや結婚式にはドイツの歌を歌って昔風のダンスをするんです。」その声には挑戦的な響きがあった。

　彼女はヨーロッパでの戦争のことを話し、ヒトラーが負けて、新ゲルマーニアのドイツ人学校が閉鎖になったいきさつを話してくれた。「本当に、何もかも《ハイル・ヒトラー》でしたね。」突然くすくすと笑った。あれはだれでもするようなことだったんですよ。リベラル派を支持するのと同じようなものなんです。大した意味はなかったのよ。ヨーロッパに戦争をしに行った男たちの何人かは、戦争が終わると戻ってきた。マルティン・シュミットやノイマンのところの息子たちのように、戻らなかった者もいる。ほかに、新しくやって来た人もいた。一九五〇年代にブラントと称する男が農機具を売りに植民地にやって来た。マグダはまだこの男のことをよく覚えていた。彼女の義兄、ローベルト・フィッシャーのところに寝泊まりしていた。その男は医者でもあり、貧しいドイツ人の家族の面倒を見ながら、山のほうによく旅をしていた。子供たちにとてもやさしかった。しかし、人とは付き合わず、そのわけを詮索する人もいなかった。何しろ当時はたくさんの人が出たり入ったりしていたのだ。そしてブラントは一九六〇年ころからはもう姿を見せなくなった。そのころはヨーゼフ・メンゲレのことなど聞いたこともなかったのだから、彼が本当はだれだったのか、どうして知ることができよう。ブラント氏の正体がわかったのは、ずっとあとになってからだ。マグダレーナ・フィッシャーは断固としてそう主張した。

　パラグアイの市民権を申請して認められたとき、メンゲレは四八歳だった。彼はパラグアイに暖かく受けいれてくれる安住の地をみつけたのだ。この国では、かつてドイツ人社会の一部で高まったファシストへの共感が、逃亡中のナチが流れこんだことによって息を吹き返したのだった。パラグアイは、一九三二年に南アメリカで最初にナチ党が結成され、一九四六年に最後に解散した国だと言って自慢することができた。パラグアイ政府が連合国勝利の三か月前にヒトラーに宣戦布告したのも、いやいやながらのことだった。「枢軸諸国はパラグアイの真意を十分に理解しており、最終的に彼らが勝利を収めたあかつきには、こちらの立場を考慮してくれるだろう。」(4) パラグアイの外務大臣はドイツ人共同体にたいしてこんなふうに楽観的に請け合っていた。

　メンゲレの反ユダヤ主義は長い亡命中もけっして弱まることはなかった。そして、遺伝工学によってアーリア人の特性が保持できるという信念もまた揺るがなかった。彼がアウシュヴィッツで何千何万という人々に加えた言語に絶する残虐な行為は、人種の純化という名のもとに行なわれた。ひょっとすると彼が新ゲルマーニアにやって来たのはそのためかもしれない。つまりここでは、人種改良と遺伝操作という思想が半世紀にわたって無計画に実践されていたのだから。戦争が終わって、ドイツ人がディー・シュピンネ〔蜘蛛の意〕と呼ぶ、南アメリカにおけるナチの共鳴者の蜘蛛の巣が、三三年のあいだメンゲレをアルゼンチンで、パラグアイで、そしてブラジルで、守ってきたのだ。ジャーナリストや賞金稼ぎやプロのナチ追跡者は、メンゲレがまだパラグアイのどこかに潜んでいると確信していた。メンゲレ狩り産業はこの国に、喉から手が出るほど欲しい外貨をもたらした。メンゲレ神話を除けば、ヨーロッパの人々はパラグアイのことをほとんど何ひとつ知らなかったのだから。彼の逃亡能力は伝説的なものになっていた。ある人々にとっては、彼は抵抗の象徴であり、話はどんどんと膨らんでいった。ストロエスネルの専用の医者になっているとか、ボディーガードにかこまれてチャコに住んでいるとか、リムジンでアスンシオンにやってきて、お気に入りのクラブのバーでピストルをぶっぱなしたとかいった具合だ。じつは、彼は一九六〇年代初めのある時期にパラグアイを離れ、年をとってふさぎこみ、ノイローゼになって、ブラジルの片田舎に住んでいた。一九七九年に水泳中の事故で死んだが、その遺体は一九八五年に掘り出されて、国際的な専門家チームによって本人と確認された。要するに、神話はこうして終わりを告げた。ナチ追跡者たちの大部分は家に帰るか別なところに移っていった。しかし、とどまった者も何人かいた。ほかには何もできない連中なのだ。そうして一九九一年、そのような専門家の一人が、サンパウロのエンブ墓地から掘り出された遺体はメンゲレではなかった可能性がある、と言いだした。証拠が決定的ではないというのだ。こうしてふたたび神話がはじまった。

新ゲルマーニアにイェルバと機械部品を商う店をもっているヘルマン・シュテルンという人がいる。彼はこう語っている。「一九七九年にフリードリヒ・イルクという男が植民地にやって来た。だいたい七〇歳くらいで、髪はグレー、前歯が一本なかった。空軍のパイロットをやっていたそうだ。正真正銘のナチで、ヒトラーは誤解されていたんだ、といつも言っていた。ヨーゼフ・メンゲレの話もして、今は自分の仕事をしているということだった。私たちは友達になった。ときどき商品の仕入れにアスンシオンへ行くんだが、そのとき銀行に寄って、イルクのかわりに、ドイツから送られてくる金を受け取ってきてやった。自分用に小さな土地が買ってあって、そこでせっせと働いていたよ。でもここにきてから憂鬱症にとりつかれていた。とても神経質な男だったんだ。私としか口をきかなかった。いつも全然眠らないみたいで、朝方三時、四時でも、彼の小屋には蠟燭の火が見えた。医学の本を何百冊も持っていて、いつでもそれを読んでいた。金を取ってくるお礼だといって、ポラロイドカメラをくれたが、自分の写真はけっして撮らせなかった。それでもとにかく一枚だけは撮ったよ。」

ヘルマンは色褪《あ》せたスナップ写真を見せてくれた。ぼやけてはっきりしないが、白髪の老人が写されまいとして首をねじ曲げている写真だ。「私がイルクに機械を売ったときから、どうも様子がおかしくなった。請求額が多すぎるといって私を非難し、払わないと言いだした。そのうち怒りはどんどんひどくなって、ある日ピストルを手にして私の家の前に現われ、私のことをユダヤ人だといって、殺してやると脅した。シュテルンというのはユダヤ人の姓だっていうんだ。」ヘルマンはびっくりした。今までユダヤ人だと言われたことはないし、率直にいって、ユダヤ人が何なのか、正確にはわからなかった。見たこともなかったから。ヘルマンの祖父は、ハンブルクの蒸気船でフェルスターの仲間に加わったとき、ちょうど一七歳だった。祖父はフランクフルト出身の大工だった。ヘルマンが知っているのはそれだけだった。祖父のシュテルンは森のなかでオウムを罠《わな》で捕らえ、話せるように訓練して、ドイツに売るために下流へ送っていた。そのために家の裏で何百羽ものオウムを籠に入れて飼っていた。ヘルマンの父が一五歳くらいのとき、祖父のシュテルンは森に金の試掘に行くことにした。ロペス大統領の失われた財宝を見つけたのだと言う者もいた。三か月後にやつれ果て、おびえた様子で戻ってきた。一週間もするとまた出掛け、そのまま二度と帰ってこなかった。別のドイツ人たちは、黄熱病に罹《かか》ったか、川に落ちたか、蛇に咬《か》まれるかして、死んだに違いないと考えた。しかし、もっと年配の人たちは、失われた黄金を見つけ、そのためにパラグアイ人の下男に殺されたのだ、と言った。この祖父はユダヤ人だということについては何も言っていなかった。「パラグアイにはこういう言葉があるんだ。《ウン・ネゴシオ・ブエン・フデオ》、商売上手はユダヤ人という意味だ。本物のユダヤ人店主。だから私はユダヤ人かもしれないな。」ヘルマンは笑った。「牧師さんの考えでは、おじいちゃんはユダヤ人だってことをフェルスターに言わないで船に乗ったんだろうってさ。」ヘルマンはベルンハルト・フェルスターの写真を壁に掛けていた。

フリードリヒ・イルクはユダヤ人の店主のシュテルンが自分をひどい目に遭わせていると思いこんだ。そしてますます腹を立て、ふさぎこんだ。「そのあと完全に頭《ロ》がおかしく《コ》なった。素っ裸で道を走り、ピストルを振りまわして、『ハイル・ヒトラー』とか『フリードリヒ・イルクは何者だ』と叫んだりするんだ。ドイツ人が何人かやって来て、アスンシオンの精神病院に連れていった。まもなく、そのうちの一人が戻ってきた。イルクの友人だと言っていたが、その男が本やがらくたをみんな持ち去って、ドアに板を打ちつけたんだ。」一九八五年七月、イルクは自殺した。「アスンシオンのビクトリアシネマを出たところで、三〇番のバスに飛びこんだんだ。事件の翌日、新聞の第一面に記事が載った。でもそれっきりだ。あとはただの一言も触れられなかった。当時としては奇妙なことだったよ。」

ヘルマンは一年以上たってはじめて、アウシュヴィッツの医師と考えられていた死体の発掘に関する新聞記事を見て、ヨーゼフ・メンゲレの昔の写真を目にした。シュテルンはそれがかつての隣人であることに気づき、独自の調査をはじめた。ドイツ大使館にはフリードリヒ・イルクという人物がこの国にやってきたという記録はなかったが、驚くにはあたらないことだ。何千人ものドイツ人が偽名でこっそり入国していたのだから。「このイルクという男は食事のときのナイフの持ち方が独特で、鉛筆のように握っていた。メンゲレもそういう食べ方をしていたそうだ。」ブラジルで掘り返された死体は一九七九年に埋められたものだった。それはフリードリヒ・イルクが新ゲルマーニアにやってきた年である。もしその死体がメンゲレではないとしたら、彼は用心深く自分の死を偽装して、ふたたびパラグアイに逃げてきていたかもしれないではないか。何年も調べたのに成果がなかったので、パラグアイこそ賞金稼ぎやモサド〔イスラエルの秘密警察〕がもう絶対に顧るおそれのない国だと考えても不思議ではない。ヘルマンは、メンゲレが六年間住んでいたという小屋を見せてくれた。部屋が二つと火を焚く場所のある潰れかけた小屋だ。何かが腐った匂いがした。メンゲレはこんなところで狂っていったのだと信じたい。「あの男はメンゲレだった。私にはわかるんだ」と、ヘルマン・シュテルンは言った。

「イルクはたしかにナチでしたよ」と、マグダレーナ・フィッシャーは言う。「でもメンゲレではありませんでした。メンゲレはもっと背が低かったし、歯と歯のあいだに隙間がありましたから。一九五九年か六〇年にここへやって来てね。相当変わり者だったわ。食事を出してあげるとかならず、あとで食べる分だといって、少しポケットに入れてしまうんだから。」

「あの老リッソ博士、あれがメンゲレさ。」別のだれかはそう言った。

「そのとおりです、彼はここにいましたよ」、役場のゴンザレスはいった、「山にいるドイツ人の世話をしていました。」

だれもが自分なりのメンゲレ物語をもっていた。彼がここにいたことにしたいのだ。彼がやったことについては、だれも口にしなかった。おそらく知らないのだろう。

ある日の夕方、ドイツ人の少年がグレゴリアのバーに駆けこんできた。母親のキューケ夫人に言われて、私の国が戦争をしていると知らせにきてくれたのだ。鳥小屋のてっぺんに上がれば、短波ラジオでBBCワールドサービスが受信できることがわかった。蟬の声と口笛のような雑音に混じって、サダム・フセインの最新の演説の翻訳がかろうじて聞き取れた。反ユダヤの美文が馴染み深いものに思われた。どうやらスカッドミサイルが一か月以上もテルアビブに撃ち込まれているらしかった。

新ゲルマーニア滞在もあまりにも長くなってしまった。この一か月のあいだ、グレゴリアの重たい料理、食事のたびに出るタピオカ、蚊の夜襲、そして頭のなかの血が轟くような暑さの連続だった。雨は二回しか降らなかった。激しい雷が頭上で炸裂し、層をなして降り注ぐ水の勢いは猛烈で、鶏たちが私の寝室に逃げこんで来たほどだった。アヴァーロは、普通はもっとずっとたくさん降るんだがと言って、作物の出来を気にしている。グレゴリアはオゾン層の影響だと言う。彼女はいつも気を遣ってくれて、私が日中の暑さに参ってオレンジの木の下であえぎながら横たわっていると、ときどき、ボウフラが泳いでいる水の入ったバケツをさげて、よろめきながらやって来てくれた。私はその水を頭から背中にかけてかぶり、生き返ったような気分になるのだった。生温かい水なのだが、ちょっとのあいだは凍るように冷たく感じられるのだ。歯茎がかすかに黄土色になってきた。毎朝、皮膚の下にポルヴェリーノという虫の卵が生みつけられたかすかな黄色い発疹の形跡は見られないか、念入りに調べては消毒薬を塗る。蚊帳を吊っても大した違いはなかった。虫よけを塗ると、翌朝は顔に張りついた目の粗い布の枕をはがす羽目になる。私はふたたびイェルバ・マテ茶を常飲するようになっていたが、グレゴリアはそれといっしょに飲むといいと言って、数種類の森の薬草を勧めてくれた。胃痙攣《けいれん》に効くのだという。

ほとんど毎日、夜が明けはじめると同時に起きて、涼しい日の出前に入植地の別の地区、別のドイツ人家族を訪ね、彼らの歴史をつなぎ合わせてまとめ上げようとした。フェルスターの最初の指示どおり、家々は広く分散しており、それぞれの小さな居住地はたがいに最低一マイルは離れているので、一日の多くを馬の背に揺られて過ごすことになった。私の推定では、エリーザベトとフェルスターに同行してきた最初の一四家族のうち、七ないし八家族が今でもこの土地に、それもほとんどはタカルティのなかに住んでいる。いつでもエリーザベトの角張った筆跡で書かれた入植者リストのコピーを持ち歩いた。フィッシャー、シューベルト、シュテルン、シュッテ、ハルケ、キューケ、ヘーナー、シュヴァイクハルト。エリーザベトがいなくなってからすぐに立ち去ったに違いない貴族のマルツァン、それにエルクの一家については、何の痕跡も残っていない。

これらエリーザベトの人種実験の後裔たちは、親切だがよそよそしい、一風変わった人たちだ。最初はためらいを見せるが、たいていの場合は、警戒しつつも受けいれてくれた。もっとも、私があまりたくさん質問すると、口を堅くとざして緊張の様子を見せる人もいた。ある暑い午後、森の奥深くにあるシュヴァイクハルトの小屋を訪ねた。シュヴァイクハルト兄弟は痩せた体つきをしており、数日前に路上で挨拶したときには顔も上げなかった。シューベルト博士から前もって「訛りがそれはひどくて、私でさえ、彼らの言うことは理解できませんよ」と言われていた。戸口で呼んでみたが、答えはなかった。火が燃えていて、肉のシチューがかけてあり、擦り切れたルターの聖書が開いたままテーブルの上においてあった。部屋に入ってみたが、からっぽだった。兄弟は私が来るのを見て、隠れてしまったのだろう。ぼろぼろのカーテンで仕切った奥の部屋で、だれかが動く気配がした。老いたシュヴァイクハルト夫人だった。結婚前は前に触れたフィッシャー夫人とは別のフィッシャー家の娘だった人だ。「彼女はとても高齢で、とても具合が悪く、とても悲しんでいます。」シューベルト博士は言っていた。「あなたと話をするかどうか、あやしいものです。」私はカーテンを開ける気はなく、そのままそっと外に出た。

話をしたがるのはたいてい年配の人たちだった。彼らは、私が持っていったベルリンの派手な絵葉書を穴があくほど見つめ、記憶の糸をたぐって、両親や祖父母が話してくれたことをなんとか思い出そうとした。ヴァーグナーのテープを聞かせるとにっこりほほえんだが、そのほほえみには何の意味もなかった。かび臭いアドービ煉瓦の小屋で、私は彼らの話に耳を傾けた。私にはわからないドイツ、そして彼らも見たことはないドイツの話だ。ぼろぼろになったパスポートを誇らしげに見せてくれる人もいた。楽先祖をヨーロッパから追いたてた経済危機について、まるで去年起こったことのようにしゃべった。楽園を約束されていたのだ、と言った。金を払わずに狩りができ、食べ物は木になっており、川には食用の魚があふれている楽園を。フェルスターのことは、尊大な男として記憶されていた。祖父たちは、だまされたのでぶちのめしてやろうと思っていた、と彼らは言った、ところが、奴が最初に自分から命を絶ってしまった。それにたいして、エリーザベトについての記憶は一様に寛大だった。「勇敢な女性だった」と彼らは言う。「それに美しかった。」彼女の魅力はおそろしく耐久力がある。

彼らの小さな家はうっかりしていると見過ごしてしまう。壁は地面とおなじ赤で、屋根は灰色のイグサで葺《ふ》いてあり、道は狭く、ジャングルのはずれに埋もれているのだ。彼らは先祖とおなじだ。一九世紀のドイツの農民そのままであり、そのころよりも貧しいくらいだ。一〇〇年のあいだ、彼らはこの片田舎に何の影響も及ぼさずにきた。畑はきちんと手入れが行き届いているが、哀れなほど小さい。ジャングルが好機をうかがっているのがわかるほどだ。これが、足元で沈みかけている筏《いかだ》にしがみつくように、自分たちの言語と宗教にしがみついている《リヒャルト・ヴァーグナーの精神の継承者》の姿だ。若者が離れていく、と彼らは言う。もはやドイツの言葉にすらこだわらず、グアラニー語を話すほうを好む若者もいる。福音教会から派遣された、若くて精力的で目の鋭いドイツ人牧師は言う、かくも長いあいだ、この共同体をまとめてきたものは、あの人たちの宗教です、と。「神が彼らに力をお与えになったのです。」

しかし、宗教だけではなかった。グレゴリアのバーでビールを少し飲むと、彼らはよくパラグアイ人のことを馬鹿にする。愚かな連中だ、と彼らは言う、怠け者で無能だ。収穫期になると、パラグアイ人の季節労働者が数人、タカルティにやってくるが、ここに住んではいない。ドイツ人はだれも常時パラグアイ人を雇うほどの余裕はなかった。「それにとにかく」とハイニ・シュッテは言う、「あの連中は信用できないよ。」牧師がタカルティのお年寄りと呼んでいる人たちは、自分たちは、うまく言えないがどこかがただ違っているだけではなく、選ばれた、より神聖な人間なのだ、という信念にしっかりとしがみついている。肌の黒い隣人について話すとき、彼らの声から、愚痴っぽく怒りっぽい性格が感じられることがある。これは一種の人種差別である。創設者たちが動機としてもっていた政治的な人種差別ではなく、もっと本能的なものである。周囲にユダヤ人が一人もいないので、反ユダヤ主義はこの土地ではたちまち色褪《あ》せていった。エリーザベトの植民地建設の動機となったそのほかの信条も同様である。しかしその名残は、今ではすっかり意味を失った時代遅れのいくつかの理想のなかに感じられる。「私たちは野菜を食べるわ。」マグダレーナは誇らしげに言った。「でもパラグアイ人は肉しか食べないのよ。」そもそも彼女たちがどうして野菜を食べるようになったのか、そのいきさつは記憶されていなかった。

かなりあとになってから、スパーニシュ・モス〔サルオガセモドキ〕に覆われたサン・ベルナルディノの墓地で、苔《こけ》むしてぼろぼろになりかけているフェルスターの墓石を見つけた。ヒトラーがドイツから送った土には雑草が生え、ひび割れた花瓶に枯れた花があった。管理人の老マックス・ヘルマンによれば、今でもときどき花を持って訪ねてくる人がいるそうだ。フェルスターは自分の考えが正しいこと、また自分の自殺は名誉ある行為だということを、けっして疑わなかった。墓石には、「ここに神とともに眠る　植民地新ゲルマーニア創設者ベルンハルト・フェルスター」とある。フェルスターは怒りに満ちて死んだが、恥じてはいなかった。フェルスターの義兄は人間一般について、「彼は反抗心から自分が貫いてきた信念にしがみついている――ところがそれを《忠誠心》と呼ぶのだ(5)」と書いている。またこうも言っている。「原則にもとづいているからといって、それによって反ユダヤ主義者がより好ましくなるわけではない(6)。」フェルスターと同じくエリーザベトも、自分自身や自分の意見にけっして疑いをもたなかったし、でっちあげをしたことや嘘をついたことも認めなかった。メンゲレまでもが、孤独な晩年にいたって、自分はいまだかつて人を傷つけたことはない、と言っている。彼は息子に語った、アウシュヴィッツの終着駅に立って、どのユダヤ人を生かし、どのユダヤ人を死ぬことにし、どのユダヤ人を忌まわしい実験に使おうかと決めていたとき、自分は本当に人間の命を救っていたのだと。ひょっとすると彼は無実すら確信していたかもしれない。ニーチェはよく見かけられる過程を記述している。『『私はそれをやった』、と私の記憶がいう。『私がやったはずはない。』――私の自尊心はそういってはばからない。結局は記憶が譲る(7)。」なぜなら、「つねに同一の役柄を演じている偽善者は、ついには偽善者であることをやめるからだ……もしも執拗にいつまでも何かあるものに見られたいと思っていると、どんなものにもなれなくなってしまうのだ(8)。」それで、アスンシオンで見たもう一つの墓のことを思い出す。一九六四年にストロエスネル大統領によってパリから移されたマダム・エリザ・リンチの遺体が、華麗にして誤った称賛に包まれて収められている霊廟である。墓の最上部にある彫像は、今しも愛人の独裁者を土手に埋めたばかりの、鋤《すき》を手にしたエリザをかたどっている。銘板には、「パラグアイの英雄フランシスコ・ソラーノ・ロペスをセロ・コラまで献身的に支えた」女性を称える言葉がある。大理石の顔に浮かんだ残忍そうな表情からは、彼女もまた良心の呵責《かしやく》を感じていないことが読み取られる。

アスンシオンからさほど遠くない、比較的新しいドイツ人の入植地インデペンデンシアで、ルドルフ・リヒターという人物に会った。壁にはヒトラーとアデナウアーの写真、そしてヒナギクの花畑のなかにいるゲーテの小さな版画が掛かっていた。七〇歳になる鳩胸のリヒターは、最初ロシア戦線で負傷し、おしまいにはナンシーでアメリカ軍の捕虜になった。釈放されてから、外人部隊に入った。戦時中の待遇に腹を立て、戦後のドイツでの生活を屈辱だと感じていた彼は、一九五三年にアムステルダムで《コルドバ号》という船に乗り、パラグアイにやって来た。リヒターはこの船を嫌っていた——捕虜としてフランスから移送されたときの船とそっくりだったからだ。彼はアマチュアの写真家で、丸まっているスナップ写真の数々は《忠実な》信奉者たちの戦争の実態を見せつけるものだ。

「これを見てごらん」と彼は言った。「ワルシャワだ。この看板には《ユダヤ人は歩道を歩くべからず》と書いてある。このポーランドのユダヤ人少女たちは歩道を歩いていて、このあとすぐ私を突き飛ばしたのだ。私を挑発しようとしたんだ。」彼はその写真によって、汚名がそそがれたと感じている。最近は、少しは農業もやっているが、たいていはポルノ写真や外国の雑誌を集めて、そこからユダヤ人の陰謀の証拠を切り抜いている。スクラップブックに切抜きを貼り、木製の書棚にきちんと整理しているが、しだいにふえたために小屋の壁を覆いつくしている。「あらゆる類の証拠があるんだが、きっと見たくないだろうね。真実には耐えられないものだから。」ニーチェも同じことを考えていました、と私は言った。彼の本は何か読みましたか。「ニーチェは偉大な哲学者だった」とリヒターは答えた。「宗教以外はね。宗教はわかっていなかった。それ以外はとてもすばらしいよ。」リヒターは自分の書いた詩を見せてくれた。額縁に入っている。彼が自分の信念を変えることにいかに関心がないかを教えてくれる詩だった。

君にはゆっくりくつろいでもらいたい
私は自分の家で惨めな思いはしていない、《ここはすべてのそろった家》
ここにいるのは主人だけだ
君は政治的な人間
私もそうだ
君は別な意見の持主だ
私は君の意見を尊重する
はっきり言っていいのだよ――でも用意ができていない
ありがとう。

新ゲルマーニアでリヒターのような人に会うだろうと思っていたが、その予想ははずれた。リヒターは自分の人種ゆえに嫌悪しているが、新ゲルマーニアの人々はただ人種を案じているだけだ。

移住地での最後の数日は、最初の入植者、音楽家のエーミール・シューベルトの孫息子であるパブロ・フラスカムの家を訪ねることが多かった。フラスカム一家はいつでも私を暖かく迎え入れ、グレープフルーツジュースを絞ってくれて、何時間も話しこんだ。ときおりヴァルターはアコーディオンでメンノー派のワルツを弾いてくれた。しかし、いつもつらい訪問だった。フラスカム夫人はいつも泣きはらして赤くなった目をしており、夫のほうは、酒を飲んでいるときですらホルスターに入れたピストルを離さなかった。数週間前、覆面をした四人組の男が夕暮れ時にやって来て、二三歳になる彼らの息子を殺したのだ。頭に何発も撃ちこんだ。「パラグアイ人だ、間違いない」とパブロは言う。「山賊か麻薬密輸業者か、そんなところだ。」ひどく参っているようだった。「警察に届けたが何もしてはくれないだろう。警察もパラグアイ人だからね。ストロエスネルのときのほうがよかった。彼はドイツ人だったから、ドイツ人にはよくしてくれた。」役場のゴンザレスに聞くと、肩をすくめた。「たぶん息子さんは森で奴らがマリファナを栽培しているところを見たんでしょう。私どもに何ができましょう。」私はエクトルの死を思った。山賊も川も鉤虫も、人種の分け隔てはしない。しかし、ここのドイツ人たちの理想と彼らの共同体を脅かしているのは、山賊ではなく、彼らの理想がもたらした思いがけない生物学的遺産である。

シューベルト博士は菜園を見せてくれた。彼はそこであらゆる種類の野菜を育てている。「世話の仕方さえ間違えなければ、ここではどんな植物だって育ちますよ。」この土地では見慣れないナスを指しながらいった。「最初の移住者たちがあんなに苦労したのが、私には不思議でなりません。でも、絶えず手入れをしてやる必要があります。ただ放っておいたら、すぐにジャングルが何もかも覆いつくしてしまいます。人間も同じです。ドイツ人たちは罠にはまっているんです。彼らは、自分たちがけっして理解できない国へ帰るわけにはいかないんだということはわかっているのですが、それでも文化的独立は守り通そうと決心しているのです。近親交配がくりかえされ、事態はどんどん悪くなっています。

その結果はすでに現われています。私は彼らに話そうとしました。『家畜を繁殖させるときにどうするか、よく考えてごらんなさい。』すると彼らはうなずきます。そして同じことをつづけるのです。やめることができないのですよ。」子供の死亡率が上昇しつつある、と彼は言う。精神的・肉体的に問題のある若い人々がかなりいて、明らかに遺伝的な障害も見られる。牧師は今では親類同士の結婚を拒否しているが、ドイツ人の家族はすでに生物学的にあまりにも複雑に絡み合っており、だれとだれが親類なのかわからなくなっている。一番若い世代の子供たちにもっとも顕著にあらわれている。こっちには涎《よだれ》を垂らしているしまりのない顎、あっちには生気のない目。明らかに知能の遅れた子もいるが、ほとんどはのろまなだけだ。いとこ同士が結婚し、一握りの年老いた《純粋な》ドイツ人家族が先細りの遺伝的財産にすがって生きてゆくかぎり、遺伝の歯車は擦り減っていくんです。

教科書には誤解の余地なく書かれている。「近年における住民の小集団の孤立、これは社会的・宗教的伝統の異なる国へ集団で移住した場合などに起こりうるものだが、その孤立にともなって近親交配が行なわれた場合、結果として、劣性遺伝病の発生率がもとの住民よりも高くなる。(9)」蒸気船《ウルグアイ号》でやってきた一四の農民家族は、私たちすべての人間と同様、遺伝子構造のなかにたくさんの有害な遺伝子をもっていた。「そうした遺伝子はたいてい劣性である。高度に文明化した国々のような任意交配のシステムのもとでは、偶然の結婚がときとしてこうした劣性遺伝子を結びつけ、そのような組み合わせから生まれる子孫のなかに、ある割合で発現する。(10)」いとこ同士の結婚の場合、両方ともヘテロ接合体の可能性、つまり共通の祖父母から受け継いだ劣性遺伝子のコピーを一つもっている可能性があり、したがってアクシデントが起きる可能性が高いということは明白だ。いとこは八分の一の遺伝子を共有している。近親結婚が繰り返されるにつれて、有害遺伝子が発現する可能性は高くなっていく。

白皮症を例にとってみよう。白皮症は先天的色素欠乏症で、異常な白い肌と赤い目として発現する。大ざっぱにいうと、五〇人に一人がこの疾患のヘテロ接合体である（つまり、白皮症と関連のある劣性遺伝子のキャリアであるが発症してはいないという意味である）。同じ遺伝子をもつ人間と結婚する可能性は五〇分の一×五〇分の一＝二五〇〇分の一となる。子供にあらわれる予想値は四分の一だから、全人口中に白皮症があらわれる頻度は一万分の一だ（実際はこれより少ない）。いとこ同士となると、数字は大きく違ってくる。だれかが従姉妹と結婚する場合、当人が白皮症のヘテロ接合体である可能性は五〇分の一だが、彼女もまたヘテロ接合体である可能性は八分の一、その結果、〔同じ遺伝子をもつ者同士の結婚の可能性は〕五〇分の一×八分の一＝四〇〇分の一となり、六倍以上も高くなる。白皮症の人が従姉妹と結婚するとなると、彼女が白皮症の劣性遺伝子のキャリアである可能性は四分の一となって、白皮症の子供とその劣性遺伝子をもつ子供とが同数生まれることになる。白皮症の人同士が子供をもうけ、二人が親類であった場合、子供は白皮症である。ペルーのサン・ブラス・インディアンのあいだでは、白皮症の人は結婚を禁じられている。

シューベルト博士は、新ゲルマーニアには白皮症の人はいませんと言った、今のところは。

人間の改良というのは古くからある考えである。プラトンは人間の変異性を制御することによる人種の改良を提唱した。純血種のドイツ人植民地を作ろうというエリーザベトとベルンハルト・フェルスターの試みは、極端に非科学的であったが、あらゆる人種差別主義の作り話を中心に据えていた――人種的特質は《より優れた》と《より劣った》によってあらわすことができ、《価値ある》特質は改良によって維持できる、という作り話である。彼らは知ることができなかったが、《価値ある》特質の維持は、彼らが各個人の遺伝子の継承を図ることができた場合にのみ期待できることだったのだ。なぜなら、それ以外にどうしたら、彼らが評価している特質といっしょにどんな有害な特質が育成されようとしているか、知ることができるというのか。

一八三九年、《進化論の父》ダーウィンは実の従姉妹、エマ・ウェッジウッドと結婚した。二人とも知的にも社会的にも申し分のない家系の出だった。二人は一〇人の子供をもうけた。ダーウィンの子供のうち何人かは際立った科学的才能の持ち主で、三人は王立協会の会員になった。しかし大半が病気がちでひ弱であり、三人は幼くして亡くなった。末の子供チャールズ・ウェアリング・ダーウィンは精神に欠陥があり、歩くことも話すこともできないまま二歳で世を去った。

これがエリーザベト・ニーチェの純粋なアーリア人植民地の目的だったのだろうか。世代を重ねるたびにますますブロンドと青い目が際立つようになっていくが、同時に退化もしていく一族というのが。最初の入植者が到着してから四、五世代のうちに、各家族は近親交配を繰り返したために、みんなそっくりになりはじめた。それはおそらく創設者たちの多くが、ドイツの同じ地方からやってきていたためであり、あるいは環境と栄養の影響であろう。長身で頬骨が高く、目は青く髪は金色といった、一つの身体的タイプが優勢になっているようだった。最初の移住者の大部分がもってきたザクセン訛りが、ドイツのほかの地方の訛りを飲み込んでしまったように。

二匹のネズミを育て、その子供を近親交配させ、またその子供を、というように繰り返していくと、二〇世代以内でクローンができる。遺伝学的に等しい、同一のネズミである。「それをここの人たちに説明することはできません。」シューベルト博士は言った。「理解できないからですが、同時に、理解したがらないからでもあります。あの人たちは誇りをもちつづけるために、独立を保つ必要があるのです。彼らにはほかに何があるでしょうか。でも、もし今のままでいけば、彼らにどんなことが起こるか、だれにわかるでしょう。」二〇世代目の等しいネズミは子孫を作りえない突然変異なのだ。

年配の住民にとっては、相手と自分、褐色と白色、悪と善を分ける境界線を守ることによってしか、自分たちの道徳的価値を保持することはできないのだ。なぜなら、結局のところ自分にとって善であることを成文化する以外に、何が道徳といえるのか。少なくともニーチェはそう考えていた。


このツァラトゥストラは多くの国と民族を見た。そして、多くの民族の善と悪とを発見した。善悪よりも大きな力を、ツァラトゥストラはこの地上に見いださなかった。

まず評価するということをしなければ、どんな民族も生きてはいけない。だが民族が、おのれの存続を望むなら、隣りの民族が評価するのと、同じ評価をしてはならない。

ある民族に善と呼ばれた多くのものが、他の民族では笑い草、恥と呼ばれる。そのような具合であった。多くのことが、ここでは悪と罵られ、かしこでは真紅の栄光で飾られていた。

隣り合った民族どうしが、理解し合った験しはない。お互いが絶えず心の底で、隣の民族の妄想と悪意を訝っていた。[11]

今もパラグアイ人の隣人を見下した評価をしなければ生きていくことができないと感じているのが、新ゲルマーニアの年配の人々だった。若い人たちにとっては、人種的ルサンチマン（ニーチェはときおりそれを情熱と呼んだ）を克服するのはもっとたやすいことで、パラグアイ人とも簡単に交わった。ニーチェは信じていた、「情熱を克服した者は、森と沼を支配するようになった開拓者と同じく、このうえなく肥沃な土地を手に入れたことになる。……克服すること自体はたんなる手段であって、目的ではない[12]」。

「古い世代には気に入らないことですが」とシューベルト博士はいった、「彼らにはできることは何もないのです。ホルヘ・ハルケをごらんなさい——彼こそ未来です。」ホルヘは二五歳くらいの背が高く有能な青年で、フェルスター支持者の一人の子孫とパラグアイ人のあいだに生まれ、青い目と褐色の肌をしている。彼はこのあたりでは一軒だけになったエリーザベトのころからの家に住んでいる。石の柱と広いベランダのある、ここには場違いな四角形の家だ。村のまんなかのシュタットプラッツ〔ドイツ語で都市の中央広場の意〕と呼ばれている野原の一角に建っている。ホルヘはアナコンダをつかまえる趣味があって、家の裏に木箱を置いて飼っていた。彼の話では、エリザの財宝のありかも見当がついているそうだ。発つ前に、私たちは彼の家のベランダで食事をした。私はホルヘにたずねてみた。どの人種がいちばん好きだい、ドイツ人、スペイン人、それともインディアンかい。「忘れちゃったよ、そんなこと。」彼は笑いながらそう言って、また一つグアビラ・フルーツの皮を剝《む》きはじめた。

訳者あとがき

ニーチェの時代は光と闇がさまざまに交錯している。一方では理性の働きによって自然や人間をめぐる種々の現象が合理的に説明され、その分だけ迷信や神話が消えていった。しかし他方では、まさにそうした営みのなかからまた新しい問題が生まれてきたのである。こうした時代のありようをもっとも端的に示しているのは、ダーウィニズムであろう。

チャールズ・ダーウィンがいわゆる『種の起原』を発表したのは一八五九年、ニーチェが一五歳のときである。たちまち文明世界全体に広がったダーウィニズムは当時の人々を二分した。受け入れた人間とそうでない人間とに。とは言っても、受け入れた人がつねに理性的にふるまったわけではなく、拒絶した人がつねに反理性的人間だったわけでもない。

たとえば、同時代のドイツにルドルフ・フィルヒョウ(一八二一—一九〇二)という医学者がいた。病理学の分野ですぐれた業績を挙げ、社会医療に関しても時代に先んじた見識の持ち主であった彼は、「一千以上もの遺体を解剖したが、魂などというものは見たことがない」、と公言するほどの実証主義者だったにもかかわらず(あるいは、実証主義者だったゆえに)、人類の進化という考えは頑として認めなかった。

本書中にも登場するエルンスト・ヘッケル(一八三四—一九一九)の場合はもっと複雑である。彼はすぐれた動物学者であり、ただちにダーウィニズムを受け入れただけではなく、さらにそれを首尾一貫させて、現代のものと大差ない系統樹を作り上げ、ヒトは絶滅した猿人から進化してきたとして、その猿人をピテカントロプスと名付けた。また、原生動物（プロティスト）の発見やエコロジー研究の提唱など、現代生物学が彼に負うところはけっして少なくない。ここまでのヘッケルは間違いなく啓蒙的な科学者だといえよう。ところがそのヘッケルが、自然は生物・非生物といった区別が意味をなさない絶対的な単一性の世界なのであると主張して、科学でも神学でもない、いわゆる一元論（モニスムス）を唱えはじめるのである。彼は言う、「神が自分に似せて人間を創ったというのは、神をガス状の脊椎動物に貶めるものであり、全自然界における神の単一性を証明し、生物の世界の神と非生物の世界の神という対立を解消するモニスムスの表象する神こそ、崇高なものである」。要するにヘッケルは、ニーチェに先立ってキリスト教の神に死を宣告しながら、また新しい神を、しかもいっそう得体の知れない神を作り上げたのである。このようなヘッケルの教説を奉じたのが、本書中で批判的に触れられている一元論協会で、当然のことながら、当初から、この協会の会員になるのは批判能力の乏しい人間だといわれていた。

ヘッケルにはさらにもう一つの顔があった。彼は、進化論の当然の帰結だとして、人種差別主義を喧伝したのである。一八六八年にはこう言っている。「もっとも豊かな文化をもつカフカス（コーカサス）人種は、他の人種よりもはるかに優秀であり、そのため生存闘争において、遅かれ早かれ他のほとんどすべての人種を打ち負かし排除するであろう。」この方面でヘッケルが及ぼした影響は二〇世紀に入って顕在化する。「民族衛生（優生学）、すなわち種族の健康を維持し、その資質を完全なものにする努力が、つねに支配原理でなければならない」、と説いたアルフレート・プレッツ（一八六〇―一九四〇）は、一九〇五年に《民族衛生学会》を設立するが、エルンスト・ヘッケルはその名誉会員に選ばれる。また、フランス人ゴビノーにならって、アーリア人の全体的な優秀さを信じ、優れた人種の保持のために、劣った人種との混血を避け、遺伝的疾患の持ち主にはしかるべき手段を講じて、完全なる民族たることを目指すべきだと主張したルートヴィヒ・ヴォルトマン（一八七一―一九〇七）は、ヘッケルの《世界史は生物の進化史の一部である》という言葉をライトモチーフにしていた。こうしてヘッケルの人種差別理論はナチズムに引き継がれるのである。

こうしたなかで、ニーチェがつねに理性・啓蒙の側に立っていたことは、いまさら断るまでもないだろう。ダーウィニズムに関しても、これを一つの反省と出発の契機として受け止め、そうすることによって自分の思想を、とはつまり人間の理性のための戦いを、さらに推し進めていったのである。一例を挙げれば、「あなた方は虫けらから人間への道を歩んで来た」という言葉が見られる『ツァラトゥストラ』第一部の「序説 三」は、ダーウィニズムがすでに《実質的に》下していた宣告を、あらためて自分の言葉で語ったものと見ることができる。《神は死んだ》と。そして同時に、《人間とは超克されるべき何物かである》と言って、その未来へとつづく道を指し示そうとするのである。このようなニーチェにたいして、その妹のエリーザベトは最初から最後まで反理性・反啓蒙に身を置いていた。そして必要があればいつでも、兄を否定し、裏切り、売った。こうしてニーチェの思想は、ダーウィニズムと同様に、人間の蒙を啓くものであったにもかかわらず、いわばともに身内の人間によって、不幸な歴史を背負わされることになったのである。

＊　＊　＊

本書は Ben Macintyre: *Forgotten Fatherland. The Search for Elisabeth Nietzsche.* London, 1992 の全訳である。ただし、原書巻末の索引は省いた。なお、日本語の表題ならびに副題は白水社編集部の希望によるものである。

エリーザベトの生涯と兄フリードリヒとの関係については、本書の引用文献にも挙げられている、アメリカのドイツ文学者H・F・ペータースの『ツァラトゥストラの妹』(H. F. Peters: *Zarathustra's Sister. The Case of Elisabeth and Friedrich Nietzsche.* New York, 1977) が最初の包括的な研究書で、注目すべき数々の事実を明るみに出した。（これには著者自身の手になるドイツ語版があり、本書の訳出にも大いに役立った。なおペータースはそれ以前に、じつに読みごたえのあるルー・サロメの伝記、*My Sister, My Spouse—A Biography of Lou Andreas-Salomé*. London, 1963.［邦訳『ルー・サロメ　愛と生涯』土岐恒二訳、筑摩書房、一九六四］を著している。）本書は、ペータースの著書と重なり合う部分もむろんあるが、現代から見たエリーザベトという視点を貫いているために、資料の扱い方もおのずから異なっており、また何よりもパラグアイの現地調査によって、独自のモノグラフィーとなっている。

本書の内容について一言つけ加えるなら、エリーザベト・ニーチェの著したニーチェ伝についての、「この本によって、彼女自身のゆがんだフィルターを通してでなければ、実質上ニーチェの生涯に、そればかりかその著作にも、近づくことが不可能になってしまった」（本書二二五ページ）という著者の判断は、いささか性急に過ぎるのではあるまいか。なぜなら、ニーチェの読者はそれほどナイーヴではなく、十分な批判力をもってエリーザベトの著者と相対していると考えられるからである。また、この伝記はニーチェの実生活を知るためには貴重な資料である。つまり、本書にも、ニーチェが一八七九年の暮れにはほとんど死にかけていた（一五三ページ）とか、ジールス・マリーアでのニーチェは暖房もない部屋で何日もドライフルーツだけを口にして暮らしていた（一五七ページ）といった叙述があるが、これらは、もとをたずねればエリーザベトの伝記に行き着くのである。また、ニーチェの著作にたいする彼女の解釈も、ニーチェを自分の目と頭で読むほどの人ならば、知っておいて悪くないであろう。

本書中には、特殊な言い回しや出典など、調べのつかない箇所が二、三あり、原書の出版元であるマクミラン社をとおして著者に問い合わせたが、回答がなかった。そこで出版社に催促したところ、当人とうまく連絡がとれないとのことであった。最初の照会からすでに数か月が経過しており、やむを得ずその箇所は

［未詳］として出版することになった。読者の方々にはご寛恕をお願いする次第である。また、著者にはこれまでのところほかにまとまった著作はなく、当人についての情報を得る手立てもほとんどない状態である。そのため問い合わせの際に、略歴も教えてくれるよう依頼した。これも、したがって入手できず、わかっていることは、原書のカバーに記されている以下の紹介のみである。

ベン・マッキンタイアーは一九六三年に生まれ、ケンブリッジに学んだ。その後二年間アメリカにハークネス・フェロー（Harkness Fellow）として滞在、国際関係を研究、その間サンデイ・テレグラフ紙に定期的に寄稿。また、サンデー・コレスポンデント紙の海外通信員をつとめ、ユーロピアン紙に毎週コラムを執筆した。海外滞在時を除けばロンドンに在住。

本書には引用が多いが、すべての場合に原典にあたることは到底不可能で、行き届かない点があるかもしれない。また、さまざまな言語が入り混じっている固有名詞の日本語表記には、不適切なものがあるかと思われる。いずれもご叱正いただければ幸いである。

翻訳にあたって多くの方々にお世話になった。訳出を手伝ってくださった田中美穂子さん、さまざまな相談にのってくださった小島素子さんと横浜市立大学の英語、スペイン語の外国人教員の方々に、まず御礼を申し上げなければならない。また、貴重な資料を貸してくださったうえに、種々ご教示をいただいたニーチェ研究者の手塚耕哉氏には心から感謝の意を表するものである。

一九九四年十一月　　訳者

1974, p.98

(3) Förster-Nietzsche, 1891, p.134

(4) Quoted in G. Posner and J. Ware, *Mengele: The Complete Story* (London, 1986), p.170

(5) Nietzsche, 1882, 229

(6) Nietzsche, 1895, 183

(7) Nietzsche, 1886, 68

(8) Nietzsche, 1878, 51

(9) J. A. Fraser Roberts and Marcus E. Pembrey, *An introduction to medical genetics* (Oxford, 1985), p.56. See p.48-56 for statistics on albinism.

(10) Ashley Montagu, *Human Heredity* (New American Library, 1960), p.311

(11) Nietzsche, 1883-92, I,「千の目標とひとつの目標」[第Ⅱ期第1巻 88-89ページ, 薗田宗人訳による]

(12) Nietzsche, 1880, 53

■ベン・マッキンタイアー　高儀 進訳

ナチが愛した二重スパイ
——英国諜報員「ジグザグ」の戦争

第二次大戦末期、ロンドン暗黒街の悪党チャップマンは、ナチのスパイとなるも、実は「二重スパイ」として、ベルリンに偽情報を送っていた……戦史に秘められた、手に汗握る活劇！

■A・ビーヴァー序文　H・M・エンツェンスベルガー後記　山本浩司訳

ベルリン終戦日記
——ある女性の記録

陥落前後、不詳の女性が周囲の惨状を赤裸々につづった稀有な記録。生と死、空襲と飢餓、略奪と陵辱、身を護るため赤軍の「愛人」となった女性に安穏は訪れるのか？　胸を打つ一級資料！

■フェーリクス・メラー　瀬川裕司、水野光二、渡辺徳美、山下眞緒訳

映画大臣
——ゲッベルスとナチ時代の映画

ゲッベルスの残した克明な日記を分析しつつその天才的なメディア戦略に光を当てる画期的労作。映画製作や検閲の実態、政権内権力闘争でゆれるその真の人間像等、多面的に迫ってゆく。

■スヴェン・ハヌシェク　藤川芳朗訳

エーリヒ・ケストナー
——謎を秘めた啓蒙家の生涯

出生の謎、ナチ政権下での《抵抗》の実際、母親や恋人たちとの異常なほどの関係等、矛盾をはらんだ大国民作家の実像に容赦なく迫る評伝の白眉。読者はページごとに瞠目するだろう。

■ゲッツ・フォン・ベルリヒンゲン　藤川芳朗訳

鉄腕ゲッツ行状記
——ある盗賊騎士の回想録

勇敢な騎馬武者か、はたまた無法の盗賊騎士か？戦場で失った右手に精巧な鉄製義手を付け、一六世紀前半の神聖ローマ帝国を舞台に武勇の限りを尽くした男の前代未聞の自叙伝。痛快無比！

訳者略歴
一九四四年生まれ
東京都立大学大学院修了
ドイツ文学専攻
横浜市立大学名誉教授
主要訳書
ベンヤミン『モスクワの冬』
ブロッホ『異化』（共訳）
ヘルツォーク『氷上旅日記』
フリードマン『評伝ヘルマン・ヘッセ』（上・下）
マゾッホ『聖母』
フロイト『父フロイトとその時代』
ゲッツ・フォン・ベルリヒンゲン『鉄腕ゲッツ行状記』
ハヌシェク『エーリヒ・ケストナー』

本書は一九九四年小社より刊行された。

エリーザベト・ニーチェ《新装復刊》
ニーチェをナチに売り渡した女

二〇一一年五月一〇日 印刷
二〇一一年五月三〇日 発行

著者 ベン・マッキンタイアー
訳者 © 藤《ふじ》川《かわ》芳《よし》朗《ろう》
発行者 及川直志
印刷所 株式会社理想社
発行所 株式会社白水社

東京都千代田区神田小川町三の二四
電話 営業部〇三（三二九一）七八一一
編集部〇三（三二九一）七八二一
振替 〇〇一九〇-五-三三二二八
郵便番号 一〇一-〇〇五二
http://www.hakusuisha.co.jp
乱丁・落丁本は、送料小社負担にてお取り替えいたします。

松岳社 株式会社 青木製作所

ISBN978-4-560-08138-9

Printed in Japan

注

［　］は訳者の注，その他は原注である．

ニーチェからの引用はR. J. Hollingdale訳のViking Penguin社刊の著作集（＊印），もしくは同じ訳者によるNietzsche Reader（London 1977）による．それ以外のニーチェの引用で出典を明記していないものは著者自身の翻訳したものである．引用個所は初版発行年とページ（断章・箴言などの場合はその番号）により，Nietzsche, 1878, p. 121　のように表示する．

Human All Too Human（『人間的な，あまりに人間的な』），first published 1878. Second edition 1886.

Assorted Opinions and Maxims（『さまざまな意見と箴言』），first published as first supplement to *Human All Too Human*, 1879.

The Wanderer and his Shadow（『放浪者とその影』），first published as second supplement to *Human All Too Human*, 1880.

Daybreak（『曙光』），first published 1881. Second edition 1886.

The Gay Science（『華やぐ知慧』），first published 1882. Expanded edition 1887.

Thus Spoke Zarathustra（『ツァラトゥストラはこう語った』），London, 1961: first published 1883-92.

Beyond Good and Evil（『善悪の彼岸』），London, 1973 : first published 1886.

Towards a Geneology of Morals（『道徳の系譜』），first published 1887.

The Case of Wagner: a musician's problem（『ヴァーグナーの場合・音楽家の一問題』），first published 1888.

Ecce Homo（『この人を見よ』），London,1979: written in 1888, first published 1908.

Twilight of the Idols（『偶像の黄昏』）and *The Anti-Christ*（『アンチクリスト』），London, 1990 edn: first published 1889 and 1895.

The Will to Power（『権力への意志』），first published 1901.

［主要なニーチェからの引用については，可能なかぎり現在もっとも信頼できるニーチェ全集，いわゆる「グロイター版」にあたった．明らかに著者の誤りと思われる個所は，「グロイター版」の忠実な日本語訳である白水社版ニーチェ全集（第Ⅰ期，第Ⅱ期，各全12巻）の該当個所を挙げ，たとえば［第Ⅱ期第4巻254ページ参照］のように指摘することとした．なお訳文をそのまま使

わせていただいた場合はその旨記すことにする．また，ニーチェの書簡についても，できるかぎり「グロイター版」のニーチェ往復書簡集を参照し，疑問・訂正個所はそのつど原注のあとに記しておいた.］

新ゲルマーニアの歴史についての主な資料はベルンハルト・フェルスターとエリーザベト・フェルスター＝ニーチェの以下の著書による．引用は英訳による．

Elisabeth Förster-Nietzsche:

Dr. Bernhard Förster's Kolonie Neu-Germania in Paraguay, Berlin, 1891. (以下 Förster-Nietzsche, 1891 と略す)

Das Leben Friedrich Nietzsche, volume 1, 1895; volume 2 part one 1897; volume 2 part two, 1904 (all Leipzig). Shortend and updated versions *Der Junge Nietzsche*, Leipzig, 1912, translated as *The Young Nietzsche*, A. M. Ludovici, London, 1912 (以下 Förster-Nietzsche, 1912 と略す．邦訳『若きニーチェ――ニーチェの生涯（上)』浅井真男監訳（河出書房新社, 1983 年), and *Der Einsame Nietzsche*, Leipzig, 1914, translated as *The Lonely Nietzsche*, Paul V. Cohn, London, 1915 (以下 Förster-Nietzsche, 1915 と略す．邦訳『孤独なるニーチェ――ニーチェの生涯（下)』浅井真男監訳（河出書房新社, 1983 年).

Bernhard Förster:

Deutsche Colonien in dem oberen Laplata Gebiete mit besonderer Berücksichtigung von Paraguay, Naumburg, 1886. [*German Colonisation in the Upper La Plata District with Particular Reference to Paraguay: The Results of Detailed Partical Experience, Work and Travel 1883-1885*] (以下 Förster, 1886 と略す)

Das Verhältnis des modernen Judenthums zur deutschen Kunst, Berlin, 1881. [*The relationship between modern jewry and German art*] (以下 Förster, 1881 と略す)

主要な二次資料は以下の通りである．

Ronald Hayman, *Nietzsche :A Critical Life*, London, 1980. (以下 Hayman と略す)

R. J. Hollingdale, *Nietzsche :The Man and His Philosophy*, Baton Rouge and London, 1965. (以下 Hollingdale と略す)

S. L. Gilman and D. J. Parent: *Conversations with Nietzsche*, New York and Oxford, 1987. (以下 Gilman and Parent と略す)

Walter Kaufmann, *Nietzsche :Philosopher, Psychologist, Antichrist*, Princeton, 1950, fourth edition 1974. (以下 Kaufmann と略す)
H. F. Peters, *Zarathustra's Sister*, New York, 1974. (以下 Peters と略す)
E. F. Podach, *Gestalten um Nietzsche*, Weimar, 1932. (以下 Podach と略す)
J. P. Stern, *Nietzsche*, London, 1978. (以下 Stern と略す)

モットー [第Ⅱ期第 4 巻 422 ページ，西尾幹二訳による]

序

(1) Nietzsche, 1886, p.42-3
(2) T. S. Eliot, *Four Quartets*, "Burnt Norton", 1.

第一章

(1) Podach, p.145
(2) ibid., p.152
(3) Förster, 1886, p.221

第二章

モルゲンシュテルン（またはモルゲンシュタイン）・ド・ヴィスネル（名はコロネル・エンリケ，フランソワ・アンリ，フランシスコなどさまざま）は 1800 年に生まれた．月日は不詳．彼の生涯のあらましと 19 世紀のパラグアイについての記述は以下の資料による．
H. G. Warren, *Paraguay. An Informal History* (Oklahoma, 1949) and *Paraguay and the War of the Triple Alliance* (Texas, 1978) ; Alyn Brodsky, *Madame Lynch and Friend: The true account of an Irish Adventuress and the dictator of Paraguay who destroyed that South American Nation* (New York, 1975) ; C. J. Kolinski, *Independence or Death! The Story of the Paraguayan War* (Florida, 1965) and *Historical Dictionary of Paraguay. Latin American Historical dictionaries No.8* (New Jersey, 1973) ; *The Times*, 25 August 1871; Alfredo Sieferheld, *Los Judeos en el Paraguay* (Asunción, 1981) ; H. Morgenstern de Wisner, *Collected documents of José Gaspar Rodriguez de Francia* (Argentina, 1923) ; T. J. Page, *La Plata, The Argentine Federation and Paraguay. Being the narrative of the exploration of the tributaries of the River La Plata and adjacent countries during the years 1853, '54, '55 and '56* (London, 1859). パラグアイの詳細な書誌学の手引きとしては，R. Andrew Nickson, *Paraguay*, vol. 84 in the world bibliographical series

(Oxford, 1987) がある．

エリーザベトのアスンシオン到着部分の描写は，新ゲルマーニアの住民のあいだに伝わっている話とエリーザベト自身の記述，および同時代のこの町の記録（下記参照）にもとづく．

R. B. カニンガム・グレアムの生涯は，H. F. West による伝記，*A Modern Conquistador. Robert Bontine Cunninghame Graham : his life and works* (London, 1932) に記述されている．グレアム自身の著作のうち，最良のものは以下のとおり．

The Ipané (London, 1899.　以下 C. Graham, 1899 と略す)

Mogreb al Acksa; Journey in Morrocco (London, 1898.　以下 C. Graham, 1898 と略す)

A Vanished Arcadia (London, 1901.　以下 C. Graham, 1901 と略す)

The Conquest of the River Plate (London, 1924. 以下 C. Graham, 1924 と略す)

Portrait of a Dictator (London, 1933.　以下 C. Graham, 1933 と略す)

(1) Nietzsche, 1882/7, 32　[第 I 期第 10 巻 100 ページ]
(2) *Jungle Survival*, PAM (AIR) 214, Drown Copyright 1984, p.7
(3) Col. H. von Morgenstern de Wisner, *The Times*, 25 August 1871
(4) *Sudamericanische Coloniale Nachrichten*, October 1888
(5) Förster, 1886. p.220
(6) ibid., p. 62
(7) Dictionary of Scientific Biography, ed. Charles Coulton Gillispie (New York, 1970), vol.II. p.127
(8) Förster, 1886, p.139-145
(9) Nietzsche, 1887,「善と邪悪 5」[5 は誤りで，実際は 10．第 II 期第 3 巻 41 ページ参照]
(10) Nietzsche, 1908,「なぜ私はかくも良い本を書くのか 1」[第 II 期第 4 巻 337-338 ページ]
(11) Nietzsche, 1886, 6
(12) Nietzsche, 1886, 61-2
(13) Nietzsche, 1888,「ある反時代的人間の逍遥 38」[第 II 期第 4 巻 127 ページ]
(14) Nietzsche, 1879, 58　[第 I 期第 7 巻 51 ページ]
(15) Nietzsche, 1883-92, 第 4 部「高級な人間 3」[第 II 期第 1 巻 424 ページ]

(16) Nietzsche, 1880, 333 [第 I 期第 7 巻 413 ページ]
(17) *Dorian Gray* (London, 1891), chapter 11
(18) Nietzsche, 1883, quoted in H. F. West, op. cit., p.vi
(19) Nietzsche, 1878, 序言 3—5 [正しくは 3 と 4，第 I 期第 6 巻 18-20 ページ，浅井真男訳による]
(20) George Bernard Shaw, *Three Plays for Puritans*. quoted in H. F. West, op. cit p.77
(21) Cunninghame Graham, 1901, p.211
(22) ibid., p.xviii
(23) quoted in H. F. West, op. cit. p.126
(24) Förster, 1886. p.220
(25) Nietzsche, 1879, 85 [第 I 期第 7 巻 60 ページ]

第三章

エリザ・リンチの生涯に関する主要な情報源は Alyn Brodsky の称賛すべき *Madame Lynch and Friend* (New York, 1975). 他に，すでに挙げた資料のほか，William E. Barrett, *Woman on Horseback. The biography of Fransisco Lopez and Eliza Lynch* (London and New York, 1938)，ならびに Gordon Meyer, *The River and its People* (London, 1965) からも情報を得た. 自然やグアラニー神話の起源に関する資料は H. G. Warren, Paraguay. *An Informal History* (Oklahoma, 1949) による.

(1) quoted in Alyn Brodsky, op. cit. p.182
(2) G. F. Masterman, *Seven Eventful Years in Paraguay. A narrative of personal experience among the Paraguayans* (London, 1869), p.51
(3) C. Graham, 1933. p. 89
(4) Arthur, Comte de Gobineau, "Essay on the Inequality of Human Races", quoted in the 1991 Reith Lectures by Dr Steven Jones
(5) Ernst Haeckel, quoted in Richard Milner, *The Encyclopedia of Evolution* (Oxford and New York, 1988), p.312
(6) Alonso Taylor の宣誓供述より. 引用は以下による. C. A. Washburn, *The History of Paraguay. With notes of personal observations, and reminiscences of diplomacy under difficulties* (Boston, Mass., 1871), vol.II, p.510
(7) ibid. vol.II, ch.VII, p.94
(8) Nietzsche, 1879, 307 [第 I 期第 7 巻 175-176 ページ]

(9) William Barrett, op. cit. p.333
(10) C. Graham, 1933, p.241
(11) C. A. Washburn, op. cit. vol.II, p.48
(12) Nietzsche, 1879, 95 [第 I 期第 7 巻 65 ページ]
(13) Alyn Brodsky, op. cit. p.60
(14) ibid., 59
(15) Captain Richard Burton, *Letters from the Battlefields of Paraguay* (London, 1870), p.138
(16) C. Graham, 1901, p.39
(17) Förster, 1886. p.61
(18) ibid., p.61
(19) ibid., p.60
(20) H. G. Warren, op. cit. p.9
(21) ibid., p.9
(22) Father Ruiz de Montoya, *Conquista Espiritual del Paraguay*, introductory chapter
(23) H. G. Warren, op. cit. p.10
(24) A. K. Macdonald, *Paraguay: Its People, Customs and Commerce* (London, 1911), p.479
(25) Father Ruiz de Montoya, in H. G. Warren, op. cit.
(26) G. F. Masterman, op. cit. p.51-2
(27) W. H. Koebel, *Paraguay* (London, 1917), p.286
(28) Förster, 1886. p.50
(29) Nietzsche, 1882/7, 143 [第 I 期第 10 巻 208 ページ]
(30) Förster, 1886. p.80
(31) Father Martin Dobrizhoffer, *History of the Abipones, an Equestrian people of Paraguay* (Vienna, 1784; English translation London, 1822). qouted in C. Graham, 1901, p.25
(32) Sir Christopher Gibson, *Enchanted Trails* (London, 1948), p.61
(33) Nietzsche, 1881, 250 [第 I 期第 9 巻 233 ページ]

第四章

(1) C. Graham, 1933, p.118
(2) ibid., p.239
(3) Masterman, op. cit. p.42

(4) C. A. Washburn, op. cit., qouted in C. Graham, 1933, p.243

(5) Förster, 1886. p.70

(6) Jim Woodman, *The Ancient Inscriptions of Paraguay, Epigraphic Society of South America,* (Asunsión, 1989) Section Ⅳ

(7) Wilfred Barbrooke Grubbe, *An Unknown People in an Unknown Land. An account of the life and customs of the Lengua Indians of the Paraguayan Chaco, with adventures and experiences met with during twentyyears pioneering and exploration amongst them* (london, 1911), p.267

(8) ibid., p.27

(9) R. P. François-Xavier de Charlevoix, *Histoire de Paraguay* (Paris, 1756; London, 1769), liv. Ⅳ. p.183, qouted in C. Graham, 1933, p.6

(10) Hulderilke Schnirdel (variously Schmidel and Schmidt), *Historia y Descubrimiento de el Rio de la Plata y Paraguay*. Andres Barcia, *Historiadores Primitivos delas Indias Occidentales*, Madrid, 1749 所収. この翻訳は以下による. *The Faber book of Reportage*, ed. John Carey (London, 1987)

(11) *Commentariós de Alvar Nuñez Cabeza de Vaca*, contained in Barcia, op. cit., qouted in H. G. Warren, p.27

(12) Father Martin Dobrizhoffer, op. cit., qouted in C. Graham, 1901, p.229-30

(13) Nietzsche, 1879, 95 [95は誤り, 正しくは224, 第Ⅰ期第7巻142ページ参照]

(14) Padre del Techo, *History of Paraguay*, qouted in C. Graham, 1901, p.234

(15) Nietzsche, 1881, p.204 [第Ⅰ期第9巻201-201ページ]

(16) Förster, 1886. p.73-4

(17) Elisabeth Förster-Nietzsche, "A Sunday in Nueva Germania", *Bayreuther Blätter*, vol. IX, 1889, p.285, Peters, 1974, p.103

(18) Förster, 1886. p.169

(19) Förster-Nietzsche, 1891, p.41

(20) Förster, 1886. p.61

(21) ibid., p.60

(22) Förster-Nietzsche, 1891, p.51

(23) Förster, 1886. p.145

(24) Elisabeth Förster-Nietzsche to Franziska Nietzsche, 18 March 1888, Peters, 1974, p.118

(25) Förster-Nietzsche, 1891, p.118

(26) ibid., p.45

第五章

本章および以下の章における主な未刊行の資料は，ヴァイマルのゲーテ＝シラー資料館（以下 GSA と略す）と，アルビー・ローゼンタール氏の私的コレクションに収められている．H. F. Peters, *Zarathustra's Sister* はエリーザベト・ニーチェに関する唯一の出版物であり，有益な出発点となった．ニーチェの生涯の伝記的資料は以下の著作を参考にした．R. J. Hollingdale, *Nietzsche: The Man and His Philosophy*. Ronald Hayman, *Nietzsche, A Critical Life*. E. F. Podach, *Gestalten um Nietzsche*. S. L. Gilman and D. J. Parent, *Conversations with Nietzsche* も大いに役立った．ニーチェに関するもっとも明晰で批評的な著作は現在でもやはり，Walter Kaufmann, *Nietzsche: Philosopher, Psychologist, Antichrist* で，ナチスによる原文の悪用を詳細に調査している．J. P. Stern, *Nietzsche* は小論ながらすぐれた手引書である．ニーチェの手紙は G. Colli and M. Montinari (ed.), *Nietzsche, Briefwechse. Krititsche Gesamtausgabe* (Berlin and New York, 1975) に収録されている（以下，C & M と略す）．いくつかの引用はもっと早くに出版された W. Hoppe and K. Schlechta (ed.), *Friedrich Nietzsche Briefe* によった．

(1) Förster-Nietzsche, 1912, p.135
(2) Friedrich Nietzsche to Elisabeth Nietzsche, 11 June 1865, ibid., p.137
(3) *Friedrich Nietzsche Briefe*, vol. I, p.419, Peters, 1974, p.21
(4) Förster-Nietzsche, 1911, p.8
(5) Förster-Nietzsche, 1915, p.302
(6) ibid., p.304
(7) Friedrich Nietzsche, "Aus meinem Leben", Hayman, 1980, p. 26
(8) Förster-Nietzsche, 1912, p.63
(9) Friedrich Nietzsche to Franziska Nietzsche, 19 November 1862, Hayman, 1980, p.49
(10) Nietzsche, 1880, 261 ［第 I 期第 7 巻 373-374 ページ］
(11) Friedrich Nietzsche to Franziska Nietzsche, end of February 1862, Hayman, 1980, p.46
(12) Friedrich Nietzsche to Franziska and Elisabeth Nietzsche, 8 October 1864, Hayman, 1980, p.59
(13) Anonymos, *My Sister and I* (Amok Books, 1990), reproduced p. l xvi
(14) ibid., p. 6

(15) Walter Kaufmann, *Nietzsche: Philosopher, Psychologist, Antichrist*, Princeton, 1950, p.503n

(16) *Friedrich Nietzsche*, ed. Karl Schlechta (Aus den Jahren 1868-9), vol.III, p.148, Peters, 1974, p.22

(17) Friedrich Nietzsche to Erwin Rohde, 28 October 1868

(18) Friedrich Nietzsche to Erwin Rohde, 9 November 1865, Hollingdale, 1965, p.49

(19) Friedrich Nietzsche to Erwin Rohde, 9 december 1868, Hayman, 1980. p. 100

(20) Elisabeth Nietzsche to Friedrich Nietzsche, 13 February 1869, Peters, 1974, p.23

(21) Nietzsche, 1908,「私はなぜかくも怜悧なのか5」[第二期第4巻320-321ページ]

(22) Cosima Wagner, *Diaries*, Hayman, 1980, p. 133

(23) Friedrich Nietzsche to Cosima Wagner, beginning of January 1889, Hayman, 1980, p.335

(24) Records of the clinic at Jena, 27 March 1889

(25) Förster-Nietzsche, 1912, p.222 [『若きニーチェ』207-8ページ]

(26) ibid., p. 223-4 [同上, 208ページ]

(27) Richard Wagner to Friedrich Nietzsche, beginning of January 1872, Hayman, 1980, p.146

(28) *Friedrich Nietzsche Briefe*, vol. III, p.112, Peters, 1974, p.30

(29) *Friedrich Nietzsche Briefe*, vol. IV, p.233, ibid., p.31

(30) Elisabeth Nietzsche to Franziska Nietzsche, 13 July 1868., p.19

(31) *Friedrich Nietzsche*, ed. Karl Schlechta, Munich, 1960, vol.III, p.303, Peters, 1974, p.34

(32) Friedrich Nietzsche to Erwin Rohde, 15 December 1870, Hayman, 1980, p.132

(33) Nietzsche, 1908, 2 [第II期第4巻369ページ]

(34) Förster-Nietzsche, 1912, p.378

(35) ibid., p.383 [『若きニーチェ』342ページ]

(36) *Friedrich Nietzsche Briefe*, vol. IV, p.467, Peters, 1974, p.42

(37) Ernest Newman, *The Life of Richard Wagner* (London and New York, 1972), vol. IV, p.520

(38) Cosima Wagner to Maria von Schenitz, May 1878, Hayman, p.204

(39) Richard Wagner, *Bayreuther Blätter*, August 1878
(40) Cosima Wagner, 2 April 1881, *Diaries*, Martin Gregor Dellin and Dietrich Mack, eds (Munich, 1976-7), trans. Geoffrey Skelton (London and New York, 1978)
(41) Förster, 1881, p.53
(42) ibid., p.20
(43) ibid., p.54 [引用文中ラテン語の部分は不明確で仮にこう訳しておく]
(44) Cosima Wagner, *Diaries,* trans. Skelton, op. cit., entry for 6 July 1880
(45) ibid., 12 June 1881
(46) Friedrich Nietzsche to Peter Gast, 8 December 1881, Hayman, 1980, p. 236
(47) Nietzsche, 1883-92, 'Of Old and Young Women' [第Ⅱ期第1巻99ページ]
(48) ibid. [同上同ページ]
(49) Lou Andreas Salomé, *Lebensrückblick*, ed. Ernst Pfeiffer (Zurich, 1951), Hayman, 1980, p.245
(50) *Friedrich Nietzsche, Paul Rée, Lou von Salomé: Die Dokumente ihrer Begegnung*, ed. Ernst Pfeiffer, (Frankfurt, 1970), p.254, Peters, 1974, p.65
(51) Elisabeth Nietzsche to Clara Geltzer, 24 September 1882, Hayman, 1980, p.251
(52) Friedrich Nietzsche to Franz Overbeck, mid-September 1882, ibid., p.251
(53) Friedrich Nietzsche to Franz Overbeck, 18 September 1882, Hollingdale, 1965, p.183 [正しくは9月9日付]
(54) Ernst Pfeiffer, *Nietzsche, Rée, Salomé*, op. cit., p. 291, Peters, 1974, p.70
(55) Friedrich Nietzsche to Lou Salome and Paul Rée, mid-December 1882, Stern, 1978, p.34
(56) Friedrich Nietzsche to Franz Overbeck, Christmas Day 1882, Hollingdale, 1965, p.184
(57) Friedrich Nietzsche to George Rée, Hollingdale, 1965, p.187
(58) Nietzsche 1883-92, 'Of Chastity' p.92 [第Ⅱ期第1巻八三ページ]
(59) ibid.,「老いた女と若い女」[第Ⅱ期第1巻101ページ]
ニーチェの女性観は矛盾している．ときには女という性を激しく非難するが，それもしばしば女性心理と両性の関係への共感をもった深い洞察によって和らげられている．以下は『人間的な，あまりに人間的な』の一節，「女と子供」からの引用である．「完全な女は完全な男よりも高い存在である．と同

時に，より稀なものである.」(377節)，「……よい結婚は友情の才能のうえに築かれる」(378節)，「すべての人は心のなかに母親に由来する女性の肖像をもっている．それこそ，その人が女性とつき合うときに，女性を尊敬するか軽蔑するか，あるいは一般に無関心になるかを決定づけるものなのだ.」(380節)．ほかにも例はいくらもある．ニーチェは今日《ポスト・フェミニストたち》が先駆者を攻撃しているのと同じ理由から，19世紀のフェミニズムに反対したのである．*The Journal of the History of Ideas* (1992) 所収の Keith Ansell-Pearson による論文 Who is the Übermensch? Time, Truth, and Woman in Nietzsche は，女性についてのニーチェの見解に関するすぐれた研究である．

よく引用される《鞭》の一節は，文脈に即して読む必要があると指摘してくれたアンセル=ピアソン博士に感謝する．当の節における「女性」とは（ある老女によって語られていることに注目すること）人生の隠喩であり，ニーチェはここでも，強要を含めて必要な手段はすべて使い，人生とその秘密を支配するすることを，読者に強く勧めているのである．それは，この一節を書くときにニーチェがルー・サロメを念頭においていた可能性を否定するものではない．この問題に関しては，より徹底した議論が R. Hinton Thomas, *Nietzsche in German Politics and Society 1890–1918* (Manchester, 1984) の付録に収められている．

(60) Friedrich Nietzsche to George Rée, summer 1883, Hollingdale, 1965, p. 187

(61) Friedrich Nietzsche to Franz Overbeck, 25 December 1883, Hayman, 1980, p.254

(62) Friedrich Nietzsche to Elisabeth Nietzsche, end of November 1882, Hayman, 1980, p.254

(63) Friedrich Nietzsche to Franz Overbeck, March 1883, ibid.

(64) Ernst Pfeiffer, *Nietzsche, Rée, Salomé*, op. cit., p. 344, Peters, 1974, p.74

(65) Friedrich Nietzsche to Malwida von Meysenbug, early May 1884, Hayman, 1980, p.273

(66) Quoted in Podach, 1932, p.125

(67) *The Times*, 1 February 1883

(68) Elisabeth Nietzsche to Peter Gast, 7 January 1883, Peters, 1974, p.71

(69) Richard Wagner, 'Religion and Art' *Bayreuther Blätter* 1880, in E. Newman, *The Life of Richard Wagner* (London and New York, 1972), vol. IV, p.617–8

(70) Quoted in Podach, 1932, p. 125
(71) Förster, 1886, p.7
(72) *The Times*, 1 February 1883
(73) Bernhard Förster to Julius Cyriax, 30 March 1883, from the Rosenthal collection
(74) Elisabeth Nietzsche to Franziska Nietzsche, 4 April 1883, Peters, 1974, p. 72
(75) Elisabeth Nietzsche to Franziska Nietzsche, ibid.
(76) Richard Wagner to Bernhard Förster, 1 February 1883, GSA
(77) Cosima Wagner, *Diaries*, trans Skelton, op. cit., entry for 9 February 1883
(78) Bernhard Förster to Julius Cyriax, 30 March 1883, Rosenthal collection
(79) Friedrich Nietzsche to Peter Gast, 19 February 1883, Hayman, 1980, p. 261
(80) See Hayman, 1980, p.261
(81) Friedrich Nietzsche to Heinrich von Stein, 22 May 1884, Hollingdale, 1965, p.216.
ニーチェの Ubermensch（超人）には伝統的に Superman という語が当てられており，私も一貫性を保つためにこの語を使った。しかし Overman のほうが，扱いにくい語ではあるがドイツ語の訳語としてより正確であり，かつ，Superman が優越性のみを表わすために誤解を招く恐れがあるのに対し，「自己克服」の概念を正しく伝える。Time Higher Educational Supplement, 1991 年 3 月 16 日号のキース・アンセル=ピアソンを参照されたい。
(82) Elisabeth Nietzsche to Bernhard Förster, 15 September 1883, Peters, 1974, p.74
(83) Nietzsche, 1882, 359 ［第 I 期第 10 巻 355 ページ］
(84) Friedrich Nietzsche to Franz Overbeck, 2 April 1884, Hollingdale, 1965, p.214
(85) Friedrich Nietzsche to Franziska and Elisabeth Nietzsche, 14 March 1885, C & M no.581.
(86) Elisabeth Nietzsche to Bernhard Förster, 12 October 1884, Peters, 1974, p. 83
(87) Bernhard Förster to Julius Cyriax, 19 April 1885, Rosenthal collection
(88) Friedrich Nietzsche to Franziska Nietzsche, end of May 1885, C & M no. 604
(89) Friedrich Nietzsche to Franz Overbeck, 6 October 1885, ibid., no.632

(90) Förster-Nietzsche, 1915, p.218

(91) Podach, 1932, p.145

(92) Friedrich Nietzsche to Franziska and Elisabeth Nietzsche, 6 September 1885, Hayman, 1980, p.287 [〔 〕内は本書では省略されているが，理解のために必要と思われるので補っておく.]

(93) Friedrich Nietzsche to Emily Fynn, February 1886, C & M, no.671

(94) Friedrich Nietzsche to Elisabeth Förster-Nietzsche, 7 February 1886, C & M no.669

第六章

(1) Podach, 1932, p.145

(2) Bernhard Förster to Julius Cyriax, 15 February 1886, Rosenthal collection

(3) Friedrich Nietzsche to Elizabeth Nietzsche, February 1886, Podach, 1932, p.147

(4) Friedrich Nietzsche to Elisabeth Nietzsche, June 1886, C & M vol.V, p.726

(5) Elisabeth Nietzsche to Franziska Nietzsche, 28 Feb. 1890, Peters, 1974, p. 102

(6) Elisabeth Nietzsche to Bernhard Förster, 28 November 1883, Peters, 1974, p.78

(7) Bernhard Förster to Julis Cyriax, Rosenthal collection

(8) Elisabeth Nietzsche to Franziska Nietzsche, 21 December 1887, C & M no. 507

(9) Franziska Nietzsche to Friedrich Nietzsche, 1 March 1887, ibid., no.439

(10) Elisabeth Nietzsche to Franziska Nietzsche, 18 March 1888, Peters, 1974, p.98

(11) Friedrich Nietzsche to Reinhart von Seydlitz, 24 February 1887, Stern, 1978, p.36-7

(12) Friedrich Nietzsche to Heinrich Köselitz (Peter Gast), 20 May 1887, C & M no.851

(13) Friedrich Nietzsche to Elisabeth Nietzsche, 3 November 1886, C & M no. 773

(14) Draft letter Friedrich Nietzsche to Elisabeth Nietzsche, before 5 June 1887, C & M no.854

(15) Friedrich Nietzsche to George Brandes, 2 December 1887, Hayman, 1980, p.314

(16) Friedrich Nietzsche to Reinhart von Seydlitz, 12 February 1888, ibid., p. 315

(17) Friedrich Nietzsche to Elisabeth Nietzsche, end of October 1888, ibid., p. 328

(18) Elisabeth Nietzsche to Friedrich Nietzsche, 6 September 1888, Peters, 1974, p.107

(19) Draft letter Friedrich Nietzsche to Elisabeth Nietzsche, mid-November 1888, see Hayman, 1980, p. 334
［英訳の「もう別れるべき時がきた」はあまり正確とはいえないので，ニーチェの書簡からその部分を訳しておく．「おまえの手紙を受け取り，何度も読み返したのちに，おまえと訣別すべき重大な必然性に迫られていることを悟った．」(*Nietzsche Briefwechsel. Kritische Gesamtausgabe*. Hg. von Giorgio Colli und Mazzoni Montinari. III5 Berlin・New York, 1984. S.473)］

(20) *Bayreuther Blätter*, end 1888, Peters, 1974, p.102

(21) 'A Sunday In Nueva Germania', *Bayreuther Blätter*, January 1889, reproduced in Elisabeth Förster-Nietzsche, 1891, p.43

(22) Elisabeth Nietzsche to Bernhard Förster, 20 August 1884, Peters, 1974, p. 82

(23) Förster-Nietzsche, 1891, p.42

(24) Friedrich Nietzsche to Heinrich Köselitz (Peter Gast), 20 May 1887, C & M no.851

(25) Friedrich Nietzsche to Franz Overbeck, 3 February 1888, C & M no.984

(26) *Sudamericanische Coloniale Nachrichten*, October 1888

(27) ibid.

(28) Bernhard Förster to General Bernadino Caballero, 24 September 1888, GSA

(29) ibid.

(30) ibid.

(31) see Förster-Nietzsche 1891, chapter VII, p.145-173

(32) ibid., p.81

(33) Julius Klingbeil, *Enthüllungen über die Dr Bernhard Förstersche Ansiedlung Neu-Germanien in Paraguay*, (Leipzig, 1889), p.106

(34) ibid., p.vi

(35) ibid., p.v

(36) *Friedrich Nietzsche*, ed. Karl Schlecta, (Munich, 1960), vol.III., p. 1345,

Peters, 1974, p.107

(37) reproduced in Förster-Nietzsche, 1891, p.45

(38) letter from Bernhard Förster to *Sudamericanische Coloniale Nachrichten*, 1889, ibid., p.54

(39) Elisabeth Nietzsche to Bernhard Förster, 1 May 1889, GSA

(40) Friedrich Nietzsche to Franz Overbeck, 14 April 1887, Hayman, 1980, p. 305

(41) Nietzsche, 1908, preface

(42) ibid., part III

(43) Nietzsche, 1889,「ドイツ人に欠けているもの 1」〔正しくは 1 と 2〕

(44) Nietzsche, 1908,「なぜ私は一個の運命であるのか」

(45) Friedrich Nietzsche to Carl Fuchs, 11 December 1888, Hayman, 1980, p. 132

(46) Friedrich Nietzsche to August Strindberg, undated, ibid., p.132

(47) August Strindberg to Friedrich Nietzsche, January 1889, ibid., p.334

(48) Friedrich Nietzsche to Meta von Salis, 4 January 1889, ibid., p.335

(49) Friedrich Nietzsche to Cosima Wagner, beginning of January 1889

(50) Friedrich Nietzsche to Franz Overbeck, *c.* 4 January 1889, C & M no.1249

(51) Elisabeth Nietzsche to Franziska Nietzsche, end of March 1889, GSA

(52) Elisabeth Nietzsche to Franziska Nietzsche, end of March 1889, Peters, 1974, p.108

(53) Elisabeth Nietzsche to Bernhard Förster, 1 May 1889, GSA

(54) Bernhard Förster to Elisabeth Nietzsche, 2 June 1889, GSA

(55) Förster-Nietzsche, 1891, p.64

(56) ibid., p. 64, see Podach, 1932, p.159

(57) Förster-Nietzsche, 1891, p.65

(58) Bernhard Förster to Elisabeth Nietzsche, 2 June 1889, GSA

(59) Podach 1932, p.160

(60) Förster, 1881, p.2

(61) Reprinted in Forster-Nietzsche, 1891, p. 63

(62) Reproduced in Podach, 1932, p.161, and Förster-Nietzsche, 1891, p.60

(63) Förster-Nietzsche, 1915, p.391

(64) Elisabeth Förster-Nietzsche, *Bayreuther Blätter*, September 1889, reproduced in Förster-Nietzsche, 1891, p.67

(65) ibid.

(66) Diagnosis of the Jena Clinic: see Hayman, 1980, p.339
(67) Franziska Nietzsche to Franz Overbeck, 26 September 1892, Hayman, 1980, p.344
(68) Förster-Nietzsche, 1915, p.403
(69) GSA, see Hayman, 1980, p.345
(70) Förster-Nietzsche, 1891, p.68
(71) ibid., p.116
(72) ibid., p.120
(73) ibid., p.120-135
(74) Friedrich Nietzsche 1889, 36
(75) George Streckfuss to Max Schubert, December 1892, Podach, 1932, p.165
(76) ibid., p.166-7
(77) Walter Glitza to Max Schubert, 8 July 1892, ibid., p.168
(78) ibid., p.169 and 171
(79) Elisabeth Förster-Nietzsche in *Bayreuther Blätter*, January 1895, Podach, 1932, p.175-6
(80) Friedrich Nietzsche to Elisabeth Nietzsche, 5 July 1885, C & M no.611

第七章

[この章の題名はニーチェに由来するもので，一般には「力への意志」と訳すのが適当であろうが，ここではエリーザベトの権力志向と重ね合わされているので，「権力への意志」としておく]
(1) Forster-Nietzsche, 1915, p.407
(2) Nietzsche, *Gesammelte Werke*, Musarion ed. (23 vols, 1920-9), vol XVI, 318, Kaufmann, 1950, p.19
(3) Elisabeth Förster-Nietzsche to Peter Gast, 17 September 1893, Peters, 1974, p.131
(4) Rudolf Steiner, *Das Magazin für Litteratur*, 10 February 1900, Kaufmann, 1950, p.5
(5) Quoted in C. A. Bernoulli, *Franz Overbeck und Friedrich Nietzsche. Eine Freundschaft* (Jena, 1908), vol.II, p.370, Hollingdale, 1965, p.304
(6) Förster-Nietzsche, 1912, p.13
(7) ibid., p.39
(8) ibid., p.323
(9) Förster-Nietzsche, 1915, p.v

(10) ibid., p.45
(11) ibid., p.211
(12) Förster-Nietzsche, 1912, p.307
(13) Förster-Nietzsche, 1915, p.222
(14) ibid., p.131
(15) ibid., p.121
(16) ibid., p.390
(17) ibid., p.240
(18) ibid., p.251
(19) ibid., p.240
(20) ibid., p.222
(21) ibid., p.187
(22) ibid., p.241
(23) ibid., p.251
(24) Förster-Nietzsche, 1912, p.vii
(25) ibid., p.372
(26) ibid., p.296-7
(27) Förster-Nietzsche, 1915, p.368
(28) ibid., p.376
(29) ibid., p.373
(30) ibid., p.373
(31) Förster-Nietzsche, 1912, p.137
(32) ibid., p.41
(33) Count Harry Kessler, entry for 24 April 1929, *Diaries of a Cosmopolitan* (London, 1971)
(34) ibid., 8 August 1897, Hayman, 1980, p.348-9
(35) Isabella von Ungern-Sternberg, 31 March-1 April 1900, trans. David J. Parent in Sander L. Gilman, ed., in *Conversations with Nietzsche* (New York and Oxford 1987), p.259
(36) Nietzsche, 1879, p.138
(37) Förster-Nietzsche, 1915, p.404
(38) ibid., p.404-5 (『孤独なるニーチェ』435 ページ，［　］のなかは原書で脱落している部分。なお訳文を一部変更させていただいた)
(39) ibid., p.410 (邦訳：同上，441 ページ，［……］は原書に省略があることを示す)

(18) Fritz Rütishauser to Elisabeth Förster-Nietzsche, 14 October 1934, GSA
(19) Ernst Thiel to Elisabeth Förster-Nietzsche, 14 May 1934, GSA
(20) Max Oehler, 'Hitler's visit to the Archive', 20 July 1944, GSA
(21) Hans Frank to Elisabeth Förster-Nietzsche, 4 May 1943, GSA
(22) *Trial of the Major War Criminals* (Munich and Zurich, 1984), vol. XXIX, p.415
(23) Quoted in Paul Otwin Rave, *Kunstdiktatur im Dritten Reich* (Hamburg, 1947), p.13, trans. Richard Grunberger, *A Social History of the Third Reich* (London, 1971), p.532
(24) Quoted in *The Times*, 18 October 1944
(25) Elisabeth Förster-Nietzsche to Margaritha Frick, 5 July 1934, GSA
(26) Nietzsche, 1879, 137
(27) Elisabeth Förster-Nietzsche, 'Was Nietzsche a National Socialist?', date unclear, probably 19 and 20 July 1934, GSA
(28) Bertrand Russell, *A History of Western Philosophy* (London, 1946), p.734
(29) ibid, p. 739
(30) George Lichtheim, *Europe in the Twentieth Century* (New York, 1972), p. 152
(31) P. G. Wodehouse, *Carry On Jeeves* (London, 1960), p.26
(32) Nietzsche, 1908
(33) Nietzsche, 1878, 475 [この注の箇所に引用に該当する文章はなく、出典未詳]
(34) Nietzsche 1908, foreword, I
(35) Hans Heinrich Lammers to Elisabeth Förster-Nietzsche, 19 April 1934, GSA
(36) Lammers to Elisabeth Förster-Nietzsche, 27 June 1935, GSA
(37) Rudolf K. Goldschmit to Elisabeth Förster-Nietzsche, 16 March 1935, GSA
(38) Elisabeth Förster-Nietzsche to Hans Heinrich Lammers, undated, GSA
(39) Schmidt to Elisabeth Förster-Nietzsche, 14 April 1935, GSA
(40) Elisabeth Förster-Nietzsche to Wilhelm Frick, 14 August 1934, GSA
(41) Count Harry Kessler, op. cit., 22 October 1927
(42) ibid., 13 October 1927
(43) Cornelie Nürnburg, undated article, 'My Experiences as a teacher in New Germany', Nietzsche Archive, 1936, GSA

(44) ibid.
(45) Fritz Neumann to Cornelie Nürnburg, 23 April 1930, GSA
(46) Alfred Meyer to Elisabeth Förster-Nietzsche, 25 May 1932, GSA
(47) Alfred Meyer to Elisabeth Förster-Nietzsche, 10 April 1933, GSA
(48) German Consulate in Paraguay to Elisabeth Förster-Nietzsche, 17 July 1933, GSA
(49) Elisabeth Förster-Nietzsche to Fritz Neumann, 21 August 1933, GSA
(50) *Volksbund für das Deutschtum in Ausland* to Elisabeth Förster-Nietzsche, 16 May 1935, GSA
(51) Frau Böckel to Elisabeth Förster-Nietzsche, November 1934, GSA
(52) Elisabeth Förster-Nietzsche to German Consulate in Paraguay, 19 October 1933, GSA
(53) Martin Schmidt to Cornelie Nürnburg, New Year 1937, GSA
(54) Cornelie Nürnburg to Max Oehlier, 11 February 1937, GSA
(55) Elisabeth Förster-Nietzsche to Adolf Hitler and Benito Mussolini, 5 June 1934, GSA
(56) Elisabeth Förster-Nietzsche to Adolf Hitler, 19 June 1935, GSA
(57) Elisabeth Förster-Nietzsche to Ernst Thiel, 31 October 1935, Peters, 1974, p.222
(58) Albert Speer, *Inside the Third Reich* (London, 1970), p.64
(59) Elisabeth Förster-Nietzsche to Adolf Hitler, 26 August 1935, GSA
(60) Entry for 11 November 1935, Max Oehler's diary, GSA
(61) Funeral address read by Fritz Sauckel, 11 November 1935, GSA
(62) *Thuringer Gauzeitung*, 4 August 1938, GSA
(63) Elisabeth Förster-Nietzsche, undated radio broadcast, *Plauderei zu dem Weimar*, GSA
(64) Report of Kingsbury Smith of Illustrated News Service, 16 October 1946
(65) Smith, ibid.
(66) Speech by French prosecutor François de Menthos during sitting of 17 January 1946; see *The Trial of the Major War Criminals*, op. cit., Vols. V-VI, p.474

第九章

(1) Förster-Nietzsche, 1891, p.43
(2) Elisabeth Förster-Nietzsche to Franziska Nietzsche, 18 March 1888, Peters,